세계시민교육론

다문화사회 전문가 과정: 법무부 인정과목

세계시민교육론

이미나 · 김동일 · 윤은경 · 신상록 공저

동문사

머리말

세계는 하나이며 하나의 공동체이다. 시민은 도시 및 지역 등 국가구성원으로서 정치적인 권리를 가진 주체를 말하거나 민주주의 사회의 백성을 의미한다. 세계시민은 문화다양성을 존중하면서 국가 발전에 기여할 수 있는 국가 정체성을 지닌 시민역량과 더불어 국가를 초월한 사회의 다원적 가치를 이해하고 세계와 소통이 가능한 세계시민역량을 함께 보유한 사람이라 할 수 있다. 그러므로 지역 및 국가 정체성을 넘어서 세계의 상호의존과 체제를 이해하고, 협력적 활동에 참여할 수 있는 기량을 가지며, 세계적 수준에서 자신의 책임에 대한 태도를 인식하고 실천하는 것이다. 즉, 세계시민은 세계시민의식을 갖춘 사람을 의미한다. 세계시민이 지녀야 하는 자질로서 세계시민의식은 세계시민이라는 법적 지위를 의미하는 것이 아니라 서로에 대한 연대감과 집단적 정체성을 토대로 집단적 책임감을 갖고 보편적 가치를 바탕으로 더 나은 세상과 미래를 위해 함께 참여와 행동을 이끌어낼 수 있는 심리적 조직을 의미한다.

현대사회는 교통의 발달로 상품과 자본이 국경을 넘어 자유롭게 이동함에 따라, 다국적 자본 시장이 등장하고 노동 분야에서 국가 간의 경계가 무너지고 있다. 정보통신의 발달은 시간과 거리를 초월한 세계적 규모의 의사소통을 가능케 하고 다양한 형태의 문화를 교류시키고 있다. 이러한 흐름은 국경을 기반으로 한 국가 및 국민의 개념을 약화시키는 반면, 세계화의 현상에 대응할 시민적 정체성의 필요성을 강화한다.

이처럼 세계화의 흐름 속에서 경제적 불평등, 사회적 빈부 격차, 기후변화, 전쟁, 빈곤, 난민, 질병 등의 문제는 전 지구적인 위험 요인이 되어 인류 전체를 위협하고 있다. 이러한 현실은 세계화의 문제점에 공동 대응하기 위해 국제사회의 구성원이 어떠한 자질을 가져야 하는지에 대한 성찰이 필요하다. 그러므로 지구촌의 세계화는 각 개인이 개별 국가의 편협한 이해관계를 떠나 보편적인 가치를 지향하는 의식과 태도를 함양시키고, 새로운 국가관, 세계관 및 글로벌 시민으로서의 자질을 향상하여야 하는데, 이것이 세계시민교육이 필요한 이유이다.

세계시민교육은 21세기에 당면한 문제들 예컨대 기후변화와 환경파괴, 난민문제, 국가 간 폭력, 테러문제, 다양한 형태의 차별, 인권유린 등에 대한 범지구적 위기의식과 초국가적 책무감을 공유화하고, 현실적인 대처에 대한 필요성을 담아내는 교육적 사명을 바탕으로 하기 때문에 세계인과 더불어 살고, 존중하는 방법을 가르치는 교육이기도 하다.

세계시민교육의 핵심내용으로 첫째, 전 지구적인 정치, 경제, 환경, 생태 시스템에 대한 관심과 공동체적 인식을 다지도록 인지적 영역이 포함되어야 한다. 또한 세계화의 이해를 통하여 지역사회, 국가, 범 지역, 세계의 이슈를 비롯해 다양한 국가 및 사람들 간의 상호 연계성, 상호 의존성에 대한 지식 및 이해, 비판적 사고를 습득할 수 있도록 구성되어야 한다. 이에 세계시민의식의 배양을 위해 개인적, 공동체적 결정 및 행동이 지구촌의 미래에 영향을 미칠 수 있고, 다중 정체성이 가능하므로 세계시민으로서 인간은 가족, 사회, 국가와 같은 여러 공동체의 발전에 헌신할 수 있으며, 지구생태계가 직면한 환경적 문제에 대해 지구 공동체에 책임감을 느끼고 참여하도록 동기부여를 할 수 있다.

둘째, 세계시민교육은 차이와 다양성에 대한 존중, 연대 및 공감, 가치와 책임을 공유하여 인류애를 함양할 수 있도록 사회·정서적 영역이 포함되어야 한다. 따라서 일상적 삶의 경험에서 다른 나라나 다른 문화를 지닌 사람들은 상호 참조하여 분석한 공통점은 인간이 가진 유사성으로 인하여 다양한 편견과 차별을 감소시켜 준다. 이에 개인의 다양성을 인정하고 '공통점'에 주목하여 지구 공동체의식을 공유한다.

셋째, 세계시민교육은 더 평화롭고 지속가능한 세상을 위해 지역, 국가, 세계적 차원에서 효과적이고 책임감 있게 행동하는 것이다. 행동적 영역으로 제시하는 세계시민교육은 서로 다른 문화적 배경을 지닌 사람들 사이의 상호 존중은 서로 평화롭게 살 수 있게 해주는 일뿐 아니라 세계시민으로서 연대를 형성하여 활동하도록 적절한 역할이 필요하다.

본 교재의 구성은 총 17장으로 구성되어 있다. 제1장에서는 시민과 시민교육, 제2장은 민주주의와 주민자치, 제3장은 세계시민의식과 세계시민교육, 제4장은 세계화와 세계시민교육 교육과정, 제5장 행복교육과 시민교육, 제6장은 SNS시대와 시민교육, 제7장은 공동체와 다문화수용성, 제8장은 인권과 시민교육, 제9장 인권감수성과 인권교육, 제10장 다문화시민교육의 실태와 실천, 제11장은 놀이문화와 문화예술교육, 제12장은 환경과 환경교육, 제13장은 평화와 평화교육, 제14장 빈곤과 기후변화, 제15장 생명존중과 생태시민성, 제16장 컴패션과 공감적 이해, 마지막으로 제17장 제노포비아의 이해로 구성되었다.

본 내용이 대학과 대학원에서의 교양과목으로는 물론이고 평생교육 전공과 다문화사회전문가 과정의 전공자에게 '세계시민교육'이라는 과목으로 활용될 뿐 아니라 시민교육 및 세계시민교육에 대해 교육과 연구하는 분들에게 도움이 되기를 기대한다.

끝으로 본 교재가 나오기까지 도와주시고 격려하여 주신 모든 분에게 감사를 드리고자 한다. 그리고 출판을 흔쾌히 허락하고 모든 지원을 해주신 동문사 대표와 편집부에 정중하게 감사의 말을 전한다.

2022년 3월

저자 일동

CONTENTS

차 례

차 례

01 CHAPTER

시민과 시민교육

1. 시민의 의미
2. 시민으로서의 이민자와 시민권
3. 시대별 시민의 변천
4. 시민성의 개념

1. 시민의 의미

요즈음은 일반적으로 '시민'이라는 용어를 자연스럽게 사용한다. 하지만 정작 그 의미를 설명하거나 답하기에는 쉽지 않다. 이처럼 우리의 생활 속에서 흔히 사용하는 단어의 개념과 의미나 요소, 권리 등에 대해 이해가 필요하다.

시민(市民, citizen)의 본디 뜻은 저잣거리 사람들, 즉 장돌뱅이를 가리킨다. 현대적 시민의 뜻과는 상당히 거리가 있는 개념이다. 현대적 시민은 민주주의를 키워오고 완성하고자 하였고, 인간으로서 더불어 살고자 하던 사람들의 의지와 활동 속에서 만들어진 것으로 볼 수 있다. 이러한 맥락에서 시민은 더 나은 사회를 향한 운동을 통해 자기의 모습을 만들어 나가게 되며, 자기의 정체성을 키워 발전시키는 존재를 가리킨다(김창엽, 2020).

시민은 사람이 모이는 공간의 구성원을 의미한다. 이는 그냥 모여있는 것의 의미만을 갖지 않고 그 지역의 사는 사람으로서 자신의 권리와 이익만을 추구하는 이기적인 개인을 초월하여 타인과 공익을 지향하며 사회, 국가, 세계에서 함께 살아가고 있는 사람들을 의미한다(이동수, 2013).

시민과 유사하게 사용하는 단어들은 인민(人民, people), 국민(國民), 백성(百姓), 공민(公民) 등의 용어가 있다. 인민은 법학, 정치학 사람의 복수형으로 집단을 이룬 구성원인 사람을 말한다. 인민이라는 용어는 에이브러햄 링컨(Abraham Lincoln)이 1863년에 실시한 게티스버그 연설에서 '국민의, 국민에 의한, 국민을 위한 정부(government of people, by the people, for the people)라는 구절'이 있듯이, 본래 '인민'이라는 용어는 민주주의의 주체를 나타내는 용어로 사용되었다. 인민이란 말은 라틴어의 '포풀루스(populus)'에서 유래하여 프랑스를 통해 일반적으로 사용되기 시작했는데 오늘날 공화국의 구성원 전체 집단을 뜻한다(배상수, 2011). 하지만 20세기 초반부터 공산주의 국가에서는 '국가(nation)'보다 '인민(people)'을 선호하여 사용하면서 반공주의 입장에 따라 인민이라는 단어보다 전체주의 색깔이 더 짙은 국민이라는 단어를 사용하게 되었다(위키백과사전, 2020). 오늘날 우리나라도 조선민주주의 인민공화국으로부터 한국전쟁이 일어난 후로 '공산주의 국가 사람' 또는 '공산주의자'라고 구별하여 사용하면서 인민이라는 단어를 사용하지 않게 되었다.

독립된 의미의 인민과 구별되게 국민은 국가의 구성원으로서 종속적 의미를 가진다. 백성이라는 단어도 유사한 의미를 가지나 봉건주의적 성격이 있다.

공민이란 '시민성(citizenship)'이라는 말을 일본에서 번역한 용어로 일본에서는 지금도 공민이라는 용어를 사용하고 있다. 공민은 외형상으로 민주주의와 자유주의를 주장한 것처럼 보이지만 실제는 지배 체제를 적극적으로 복종시키기 위한 교화를 목적으로 할 때 편리한 중간 용어라고 비판을 받기도 한다. 공민은 곧 황민이라는 의미와도 같은 것이며 '공(국가 천황)'의 '민(인민)'이기 때문에 '공'과 '민'의 종속관계를 나타내는 말이다(배상수, 2011).

사전에 의하면 시민은 도시 지역 및 국가 구성원으로서 정치적인 권리를 갖고 있는 주체를 말하거나 민주주의 사회의 백성을 의미한다(위키백과 사전, 2020).

시민의 협의 개념은 근대적 시민 계급을 의미하고 광의의 개념으로는 근대적 시민 계급뿐 아니라 중세도시 이래의 시민 신분의 개념이다. 시민은 고대 그리스 시대에 도시 공동체 혹은 도시국가였던 '폴리스(Polis)'를 구성하고 지배했던 사회계층을 의미하였다. 그러나 12세기경부터 유럽의 중세 봉건적 체제가 근대적인 사회로 변화하면서 종래 봉건제도하에서 귀족과는 다른 사회계층, 즉 상업계층들의 출현으로 새로운 경험을 하게 되었다(김효선, 2012). 그러므로 오늘날 통용되고 있던 근대적 의미의 시민은 17세기 영국의 청교도혁명과 명예혁명, 18세기 미국의 독립혁명 그리고 프랑스의 민주혁명을 통해 절대 왕정을 무너뜨리고 귀족과 성직자의 특권을 폐지함으로써 인간의 자유와 권리를 확보하고 모두가 법 앞에서 평등한 대우를 받게 되는 사회,

시민사회를 이룩한 사람들을 말한다(장금익, 2003).

시민의 라틴어 어원은 '부르가리우스(burgarius)'라고 하는데 이는 '성곽(burg) 안에 있는 사람'을 의미한다. 성(bourg) 안을 강조하는 시민의 어원적 개념은 단순히 공간적 의미를 넘어서 성 안에서 사는 거주자의 정치·문화·사회적인 지위와 생활을 내포하고 있다(허혜경 외, 2017).

시민이란 단어는 사회적이고 정치적이며 역사적인 개념이다. 고대 그리스에서는 제한된 자유민에게만 시민이란 용어가 적용되었다. 그 후 근대 유럽에서 시민이란 단어는 산업혁명과 같이 공업이 발달하던 시기에 도시를 중심으로 하여 부를 축적하면서 성장한 상공업자인 부르주아지(Bourgeoisie)를 지칭하였다. 이들은 구 지배계층에 대항하여 시민혁명을 일으킨 주도 세력이 되었고, 시민은 유산계급, 도시 상공업자 등의 의미를 가지고 있었다(배상수, 2011).

현재 우리가 속한 국가의 시민이 된다는 것은 그 나라가 처한 상황에 따라 권리, 책임과 의무, 복지적 혜택 등이 수반되므로 그 의미가 다양하다. 이는 그가 속한 국가에서 투표할 권리, 국민으로서의 의무를 다함과 동시에 연금, 의료혜택 등 다양한 사회 특권을 갖는 것이다(허혜경 외, 2017). 시민으로서 행사할 수 있는 권리를 시민권(市民權, citizenship)이라 한다. 시민권은 공직에 대한 선거권, 피선거권을 통해 정치에 참여하는 지위, 자격, 공무원으로 임용되는 권리 등의 총칭으로, 시민적 자유권에 해당한다. 일반적으로 어떤 국가의 시민권을 가지고 있다 함은 그 나라의 국적을 가지고 있다는 것과 같은 의미로 사용된다(위키백과사전, 2020). 이러한 시민을 대상으로 시민의 권리와 책임과 의무 등에 대한 이해와 실천하는 것이 시민교육이다. 시민의 개념을 이해하기 위해 시민의 변천 과정을 이해할 필요가 있다.

2. 시민으로서의 이민자와 시민권

이주의 세계화는 다문화사회를 형성하게 하였고, 국민국가를 기반으로 하는 시민권에 새로운 변화를 가져다주고 있다. 즉 여러 개의 시민권을 가진 사람들이 두 개 이상의 나라에서 살고 있거나 자신의 출생국가가 아닌 다른 나라에서 살고 있기 때문이다. 다문화사회에서는 '한 나라에서 인생의 대부분을 보내는 사람'이라는 고전적 의미의 시민개념은 점점 약해지고 있다. 아직도 세계 각국의 시민권 규정은 대부분 자국의 국민에게만 시민으로서의 자격과 권리를 부여하고 있지만 국경을 넘나드는 이동과 이민자의 다중 정체성(Multiple identities) 때문에 특정 국민국가에 강한 소속감을 갖지 않은 시민의 수가 증가하고 있다. 그 유형을 살펴보면, 국내에 체류하고 있는 이민자(외국인)는 이미 국적을 취득한 귀화자와 영주권(증)자 그리고 난민, 유학생, 불법체류자(체류자격미비자)와 기타가 있다. 또한 국적 취득의 경로는 세 가지이며, 일반귀화, 간이귀화, 특별귀화 제도가 있다.

1) 국적을 취득하여 체류하는 귀화자의 시민권

이 장에서는 이민자의 국적 취득에 관한 국적법상의 제도와 특징을 살펴보려고 한다. 세계 각국의 국적법은 이민자에게 국적을 부여하는 기준을 각각 다르게 적용하고 있다. 한국과 일본 등 아시아 국가들은 혈통주의를, 캐나다와 미국의 경우는 출생지주의를, 영국, 독일 등은 거주지주의를 채택한다.

한국의 경우 혈통주의를 적용하는 이유는 개인을 어떻게 정의하느냐가 기준이 된다. 즉 개인을 영토에 부속된 존재로 보지 않고 가족이나 종족, 민족에 속하는 존재로 인식하는 것이다.

① 오늘날 혈통주의는 양계혈통주의와 부계혈통주의로 구분된다. 한국의 경우 1998년 6월 14일 이전까지 부계혈통주의였으나 성차별이라는 비

판이 높아져 1997년 12월 개정법안이 통과되어 현재는 양계혈통주의를 적용하고 있다. 따라서 대한민국 국적자인 부 또는 모 사이에서 출생한 자녀는 자동적으로 대한민국 국적을 취득하게 된다. 이는 해외에서 출생했을 경우에도 마찬가지로, 한국에 출생신고를 하지 않았다고 해서 출생한 자녀가 대한민국 국적을 안 가진 것이 아니며 엄연히 호적상으로는 대한민국 국민으로 되어있다.

여기에 보충적 출생주의를 채택하는 국가도 점점 늘어나고 있다. 한국의 경우 다문화 가정과 귀화자의 증가로 한국도 혈통주의에 출생지주의를 보충적으로 적용하고 있다. 국내에서 태어났으나 그 부모를 알지 못할 때 보충적 출생지주의가 적용되어 한국국적을 취득하게 된다. 또한 이민자나 이민자의 자녀가 국적을 취득한 후 해외에 나가 살면서 외국인과 결혼하여 자녀를 낳을 경우 그 자녀는 한국국적이 자동으로 부여된다. 실질적인 유대관계가 없는데도 말이다. 반면 국내에 거주하고 있는 외국적 동포의 경우 국내에서 출생해도 한국국적을 받지 못하는 경우가 많다. 혈통주의 국적법의 개정이 필요하다.

② 출생지주의는 미국, 캐나다, 영국, 스페인, 포르투갈 등이 채택하고 있다. 태어난 나라(국가)를 기준으로 국적을 부여한다. 즉 자녀가 어느 나라에서 태어나더라도 그 나라의 국적을 가지게 된다. 출생지 주의 국가에서 대한민국 부 또는 모에게서 출생한 자녀나 국제결혼을 통해 타국의 국적을 가진 부 또는 모와 대한민국 국적을 가진 부 또는 모에게서 출생한 아기는 복수국적자가 된다. 이들의 경우 성인이 될 때까지 복수국적을 유지할 수 있으며, 이후에는 여러 가지 상황과 국적을 가진 나라의 법에 따라 복수국적을 계속 유지할 것인지, 아니면 그중에서 몇 개의 국적을 선택할 것인지 결정해야 한다. 이러한 이유로 제도를 악용하여 원정출산을 통해 자녀가 미국 국적을 가지도록 하는 사례가 많아 미국 보수층의 반감이 높아졌고, 2016년 트럼프 대통령은 원정출산을 막는

공약을 하기도 했다. 한편 미국은 출생지 주의 국가지만 자국민의 자녀가 해외에서 태어난 경우에도 국적을 부여한다. 미국 국적을 가진 부 또는 모 사이에서 태어났지만 해외에서 출생한 경우 해외 주재 미국 대사관/영사관에서 '해외 출생증명서'를 발급해야 하고, 이 해외 출생증명서 발급은 출생한 자녀가 만 18세가 되기 이전까지만 가능하다. 만 18세가 넘어 때를 놓친다면 출생증명서를 발급받을 수 없고 다른 방법으로 미국 국적을 증명하든가 해야 한다. 그러니 본인이 미국 국적을 가지고 있는 상황에서 해외에서 아기를 낳았다면 반드시 해외출생신고를 빨리해서 여권과 출생증명서를 받아놓는 것이 좋다. 또한 미국의 경우 귀화자는 일부 권리가 제약되는데, 출생에 의한 시민권자가 아니라면 대통령 피선거권이 없다. 미국 수정헌법 제14조 제1절에는 미국 시민의 자격을 정의하고 "미국에서 태어나거나 귀화한 자 및 그 사법권에 속하게 된 자는 모두 미국 시민이며, 법의 동등한 보호를 거부하지 못한다.

③ 거주지주의는 영국, 독일, 프랑스 등이 채택하고 있는데 개인이 소정의 기간을 어느 나라에 거주한 이후 그 나라의 국적을 가진 것으로 받아들이는 제도이다. 이는 출생지 주의의 보충적 형태, 또는 혈통주의의 보완적제도로 채택하고 있다. 프랑스는 오랫동안 혈통주의를 견지하였으나 1977년 국적법 개정을 계기로 1998년부터 거주지주의로 바꾸었다. 프랑스 내에서 외국인 부모로부터 태어나고 11세 이후 프랑스 영토 내에서 최소한 5년 이상 거주하는 경우 18세에 자동적으로 국적을 부여하도록 했다. 독일은 혈통주의를 견지해 오다 1999년 국적법 개정으로 2000이 후 거주지주의를 채택하고 있다. 2000년 1월 1일 이후 비독일인 부모에게서 태어난 자녀는 부 또는 모가 영주권을 가지고 있거나 8년 이상 독일에 거주하는 경우 출생에 의해 독일 국적을 취득할 수 있다. 그러나 출생에 의해 복수국적을 취득한 이민자 2세는 18~23세에 의무적으로 하나의 국적을 선택해야 한다.

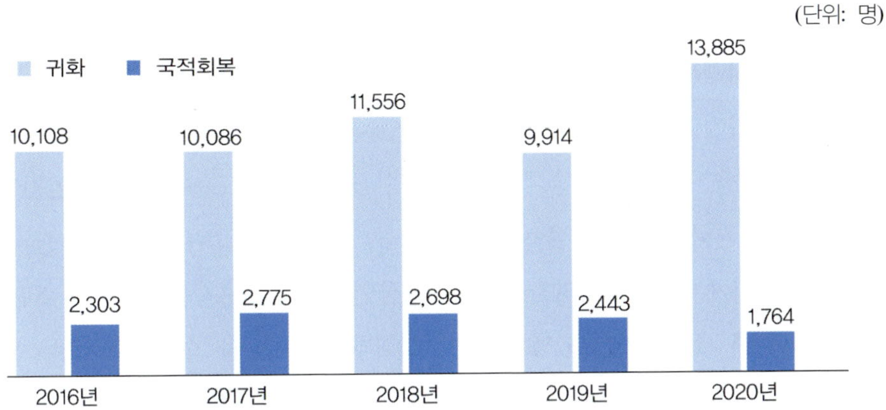

그림 1-1 한국 연도별(2016~20년) 국적취득자 현황

※ 2020년 귀화자 및 국적 회복자는 총 15,649명으로 전년 대비 26.6% 증가

2) 시민으로서의 영주체류자(F-5)

한국은 2002년 출입국관리법 개정을 통해 '영주체류자격'을 신설하고 2018년 9월 11일부터 영주자격을 갖춘 외국인에게 외국인 등록증 대신 영주체류자격증을 발급하고 10년마다 의무적으로 갱신하도록 제도를 개선하였다. 또 한 10년이 경과 된 날로부터 2년이 지나도록 갱신하지 않으면 200만 원의 과태료를 부과한다. 이러한 제도마련은 영주권자에 대한 관리규정이 없고 사망하거나 체류지를 변경하더라도 파악이 어렵다는 이유이다. 영주체류자격은 국가마다 차이가 있으나 외국인이 체류지 국가에서 영원히 거주할 수 있는 권리나 자격을 말한다.

표 1-1 국적별 영주체류자(2019.2. 기준)

총계	중국	대만	일본	베트남	미국	우즈베키스탄	기타
143,998	113,565	12,770	7,480	1,899	1,112	1,092	6,080
100%	79%	9%	5%	1%	1%	1%	4%

한국은 영주체류자격 관련하여 몇 가지 특징이 있는데, 영주권 신청자를 위한 이민 사증(이민비자)이 없다는 점이다. 90일 이상 한국에 체류할 수 있는 비자를 가지고 입국하여 체류한 후 영주자격 요건을 갖추어 신청하여 체류자격 변경을 통해 받아야 한다. 독일의 영주허가제도는 2005년 이민법에 따라 EU 회원국과 제3국 출신 외국인을 구분하여 발급되며, EU 회원국 국민들은 '장기체류허가'를 제3국 출신 외국인은 체류 허가를 받은 후 5년 이상이 지난 후 소정 요건을 충족하면 '정착허가'를 받을 수 있다. 모두 영주체류자격에 해당한다. 일본의 경우는 정주자라는 체류자격이 있는데 영주체류자격과 유사한 지위를 가진다. 일본에서 영주체류자는 1952년 샌프란시스코 조약에 의해 일본 국적이 박탈된, 즉 1945년 당시 일본거주 이탈자(조선인과 대만인) 또는 그 후손으로 일본 내에서 출생한 자에게 부여되었다. 한국 '출입국관리법시행령' 별표1 외국인의 체류자격에서는 영주체류자격 발급요건으로 다섯 가지를 제시한다.

① 대한민국 민법에 따른 성년일 것, ② 본인 또는 동반가족이 생계를 유지할 능력이 있을 것, ③ 품행이 단정할 것, ④ 대한민국에 거주하는 데에 필요한 기본소양을 갖추고 법무부 장관이 정하는 조건을 갖출 것, ⑤ 합당한 체류자격으로 5년 이상 대한민국에 체류하고 있는 사람이다.

한국의 영주자격 취득요건으로 '품행 단정 요건'은 범법행위뿐만 아니라 직업, 가족, 전과 등 여러 사정을 종합해 볼 때 자국의 사회 구성원으로 받아들이는 데에 지장이 없는 품성과 행동을 보이는 것으로 해석할 수 있다. 또한 언어능력과 사회, 문화, 역사, 법 이해와 사회통합 용이성도 포함한다.

한국에서 영주권자에게는 헌법에 나타난 인간이 기본적(보편적)으로 누리는 권리를 허용하고 있다. 즉 국적은 없으나 사회에 정착하여 자유권적 기본권과 평등권을 누릴 수 있다. 체류 저숙련 외국인 근로자는 가족초청권이 없기 때문에 대부분 사회정착이 불가능하다. 반면 영주체류자는 가족을 초청하여 함께 생활하는 것이 가능하며 주민자치권도 인정받는다. 주민자치권이란, '공직선거법', '주민투표법', '주민소환에 관한 법률'을 말한다. 뿐만 아니라 한국에서는 아시아 최초로 대통령 선거와 국회의원 선거를 제외하고 지자체 선거에 참여할 수 있는 권한을 누릴 수 있다. 그러나 영주체류자가 중대한 범죄를 저지르는 등 법이 정하는 범위를 넘어서 법을 위반했을 경우 강제퇴거 대상이 될 수 있다.

3) 한국 다문화사회의 시민권 전망과 과제

한국사회가 '다문화사회'로의 전환이 이루어지고, 이민자를 위한 각종 법률과 제도가 마련되고 있다는 점에서 긍정적인 면도 있지만 이민자를 대하는 차가운 시선이나 배타적 태도는 극복해야 할 과제이다. 2007년 제정된 '재한외국인처우기본법'과 2008년 제정된 '다문화가족지원법' 그리고 행안부의 전국지자체마다 '외국인주민지민과 다문화가족지원조례' 등이 그 예이다. 또한 '재외동포의 출입국과 법적 지위에 관한 법률'를 근거로 외국국적동포들에게 재외동포(F-4) 체류자격을 부여하는 등 재미동포와 선진국거주동포들에게 혜택을 주었으나 재중동포, 고려인 동포들에게는 상대적 차별을 해왔음을 부인할 수 없다. 그러나 이러한 비판을 받아들여 재중, 고려인 동포들에게도 체류자격을 얻을 수 있는 길을 열어 주었고, 방문취업제도를 통해 지속적인 왕래가 가능하게 되고, 경제적 형편을 향상시키고 한국생활을 훨씬 용이하게 해주었다는 점은 높이 평가한다. 2009년부터 시범실시하고, 2010년부터 전국적으로 실시하고 있는 사회통합프로그램은 이민자의 수준을 크게 향상시키는 등 이주민의 시민의식을 고양시켰다. 또 영주체류자격제도를 마련하고, 아시아 최초로 지자체의 참정권 참여를 허용한 것은 독일과 한국에서만 실시된 제도라는 점에서 이민자의 시민의식을 향상시킨 세례적 사례이다. 하지만 한국 다문화사회의 형성 과정에서 이민자를 경제적 도구로 평가하고, 차별과 편견의 시선을 가지고 대하였다는 비판은 피할 수 없다. 다문화가족이나 그 자녀를 대하는 태도는 매우 차가웠고 평가는 인색했다. 다문화가족 2세들은 미래의 사회적 부담이 클 것이고 잘못 다루면 폭탄이 될 것이라는 전망을 서슴지 않은 점은 매우 뼈아픈 상처가 될 것이다. 따라서 한국사회의 시민의식 향상을 위해 인간의 기본권을 바탕으로 다양성을 포용하고 창의적 사고를 중시하는 사회적 공감대 형성에 힘써야 한다. 또한 한국의 다문화사회는 다시 기록되어야 한다.

3. 시대별 시민의 변천

시민의 개념은 계급을 바탕으로 고대 시민과 자본 소유에 따라 부르주아를 중심으로 하는 근대시민, 그리고 현대 시민으로 발전하였다. 그러나 원시공동체의 성원이나 근대 이후 발전되어 나타난 개념의 신민(the subject) 및 국가가 소명하고 있는 사회의 성원을 오늘날의 시민이라고 지칭하기에는 적절하지가 않다. 신민이라는 개념은 관료적 관점에서 통제의 성격이 강한 국왕과 신민이라는 주종적 또는 종속적 관계를 확고히 함으로써 부국강병을 도모하는 의도가 있기 때문이다. 현대 시민은 시민혁명 이후 민주주의가 발전하고 성장하여 왔으며, 인간은 더불어 살고자 하는 사람들의 의지와 활동 속에서 만들어진 것이라고 볼 수 있다. 즉 시민의 지위와 개념은 주어진 것이 아니라 역동적, 지속해서 변증법적으로 형성되고 이루어지는 것이다(김창엽, 2020). 이처럼 시대별 시민의 변천 과정을 고대 그리스 시대의 시민, 로마 시대의 시민, 중세 유럽 시대 시민, 근대의 시민, 현대의 시민으로 구분하여 내용을 살펴보고자 한다.

1) 고대 그리스

시민이란 단어는 사회적이고 정치적이며 역사적인 개념이다. 고대 그리스에서는 제한된 자유민에게만 시민이란 용어가 적용되었다. 아테네의 정치적으로 조직된 공동체(국가)로서 시민사회를 말하며 이는 고대 도시국가에서 시작되었다. 아직 국가와 다른 영역으로서의 시민사회가 존재하지 않으며 국가와 시민사회가 동일한 개념으로 사용되었다(홍경희, 2004). 그래서 정치사상에서 개인의 선은 이상적으로 사회의 선과 동일한 것이며 개인의 덕은 이상적으로 국가의 덕과 동일한 것이었다. 따라서 정치는 공동의 행위를 통해 충만한 선을 추구하는 도덕 사회 전반에 관한 행위로서 최고의 윤리이었다.

시민은 노예와 구분되는 자유인으로서 특수한 계층에 국한되어 있다. 이들은 자신의 자유와 권리를 요구하는 측면보다 공공문제에 가까이 참여하며 책임을 지는 사람들이다.

역사상 변천은 부족과 국가마다 다르지만, 일반적인 변화 순서는 왕정에서 출발하여 귀족정, 과두정, 참주정을 거쳐 민주정으로 이행해간다(정경실, 2011). 고대 그리스의 여러 도시국가 중에서도 시민의 개념은 민주성을 실시하였던 아테네에서 등장하였다. 아테네는 직접 민주주의의 산실로서 왕이나 소수 귀족에 의한 통치가 아닌 다수의 도시국가가 구성원이 통치하는 민주정치를 실시함으로써 시민의 개념이 형성되었다. 이를 통치에 참여할 수 있는 지위와 권리를 지닌 사람들을 데모(demos)라 하였는데 이들이 오늘날 시민의 기원이라 할 수 있다(허혜경 외, 2017).

도시의 주민들은 자유민과 비자유민으로 구분된다. 자유민은 시민과 비시민으로 다시 나누어지고 비자유민에는 농노와 노예가 있다. 자유민의 시민은 심판과 행정에 참여할 권한이 있는 사람이 원칙이다. 그러나 시민은 언제나 같은 사람이 되는 것이 아니라 자격 요건이 다양하다. 또한 국가 존립에 필요한 사람들이라고 해서 모두 시민으로 간주해서는 안 된다는 것은 확실하다. 예컨대 미성년자는 성인과 같은 의미에서 시민이 아니다. 성인은 절대적인 의미에서 시민이지만, 미성년자는 조건부 시민이다(Aristoteles, 2013).

시민으로 구성된 '민회'에서는 도시의 행정 및 입법과 관련한 주요사안이 결정된다. 민회에 참석할 수 있는 자격은 아테네인 중에서 20세 이상의 성인

남자 시민들만이 가지고 있다. 반국가적인 범법행위 등으로 정치적 권리를 상실한 경우를 제외하면, 모든 남자 시민들은 재산, 출신과 관계없이 민회에 참석할 수 있었다(정경실, 2011).

아테네에서 시민권은 가족적 또는 공동체적 측면이 강한 대신 개인주의적이고 법적인 측면은 희박했다. 아테네의 시민권은 '공유한다' 또는 '나누어 가진다'라는 의미를 강하게 담고 있었던 것이다. 따라서 아테네에서 정치 문제란 사회 기능의 주요한 부분들이 원활하게 작동할 수 있도록 전체 사회 내에서 각 구성원의 직능과 계급을 이상적으로 배열시키고, 각자에게 적합한 위치를 찾아주는 작업이었다(강정인, 1997).

고대 그리스 도시국가는 상위 계급인 성인 남성만 시민권을 가지고 정치에 참여할 수 있는 권리로 규정되었다. 여성, 노예, 외국인, 미성년자 등은 시민에 포함되지 않는다는 점에서 현대적 민주주의와는 다르다. 아리스토텔레스에 의하면, 시민은 도시국가의 정치에 참여함으로써 최고의 선(善)에 도달하여 자기 자신을 완성할 수 있으므로, 개인의 윤리적 완성과 시민 정치의 발전은 밀접하게 연관되어 있다고 보았다. 아리스토텔레스는 "인간은 정치적 동물(zoon politikon)"이라 함으로써 도시국가에서의 시민적 삶을 표현하였는데, 이는 막스 베버가 서양의 고대 시민을 '호모 폴리티쿠스(Homo Politicus, 정치적 인간)'이라 칭한 것과 일관적이다(허혜경 외, 2017).

고대의 시민교육은 기본적으로 국가, 즉 시민사회를 유지하고 발전시키는 것을 목표로 한다. 공동체 유지를 위한 논의는 사익과 공익에 대한 논쟁으로 나타났는데, 이러한 논쟁의 두 축은 플라톤(BC 429~BC 347)과 아리스토텔레스(BC 384~BC 322)이다. 플라톤은 사익을 없앰으로써 공익을 증진할 수 있다고 믿었고, 그에게 시민교육의 목표는 통치자로서, 군인으로서, 혹은 생산자로서 각자 자신에게 적합한 위치를 찾고, 사적 욕망을 제거하며, 자신의 위치에서 국가의 정의를 위해 열심히 노력하는 인간을 기르는 것이다. 한편 아리스토텔레스는 사익을 없애기보다는 교육을 통해 사익을 공익으로 전환함으로써 시민사회가 강화될 수 있다고 믿었고, 그에게 시민교육은 사익을 추구하는 인간의 본성적 욕망을 공익을 위한 것으로 개화시키려는 데에 목표를 두었다. 공사 영역의 분리는 로마제국 시대에 확실해지며 시민과 국가의 관계에 있어 공적 의무를 잘 이행할 수 있는 시민을 양육하는 것으로 시민교육이 정립되었다. 그러나 공사 영역이 분리되었다 하더라도, 여전히 시민사회는 국가와 동일시되는 영역이었고, 시민교육은 엄격히 공적 영역에 속한 것이었다.

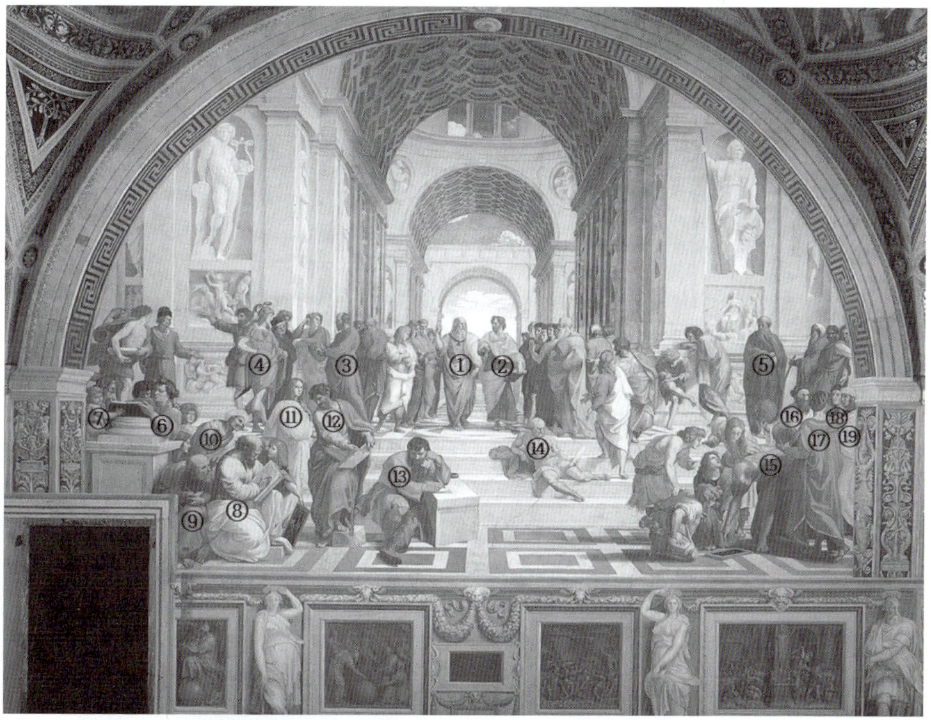

그림 1-2 **라파엘로 산치오의 "아테네 학당"** [1)]

출처: 위키백과사전(2021). https://ko.wikipedia.org. 재구성.

---

1) ① 플라톤, ② 아리스토텔레스, ③ 소크라테스, ④ 알키비아데스, ⑤ 플로티누스, ⑥ 에피쿠로스, ⑦ 키티온의 제논, ⑧ 피타고라스, ⑨ 아낙시만드로스, ⑩ 이븐 루시드(아베로스), ⑪ 히파티아, ⑫ 페르메니데스, ⑬ 헤라클레이토스, ⑭ 디오게네스, ⑮ 유클리드, ⑯ 조르아스터, ⑰ 프톨레마이우스, ⑱ 산치오 라파엘로, ⑲ 조반니 안토니오 바치이

2) 로마의 시민

로마제국시대로 접어들면서 시민의 개념은 한층 확대되었다. 고대 로마에서는 그리스 도시국가보다 시민권 개념이 발전한 키비스(civis) 또는 키비타스(civitas)가 사용되었는데, 오늘날 시민을 의미하는 시티즌(citizen)이 여기서 유래되었다(허혜경 외, 2017).

키비타스(civitas)는 그리스의 폴리스(polis)에 상응하는 용어로써 도시국가, 또는 특정 정치 공동체를 의미한다. 또한 키비스(civis)는 폴리테스(polites)와 마찬가지로 키비타스를 이루는 구성원으로서의 시민을 뜻한다. 그러나 로마의 시민은 그리스의 시민과 중요한 차이가 있다. 그리스 아테네의 시민권은 본질적으로 정치적인 개념이자 지위로서 시민의 정치적 기능을 정의하는 것이다. 로마의 시민권은 일차적으로 법률적 개념(Bordes, 2000)으로 법률 안에서 덕성을 키우는 것에 관심을 기울인다(Heater, 2009).

그림 1-3 로마 남성 시민의 상징인 토가

출처: 위키백과사전(2021). https://ko.wikipedia.org.

로마 시민이 입었던 토가(toga)는 재산 소유와 정치 참여의 권한을 나타내는 남성 시민의 자랑스러운 상징이었으나, 여성이나 미성년자는 토가를 입을 수 없었다(허혜경 외, 2017).

로마제국은 정복지가 점차 늘어남에 따라 광대한 영역을 관리하기 위한 방법으로 시민권을 부여하여 포용과 동화정책을 운용하였다. 그래서 고대 로마는 다양한 민족을 국가 기반으로 하여 개방성과 관용성의 사회로 로마 천년의 역사를 유지하게 된다.

로마 시민권에는 여러 등급이 있어 로마제국의 정치와 식민지 정책에 탄력적으로 활용할 수 있었다. 피정복지 주민에게도 로마 시민권을 부여하였으나, 정치적인 투표권은 철저히 제한하였으며, 동맹국 주민에게도 준시민권을 부여하였다. 또한 아버지가 로마인이면, 어머니가 피정복지 출신이라도 시민권을 허용하였다. 로마는 노예나 전쟁포로라 하더라도 국가를 위해 특별한 공을 세운 경우에는 시민의 자격을 부여하였다. 황제도 특정 가문에 국한하지 않았는데, 심지어는 이민족 출신이라도 왕위에 오를 기회가 부여되었다. 이러한 로마제국의 개방적인 정책은 로마가 대제국 지위를 점하게 된 문화적 힘의 근간이 되었다(허혜경 외, 2017).

3) 중세 유럽의 시민

유럽의 역사에서 서로마제국이 멸망(476년)하고 게르만 민족의 대이동(4세기~6세기)부터 르네상스(14세기~15세기)가 끝날 무렵(1453년) 약 1,000년 동안을 중세라 하는데, 이 시기에는 강력한 왕권보다는 농촌지대의 토지를 매개로 군주와 신하, 영주와 농민이 지배·종속 관계를 형성하는 도시국가, 즉 봉건제도(feudalism)가 운영되었다.

기존 봉건 귀족층과 토지소유자계층은 농촌에서 도시로 이주하여 경제활동과 정치활동에 참여하였다(임유선, 2012). 중세 유럽 사회는 정치권력의 소재지가 도시가 아니라 농촌에 있었으며, 농업을 중심으로 한 농경사회였다. 또한 귀족, 성직자, 기사 등으로 형성된 소수의 특권층과 농민, 농노 등으로 구성된 다수의 피지배계층으로 신분이 엄격하게 구별된 계급사회였다. 특권층은 농노로 하여금 조상에게서 물려받거나 왕에게서 하사받은 토지를 경작하게 하고, 지대(rent)를 수취하여 거대한 부를 축적하였다(허혜경 외, 2017).

봉건제 질서에 균열이 생기기 시작한 것은 11세기 말부터 13세기 말까지의 십자군 원정이다. 전쟁으로 인해 교황의 권위는 땅에 떨어지고, 중세 유럽에 변화를 이끌어 갈 새로운 세력으로 상인이 등장하였다. 특히 13세기 후반에는 사회계층의 변동이 심하여 상인의 현실적인 감각이 사회의 모든 면에 침투함으로써 이탈리아 특유의 시민문화를 형성하였다(Burckhardt, 2011).

중세의 시민사회는 국가라는 정치공동체와는 분리되어 있는 독립된 사회로서의 교회 공동체와 중세 자치도시로서의 시민사회라는 두 가지 형태로 등장한다. 이 두 가지 시민사회 개념은 서로 다른 영역을 지칭하는 말이지만, 양자 모두 정치공동체인 국가와 구분되는 영역으로서 국가권력을 비판하고 견제하는 역할을 한다는 점에서 현대 시민사회의 개념에 매우 중요한 시사점을 준다(홍경희, 2004). 그러나 새로운 신흥세력으로 상인과 수공업자 같은 거주자들이 자치공동체를 형성하였다(송현정, 2003). 그렇게 자치공동체에는 사설 학원이 설립되기 시작했는데 활발한 학문 활동이 이루어졌다. 이처럼 중세시대 전 유럽 각지에서 번성하였던 상업 도시 공동체에서의 시민교육은 완전히 세속적 필요에 따른 실용적이거나 교양적인 지식 기능으로 상인과 수공업자의 필요에 따른 교육이었다(홍경희, 2004). 이는 대단히 자유주의적이며 자본주의적 시장원리에 따른 교육이었다(うめね さとる, 1990).

중세 봉건사회에서 농촌이 정치권력의 중심지였기 때문에, 중세 도시는 정치인 대신 상인들이 비교적 자율적인 공간을 확보하여 활동하기에 적합한 공간으로 자리 잡았다. 즉 중세 도시는 정치인이나 행정인이 아닌 경제인의 도시로 출발한 것이다. 중세 유럽의 도시에선 영주가 자발적으로 자치권을 양도한 경우도 있었으나, 막대한 부를 보유한 도시의 시민들이 영주에 맞선 군주를 지원함으로써 자치권을 획득한 경우가 더 많았다. 이 과정에서 왕권이 강화되고 봉건제가 붕괴되었으나, 한편으로는 절대왕정의 시대가 예고되었다(허혜경 외, 2017).

중세 도시는 각각 자치권의 범위가 달랐으나, 중세의 시민은 신분상의 자유, 사법권, 시장개설권, 화폐발행권, 조세징수권 등을 보유하게 되었다. 중세 후기 무렵에는 군주와 영주가 오히려 시민에게 경제적으로 의존하게 됨에 따라 도시의 자치권은 강화되었으며, 그에 따라 경제적 영향력과 함께 정치적 영향력은 더욱 확대되었다. 막스 베버(Max Weber, 1864~1920)는 중세의 시민을 '호모 에코노미쿠스(Homo Economicus, 경제적 인간)'라 하였으며, 중세 시민이 서양 근대 민주주의와 자본주의를 형성하는 주역이 되었다고 주장한다(이동수, 2013).

4) 근대 시민

중세가 붕괴되면서 보편적인 교회공동체로서의 시민사회 개념은 세속화되기 시작하였고, 국가와는 분리된 시민사회 영역이 자리 잡기 시작했다. 특히 근대에 들어서면서 자본주의가 등장함에 따라 시민사회 개념은 국가권력을 견제하는 영역으로써 경제사회까지를 모두 포함하게 되었다(홍경희, 2004). 봉건제도에 기반을 둔 유럽의 중세사회는 약 16~17세기 무렵부터 변화의 바람이 일기 시작하였다. 근대시민의 출현으로 경제적 못지않게 큰 영향을 미친 것은 다음과 같다(이동수, 2013).

첫째, 문예부흥과 종교개혁이라는 거대한 사상적 변혁이었다. 종교개혁과 르네상스 운동의 근본 동기들은 전혀 상반된 것이었으나 근대적 의미의 시민이 출현하는 데 끼친 영향은 비슷하였다고 할 수 있다. 르네상스는 기독교가 정신세계를 지배하던 시대에 고전문화에 대한 재음미를 통하여 인본주의 사상을 고취하였고 그것은 신과 교회 중심의 수직적 권위에 비판적인 시각을 제공하였으며 인간의 권리에 눈을 뜨게 했다(홍경희, 2004). 문예부흥이 중세의 세계관을 약화했다면 그의 영향을 어느 정도 받아 일어난 종교개혁은 중세 기독교의 통일된 세계관과 교회의 세속적 권위를 격하시키는데 많은 공헌을 했다(손봉호, 2003).

또한 루터(Martin Luther, 1483~1546)와 칼빈(Jean Calvin, 1509~1564) 등에 의한 종교개혁(Reformation) 운동은 근대사회를 여는 데 기여하였다. 루터는 종

교개혁운동을 통해 성경을 독일어 구어체로 번역, 보급하여 누구나 어디에서든 성경을 접할 수 있도록 하였다. 이 운동은 모든 인간이 평등하다는 인간평등 사상을 싹틔우는 결정적인 계기로 작용하였다. 영국에서의 종교개혁 운동은 청교도주의(Puritanism)로 발전하게 되어, 인간의 평등사상, 노동의 신성함, 근면과 절약을 강조하여 영국 산업혁명을 일으키는 정신적 가치관의 기초를 마련하였다(허혜경 외, 2017).

둘째, 중세 말부터 급속도로 발전한 과학기술은 천동설 등을 수정하는 데 기여함으로써 근대사회를 앞당기는 역할을 하게 되었다. 과학기술의 비약적인 발전은 인간의 삶을 편리하게 하는 물질문명을 발달시켰을 뿐 아니라 인간의 자연지배 능력을 급속도로 신장시키는 계기가 되었다(허혜경 외, 2017).

초기 자유주의자들은 개인들이 자유와 권리를 가지며 어느 정도 생활적 여유와 교육을 받은 계층들의 집합체로 보았다. 이러한 개인들이 자신의 안전을 지키기 위해 합의에 따라, 즉 계약에 의해 하나의 사회를 이룬다. 대표적인 자유주의자 로크(John Locke, 1632~1704)에 의하면 인간은 자유롭고 평등한 존재인데 자유를 포기할 수 있는 유일한 방법은 인간 스스로가 시민정부를 구성하는 것으로 로크는 계약에 의해 국가를 수립하는 것이 인간의 자유 실현을 위해 가장 올바른 방법이라고 보았다(홍경희, 2004).

루소(Jean-Jacques Rousseau, 1712~1778)는 정치적 권리와 법치주의를 시민사회가 존재하기 위한 조건으로 보았다. 그는 인간의 정치적 권리는 이성의 산물이며, 전적으로 인간이 자신의 의지를 토대로 하고 있다고 보았다(서경희, 2001). 그렇지만 정치적 권리가 구체적으로 실현되기 위해서는 입법이 필요하다고 보았고, 입법은 시민사회를 제대로 유지할 수 있도록 하는 정부의 원칙을 정하는 것이었다(김혜진, 1996).

그는 사회계약론에서 시민사회를 재산의 차이로 인한 불평등 사회로 파악하면서 국가는 이러한 불평등을 시정하기 위한 사회계약에 의해 성립된 보편의지의 구연이며, 국민의 자발적인 합의에 따라 국가가 생기게 되었다고 보았다. 사회계약에서는 인간이 자신들의 권리를 모두 공동선에 양도함으로써 구성원들의 상태가 평등해진다고 보고 있으며, 그 공동선은 곧 국가를 의미한다. 따라서 루소는 시민사회를 곧 시민국가로 보고 있으며 국가와 시민사회를 구분해서 설명하고 있지 않다(홍경희, 2004).

그림 1-4 **인간 불평등에 관한 루소의 논문(1755)[2]**

출처: 다음백과사전(2021). https://100.daum.net.

로크와 루소의 시민사회 개념은 모두 개인 각자의 자유를 보호하기 위해 자유를 스스로 포기하고 집합적 의지나 보편적 의지라고 표현되는 국가에 의해서 질서가 잡히는 상태를 의미한다(이신행 외, 1999).

---

2) 루소는 인간 불평등기원론(Discours sur l'origine de l'inegalité parmi les hommes)에서 홉스와 같이 철학적 허구로서 상상된 인간의 자연 상태의 개념과 진보에 대한 초기 아이디어인 인간의 완전성에 대한 개념을 제시하고, 인간이 시민사회를 세운 방법을 설명한다. 루소는 이 책의 핵심 내용인 인간 불평등의 기원은 사유재산의 "소유"라 지적했다. 이후 루소는 부유한 자가 가난한 자를 대상으로 유혹해 거짓 계약을 맺었기 때문에, 진정한 사회계약을 맺어야 함을 피력하며, ≪사회계약론≫을 저작하고, 이상적 시민을 교육하는 방법을 제시한 ≪에밀≫을 저작하였다(위키백과사전, https://ko.wikipedia.org).

표 1-2 근대의 긍정적인 시민 사회관 비교

구분	로크(Locke, J.), 토크빌	몽테스키외(Montesquieu)
국가관	• 사회가 이미 존재하고 있으며, 개인의 생명과 재산을 확실히 보장하기 위해 계약에 따라 정부가 만들어짐 • 최소국가론/민주주의	• 강력한 군주 중심의 정부를 전제하나 독재 가능성이 있으므로 법에 의해 권력이 제한되어야 함 • 권력분립/입헌군주제
시민사회	• 시민사회는 국가 이전에 이미 존재하고 있는 경제의 영역에서 도출 • 사적이익을 추구하는 개인들이 집행권을 받아 공적으로 처리함으로써 자연 상태의 결함 해결	• 군주와 귀족 사이의 상호 호혜적인 관계를 형성해줄 수 있는 중간 조직
개인, 국가, 사회	• 시민사회는 개인과 국가 사이를 매개하는 중간 조직체	• 군주와 귀족과의 관계 고려 • 군주의 독재 방지를 위해 권력분립 기구가 있어야 함
시민사회 중심계층	• 신흥 부르주아	• 귀족
공통점	• 경제사회의 개념을 긍정적으로 포함	

출처: 홍경희(2004). 민주시민사회에서 시민교육의 내용분석 연구: 고등학교 사회교과서 내용분석. 명지대학교 교육대학원 석사학위논문. 재구성.

근대에 들어서면서 자본주의가 등장함에 따라 시민사회의 개념은 국가권력을 견제하는 영역으로서의 경제사회까지를 모두 포함하게 되었다. 근대이후 자본주의의 등장으로 경제 영역은 개인 이익 추구의 영역으로서 정치, 사회 영역과 더불어 중요한 영역으로 부각되었다. 하지만 자본주의가 심화되고 무한한 사익 추구가 오히려 개인의 자유와 권리를 억압하는 문제점을 드러내자 이러한 시민사회를 부정적으로 보는 입장이 나타났다(황성규, 2003).

표 1-3 근대의 부정적인 시민 사회관 비교

구분	헤겔	마르크스
시민사회	• 개인들의 이해 관심에 뿌리를 둔 필요의 체계	• 필요뿐만 아니라 빈곤, 불평등, 폭도 등을 만들어 내고 시장 밖에서 자기 욕망 추구의 장이므로 극복해야 할 대상

국가, 사회	• 국가는 시민사회가 안고 있는 문제를 해결하는 윤리적 공동체	• 국가는 하나의 사적 공동체
공통점	• 시민사회를 경제사회와 동일시하여 부정적으로 비판	

출처: 홍경희(2004). 민주시민사회에서 시민교육의 내용분석 연구: 고등학교 사회교과서 내용분석. 명지대학교 교육대학원 석사학위논문. 재구성.

도시가 발달하고 상업이 활발해지기 시작하면서 기술장인과 상인이라는 부르주아라는 세력이 등장하게 되었다. 이들은 자신의 이익을 증진시키기 위해 절대 군주와 손을 잡고 새로운 체제를 형성하게 되었다. 그래서 절대 군주의 보호망이 절실하였으며, 절대 군주 역시 권력을 강화하기 위해 신흥 부르주아의 경제력이 필요하였다. 하지만 경제적 지원에 기초하여 권력을 강화한 절대 왕정은 부르주아와의 동맹을 폐기하고 이들의 부를 통제하고자 하였다. 그리고 절대 왕정이 점점 자신들의 이익과 자치 영역 확대에 걸림돌로 여겨짐에 따라, 부르주아도 절대 군주의 간섭이나 통제에서 벗어나고 싶어 하였다. 부르주아들은 경제적으로는 사유재산의 절대 보장과 산업 활동의 자유를 요구하였고, 정치적으로는 인간의 존엄성과 자유, 평등, 법치를 보장하는 사회제도를 주장하면서 정치 참여의 확대를 요구하였다. 이러한 부르주아의 경제적 및 정치적 요구는 시민혁명으로 분출되었다. 다시 말해 부르주아는 절대 왕권을 붕괴시키고 시민혁명을 이끌어 근대 시민사회를 형성하는 주체가 되었다. 근대 시민사회의 개념은 여러 가지 측면에서 논의되고 있으나 자본주의의 등장과 함께 경제영역이 부각되면서, 경제사회를 시민사회의 개념에 포함했다는 점을 공통점으로 들 수 있다(홍경희, 2004).

부르주아 계층이 시민혁명의 중심 역할을 하였으나, 프랑스혁명(1789)이 발발한 당시 지배계급의 향락과 부패, 피지배층에 대한 수탈, 그리고 영국에서 부르주아가 주도한 시민혁명이었던 명예혁명(1688)이 발생하는 등 당시 상황도 함께 영향을 주었다(허혜경 외, 2017).

시민혁명에는 프랑스의 시민권리선언으로도 불리는 '인간과 시민의 권리선언(Déclaration des droits de l'Homme et du citoyen)'을 빼놓을 수 없다. 1789년 봉건적 구체제에 종지부를 찍은 프랑스혁명의 결과물로 제정된 이 문서에는 형사 사법 절차와 관련된 인권, 종교의 자유, 언론·출판의 자유 등 근대적 의미의 인권들이 상당수 열거되어 있다.

- 레미제라블(Les Miserables)
- 개봉: 2012
- 상영시간: 158분
- 감독: 톰 후퍼(Tom Hooper)
- 출연배우
  휴 잭맨(Hugh Jackman)
  앤 해서웨이(Anne Hathaway)
  러셀 크로우(Russell Crowe)
  아만다 사이프리드(Amanda Seyfried)

그림 1-5 프랑스혁명의 역사를 보는 영화[3]

출처: 다음백과사전(2021). https://100.daum.net.

비슷한 시기인 1791년에 제정된 미국의 '권리장전(Bill of Rights)'도 인권사에서 중요한 문서로 평가받는다. 1776년에 작성된 버지니아 권리장전을 보완(수정헌법)하는 형태로 제정된 이 권리장전에는 종교의 자유, 언론·출판의

3) 레미제라블은 장발장의 삶을 통해 프랑스 혁명의 역사를 되짚어 보는 작품이다. 1815년 툴롱(Toulon) 감옥에서 시작된 이야기는 1823년 몽트뢰유쉬르메르(Montreuil-sur-Mer), 1832년 파리(Paris)에 이르기까지 프랑스 대혁명 이후 혼란의 소용돌이 속에 놓여 있던 19세기 프랑스를 담아낸 작품이다. 1815년 워털루 전쟁, 1830년의 7월 혁명과 루이 필리프 시대, 1832년의 민중봉기 등 역사의 주요 장면들과 함께 당시 파리의 생활상과 가난하고 착취당하던 프랑스 민중의 모습을 보여주고 있다(다음백과, https://100.daum.net).

자유, 청원권, 재판을 받을 권리 등이 보장되어 있어 프랑스 인권선언과 함께 중요한 근대적 의미의 인권문서로 평가를 받는다(이준일 외, 2016).

표 1-4 프랑스 인권선언과 미국 권리장전

프랑스 인권선언(1789)	미국 권리장전(1791)
제1조: 자유롭고 평등한 존재로서 인간	제1조: 국교금지, 종교의 자유, 언론·출판의 자유, 청원권
제2조: 자유, 재산, 안전, 저항에 관한 권리	제2조: 무기소지권
제3조: 국민주권원리	제3조: 군대의 민가체류 금지
제4조: 타인에게 해악이 없는 한 자유 보장	제4조: 영장주의원칙
제5조: 사회에 해악이 되지 않는 한 자유	제5조: 적법절차, 일사부재리, 자기부죄금지
제6조: 일반의지의 표현인 법의 제정에 참여할 권리	제6조: 신속하고 공개된 재판을 받을 권리
제7조: 법률에 의한 소추, 체포, 구금	제7조: 배심원단에 의한 민사재판을 받을 권리
제8조: 죄형법정주의	제8조: 과도한 벌금 및 잔혹한 형벌의 금지
제9조: 무죄추정원칙	제9조: 열거되지 않은 권리
제10조: 종교의 자유	제10조: 주(States)의 권한
제11조: 언론·출판의 자유	
제12조: 인권보장을 위한 도구로서 공권력	
제13조: 능력에 따른 평등한 조세분담	
제14조: 공적 기부와 조세에 관한 결정권	
제15조: 국가의 회계보고를 요구할 수 있는 권리	
제16조: 권력분립원칙	
제17조: 소유권 보장	

출처: 이준일 외(2016). 인권길라잡이. 서울: 국가인권위원회.

5) 현대 시민

근대의 시민사회가 긍정적이든 부정적이든 경제 사회를 포함하는 영역이었던 것과는 달리, 현대 시민사회는 경제사회와 분리된 개념으로서 경제사회의 문제점을 극복하기 위한 대안으로 제시되었다. 따라서 현대의 시민사회는 국가권력을 견제하는 동시에 경제영역의 침투도 견제하는 제3영역으로서 시민사회라는 성격을 띠고 있다(박상준, 2003). 이를 주장한 대표적인 학자는 그람시(Antonio Gramsci, 1891~1937)와 하버마스(Jürgen Habermas, 1929~)로 이들은 국가권력과 시장경제 양자의 위협을 모두 견제하는 민주적 공공영역으로 시민사회를 정의했다(황미자, 2002).

현대 시민교육은 국가권력과 시장경제 논리의 침투를 견제하는 공공영역으로서 시민사회가 제 역할을 다 하기 위해 개인이 스스로 자신의 삶을 규제할 수 있는 자율성, 시민사회가 끊임없는 경쟁과 갈등의 장으로 전락하지 않도록 시민들 간의 연대감 형성 그리고 윤리적 권위로서 공정성 등이 시민교육의 주요 목표가 될 수 있다.

현대의 시민이란 근대 시민사회가 형성하면서 발생한 개념으로 모든 인간이 인간으로서의 보편적 권리와 의무를 진 주체적 의식을 소유한 존재이자 정치공동체의 유지 및 발전의 주체적 구성원이라 할 수 있다(이관춘, 2011). 현대적 시민권이란 유럽의 시민혁명을 거치면서 근대 시민 계급이 실현한 시민권, 즉 자유, 평등, 생명, 사유재산, 참정권 등 제반 권리로서 현대 사회의 기본적인 구성원리가 되었다(허혜경 외, 2017).

19세기에 접어들면서 인권 보장을 위한 투쟁은 흑인 노예해방, 여성의 권리 향상 그리고 전쟁 기간 중의 인권보호, 즉 인도주의 법의 발전으로 확대되었다. 한편 산업혁명을 계기로 자본주의가 본격화되면서 노동자 계급이 양적으로 급격히 증대하였고 아동노동, 저임금 그리고 열악한 노동조건이 심각한 사회문제로 등장하였다(국가인권위원회, 2015). 또한 자유와 평등을 위한 민주적 시민정치의 이념들이 19세기 말부터 세계 여러 지역으로 전파되기 시작하였다. 이러한 이념에 의해 단일 민족적 정체성에 기초한 민족국가(nation-state)가 발전하였다. 유럽 민족국가들은 다른 국가의 주권을 인정하지 않고, 침략과 정복을 통해 식민지화하였다. 유럽 열강들, 그리고 동아시아에서는 일본이 아프리카와 아시아 지역, 북태평양 일부 섬들을 식민지로 지배하였다. 제국주의 열강들은 자국 내에서는 자유와 평등의 이상을 주장하면서 식민지 피지배민들에게는 가혹한 수탈과 차별 정책을 폈다(허혜경 외, 2017). 이러한 상황에서 노동자의 인권에 관한 관심이 높아졌고 당시 노동자 계급의 해방을 주장했던 사회주의 사상은 인권운동에도 큰 영향을 주었다.

20세기에 들어와 두 차례의 세계대전을 통해 잔혹한 인권침해와 인권 말살의 현실을 경험한 뒤 국제연합(UN)은 1948년 세계인권선언(Universal Declaration of Human Rights)을 제정하였다.

표 1-5 세계인권선언

<table>
<tr><th colspan="2">세계인권선언(1948년 12월 10일 유엔총회 제정)–전문</th></tr>
<tr><td colspan="2">인류 가족 모두의 존엄성과 양도할 수 없는 권리를 인정하는 것이 세계의 자유, 정의, 평화의 기초다. 인권을 무시하고 경멸하는 만행이 과연 어떤 결과를 초래했던가를 기억해보라. 인류의 양심을 분노케 했던 야만적인 일들이 일어나지 않았던가?
그러므로 오늘날 보통사람들이 바라는 지고지순의 염원은 '이제 제발 모든 인간이 언론의 자유, 신념의 자유, 공포와 결핍으로부터의 자유를 누릴 수 있는 세상이 왔으면 좋겠다'는 것이리라.
유엔헌장은 이미 기본적 인권, 인간의 존엄과 가치, 남녀의 동등한 권리에 대한 신념을 재확인했고, 보다 폭넓은 자유 속에서 사회진보를 촉진하고 생활수준을 향상시키자고 다짐했었다. 그런데 이러한 약속을 제대로 실천하려면 도대체 인권이 무엇이고 자유가 무엇인지에 대해 모든 사람이 이해할 수 있도록 하는 것이 가장 중요하지 않겠는가?
유엔총회는 이제 모든 개인과 조직이 이 선언을 항상 마음속 깊이 간직하면서, 지속적인 국내적 국제적 조치를 통해 회원국 국민들의 보편적 자유와 권리신장을 위해 노력하도록, 모든 인류가 '다 함께 달성해야 할 하나의 공통기준'으로서 '세계인권선언'을 선포한다.</td></tr>
<tr><td>제1조 모든 사람은 태어날 때부터 자유롭고, 존엄하며, 평등하다. 모든 사람은 이성과 양심을 가지고 있으므로 서로에게 형제애의 정신으로 대해야 한다.
제2조 모든 사람은 인종, 피부색, 성, 언어, 종교 등 어떤 이유로도 차별받지 않으며, 이 선언에 나와 있는 모든 권리와 자유를 누릴 자격이 있다.
제3조 모든 사람은 자기 생명을 지킬 권리, 자유를 누릴 권리, 그리고 자신의 안전을 지킬 권리가 있다.
제4조 어느 누구도 노예가 되거나 타인에게 예속된 상태에 놓여서는 안 된다. 노예제도와 노예매매는 어떤 형태로든 일절 금지한다.
제5조 어느 누구도 고문이나 잔인하고 비인도적인 모욕, 형벌을 받아서는 안 된다.
제6조 모든 사람은 법 앞에서 '한 사람의 인간'으로 인정받을 권리가 있다.
제7조 모든 사람은 법 앞에 평등하며, 차별 없이 법의 보호를 받을 수 있다.</td><td>제16조 성년이 된 남녀는 인종, 국적, 종교의 제한을 받지 않고 결혼할 수 있으며, 가정을 이룰 권리가 있다. 결혼에 관한 모든 문제에 있어서 남녀는 똑같은 권리를 갖는다.
제17조 모든 사람은 단독으로 또는 타인과 공동하여 재산을 소유할 권리를 가진다. 누구나 자의적으로 자신의 재산을 빼앗기지 않는다.
제18조 모든 사람은 사상, 양심, 종교의 자유를 누릴 권리가 있다.
제19조 모든 사람은 의사표현의 자유를 누릴 권리가 있다.
제20조 모든 사람은 평화적인 집회 및 결사의 자유를 누릴 권리가 있다.
제21조 모든 사람은 직접 또는 자유롭게 선출된 대표자를 통해, 자국의 정치에 참여할 권리가 있다. 모든 사람은 자기 나라의 공직을 맡을 권리가 있다.
제22조 모든 사람은 사회의 일원으로서 사회보장을 받을 권리가 있다.</td></tr>
</table>

제8조 모든 사람은 헌법과 법률이 보장하는 기본권을 침해당했을 때, 해당 국가 법원에 의해 효과적으로 구제받을 권리가 있다. 제9조 어느 누구도 자의적으로 체포, 구금, 추방을 당하지 않는다. 제10조 모든 사람은 자신의 행위가 범죄인지 아닌지를 판별받을 때, 독립적이고 공평한 법정에서 공평하고 공개적인 심문을 받을 권리가 있다. 제11조 범죄의 소추를 받은 사람은 자신을 변호하는 데 필요한 모든 것을 보장받아야 하고, 누구든지 공개재판을 통해 유죄가 입증될 때까지 무죄로 추정될 권리가 있다. 제12조 개인의 프라이버시, 가족, 주택, 통신에 대해 타인이 함부로 간섭해서는 안 되며, 어느 누구의 명예와 평판에 대해서도 타인이 침해해서는 안 된다. 제13조 모든 사람은 자국 영토 안에서 어디든 갈 수 있고, 어디서든 살 수 있다. 또한 그 나라를 떠날 권리가 있고, 다시 돌아올 권리도 있다. 제14조 모든 사람은 박해를 피해, 타국에 피난처를 구하고 그곳에 망명할 권리가 있다. 제15조 누구나 국적을 가질 권리가 있다. 누구든지 정당한 근거 없이 국적을 빼앗기지 않으며, 자기 국적을 바꾸거나 다른 국적을 취득할 권리가 있다.	제23조 모든 사람은 일할 권리, 자유롭게 직업을 선택할 권리, 공정하고 유리한 조건으로 일할 권리, 실업상태에서 보호받을 권리가 있다. 모든 사람은 차별 없이 동일한 노동에 대해 동일한 보수를 받을 권리가 있다. 제24조 모든 사람은 노동시간의 합리적인 제한과 정기적 유급휴가를 포함하여, 휴식할 권리와 여가를 즐길 권리가 있다. 제25조 모든 사람은 먹을거리, 입을 옷, 주택, 의료, 사회서비스 등을 포함해 가족의 건강과 행복에 적합한 생활수준을 누릴 권리가 있다. 제26조 모든 사람은 교육받을 권리가 있다. 초등교육과 기초교육은 무상이어야 하며, 특히 초등교육은 의무적으로 실시해야 한다. 부모는 자기 자녀가 어떤 교육을 받을지 '우선적으로 선택할 권리'가 있다. 제27조 모든 사람은 자기가 속한 사회의 문화생활에 자유롭게 참여하고, 예술을 즐기며, 학문적 진보와 혜택을 공유할 권리가 있다. 제28조 모든 사람은 이 선언의 권리와 자유가 온전히 실현될 수 있는 체제에서 살아갈 자격이 있다. 제29조 모든 사람은 자신이 속한 공동체에 대해 한 인간으로서 의무를 진다. 제30조 이 선언에서 말한 어떤 권리와 자유도 다른 사람의 권리와 자유를 짓밟기 위해 사용될 수 없다. 어느 누구에게도 남의 권리를 파괴할 목적으로 자기 권리를 사용할 권리는 없다.

출처: 국가인권위원회 인권교육센터(2020). http://edu.humanrights.go.kr.

1차 및 2차 세계대전을 통해 대부분의 국가가 식민지에서 벗어나 독립하게 되었다. 이후 세계인권선언, UN헌장, 각국의 민주주의 헌법 등을 통해 자유와 평등과 같은 기본권 사상이 세계적으로 확산하였다. 현재로서는 민주국가만이 시민의 권리를 보장하고, 시민의 책임 수행을 보증할 수 있는 유일한 체계라 할 수 있다(이관춘, 2011).

4. 시민성의 개념

1) 시민의 3요소

시민은 한 국가의 구성원으로서 시민지위와 시민권을 가지고, 시민성을 발휘할 때 시민으로의 개념적 요소에 포함된다. 따라서 시민의 개념은 시민성, 시민지위, 시민권의 세 가지이며 그에 따른 설명은 다음과 같다(김영인 외, 2013).

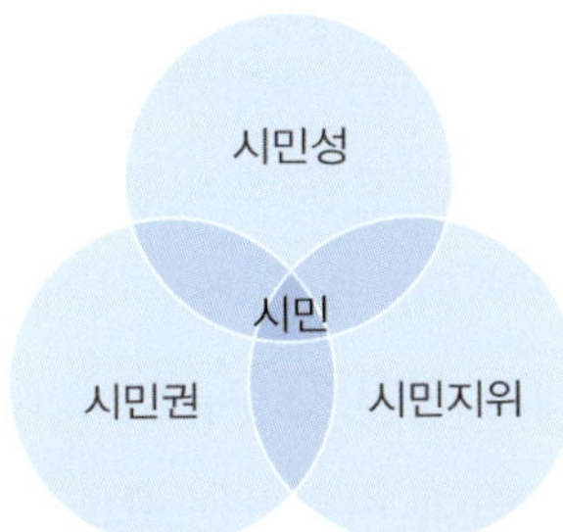

그림 1-6 시민개념의 3요소

출처: 김영인 외(2013). 시민교육론. 서울: KNOU Press. 재구성.

첫째, 시민의 개념에는 시민참여, 시민정신, 시민의 책임과 같은 내용성이 수반되는데, 이러한 내용성을 시민성(citizenship)이라 한다. 시민성은 시민 자질 또는 시민의식이라고도 불리며, 시대, 정치적 · 사회적 가치관, 문화 등에 따라 가변적이다(허혜경 외, 2011). 시민성은 민주주의의 이념을 구현하는 시민의 자질이므로, 시민의 중요한 개념적 요소라 할 수 있다.

둘째, 시민지위는 국가의 법이 규정하는 바에 따라 시민에게 부여된다. 시민지위는 국가 구성원으로서의 형식적인 지위를 의미한다. 예를 들어 한 개인이 법적으로 대한민국 국민이라면, 대한민국이라는 국가에 토대를 두고 시민지위를 지니고 있다. 시민은 시민지위와 함께 권리와 의무를 동시에 지니게 되는데, 여기서 등장하는 개념이 시민권이다.

셋째, 시민권은 시민지위가 획득되면 특별한 사유가 없는 한 주어진다. 시민권은 특정 국가의 정치, 경제, 사회 등의 활동에 참여할 수 있는 시민의 권리와 의무를 의미한다. 민주주의가 발달할수록 시민권의 범위는 확대된다.

통상적인 의미에서 시민성이란 특정한 정치공동체를 전제로 그 공동체의 구성원들이 갖는 권리, 혹은 덕성을 의미한다. 시민성은 법적으로 규정된 지위와 권리의 문제일 뿐만 아니라 좋은 시민이 되기 위한 헌신과 충성 그리고 책임의 문제이기도 하다. 이처럼 시민성을 시민의식, 곧 덕성으로 이해한다(김재훈, 2020).

오늘날 우리가 사용하는 시민(citizen)이라는 개념은 주로 서구의 역사에서 등장했던 개념으로서, 본래 도시(city)라는 공동체 안에서 살아가는 사람이라는 뜻을 가지고 있다. 다시 말해 시민은 개별적 존재로서의 한 개인이 아니라 특정한 공동체의 구성원으로서의 인간을 의미한다. 그렇기 때문에 역사 속에서 시민이라는 개념은 다분히 정치적, 법적 맥락 속에서 다루어져 왔다. 오랫동안 시민성은 특정한 정치공동체의 성원으로서 부여받은 '법적 지위(legal status)'를 언급하는 데 사용되어 왔다. 법적 지위라는 요소에 초점을 맞출 경우, 시민성은 특정 정치공동체 내의 법 아래에서 일정한 권리를 가지는 것으로, 시민은 법 아래에서 동등한 권리를 지닌 개인으로, 그리고 시민적 권리는 국가가 헌법과 법률을 통해 시민들에게 보장하는 권리로 이해된다(노영란, 2002).

시민성은 인간의 기본적인 가치 즉, 안전, 번영, 자유와 자기절제, 정치적 참여, 정중성(civility)에 대한 책임감과 덕성이 포함되어야 한다(Kymlica, 2018). 이는 권리 기반의 시민성만으로는 시민적 삶의 바람직한 비전이 구현될 수 없음을 의미한다(김재훈, 2020).

20세기 후반의 시민은 단순히 정치공동체 내에서 일정한 권리를 통해 지위를 부여받은 존재일 뿐만 아니라 그 정치공동체에 참여함으로써 스스로의 삶을 실현하는 존재로 이해되기 시작했다. 즉 시민성의 수동적인 자격에 대한 강조에서 한 발 나아가 그것이 지닌 활동(activity)의 요소가 부각되기 시작한 것이다. 이러한 관점에서 시민은 법이 부여하는 권리를 수동적으로 수락하는 존재에서 능동적인 활동이나 참여를 통해 적극적으로 시민적 삶을 일구어 가는 존재로 이해된다. 그리하여 시민의 책임과 덕목(responsibilities and virtues)이 시민성을 구성하는 데 보다 강조되게 된다. 법적 지위로서의 시민성이 시민이 되는 것이 무엇인지에 대한 물음에 관계한다면 활동으로서의 시민성은 훌륭한 시민에게 요구되는 것이 무엇인지에 대한 물음에 관계한다(노영란, 2002).

시민은 활동의 지향성, 그리고 활동의 자발성과 적극성 수준에 따라 다음과 같이 분류할 수 있다(김영인 외, 2013).

첫째, 활동의 지향성에 따라 공적 시민(public citizen)과 사적 시민(private citizen)으로 나눌 수 있다. 사적 시민은 개인적 권리와 이익 실현에 주로 관심을 두고 이를 위해 사적 영역에서 활동하는 시민 유형이다. 반면 공적 시민은 민주주의 가치 실현과 사회 전체의 공공선 실현에 주로 관심을 가지고, 이를 위해 공적 영역에서 참여하는 시민 유형이다. 시민교육은 공적 시민을 양성하는 일에 주로 관심을 둔다.

둘째, 활동의 자발성과 적극성 수준에 따라서는 능동성과 수동성으로 분류할 수 있다. 활동의 지향성 수준(사적 영역(사익) vs 공적 영역(공익)), 그리고 활동의 자발성과 적극성 수준(능동성 vs 수동성)에 따라서 시민을 다음 네 유형으로 나눌 수 있다.

표 1-6 시민의 유형

영역	유형	내용
공적	참여적 시민(참여형)	• 참여적 시민은 공적 영역에서 공익을 지향하며, 자발적이고 적극적으로 참여하는 능동성을 지님
	추종적 시민(추종형)	• 추종적 시민은 공적 영역에서 공익을 지향하나, 타인의 권유나 동원에 의해 활동하는 수동성을 지님
사적	도피적 시민(도피형)	• 도피적 시민은 사적 영역에서 사익에 주로 관심이 있으며, 공적 영역이나 공익에는 관심이 없는 무관심형 또는 현실도피형으로서, 활동의 자발성과 적극성도 낮은 편
	주장적 시민(주장형)	• 주장적 시민은 사적 영역에서 사익에 관심을 가지며, 이를 추구하기 위하여 자발성과 적극성을 띠며 능동적으로 참여하는 유형

출처: 허혜경 외(2017). 글로벌 시민교육. 서울: 창지사. 재구성.

이 네 유형 중에서 바람직한 시민유형은 공적 영역과 공익에 주로 관심이 높으며, 자발성과 적극성을 가지고 능동적으로 참여하고 활동하는 '참여적 시민'이라 할 수 있다. 이처럼 바람직한 시민은 주체적이고 능동적이면서, 사회적 정의와 공동선(common good)을 추구하는 시민성(citizenship)을 소유하여야 한다. 시민사회에서 시민은 공적 참여에 관심을 가지고 공동선을 위해 다른 사람들과 함께 행동할 수 있어야 한다. 여기서 중요한 것은 공익, 즉 사회적 공동선을 추구하는 과정에서 개인의 권리와 자유를 침해하는 것은 피해야 한다는 것이다(이동수, 2013). 그러므로 보편적 가치는 공익과 공동선을 추구하면서 개인의 자율성(autonomy)을 충분히 고려하여 공동의 제도를 따르고 서로의 동등한 존엄성과 관심을 반영하여야 한다(김진희, 2017).

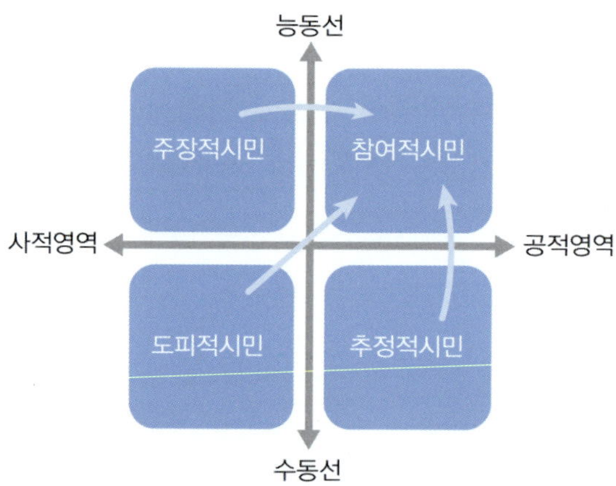

그림 1-7 시민의 유형

출처: 김영인 외(2013). 시민교육론. 서울: KNOU Press. 재구성.

2) 시민성의 의미

시민성이란 사회적 관계에서 요구되는 행위의 표준으로서 그 어원은 라틴어 'Citiva'인데, '국가나 공동체를 구성하는 개인이나 제도가 구성원으로서 수행해야 하는 기능적 역할'이라는 뜻으로 사용되었다. 즉 공동체의 구성원으로서 지녀야 할 책임으로 공동 목적, 공동체 의식 등과 의미를 담고 있다. 영어의 'Citizenship'은 시민이라는 'Citizen'과 자질이라는 'ship'의 합성어로서 '시민이라는 지위에서 요구되는 자질'을 지칭한다(임유선, 2012). 즉 시민성이란 분리된 개인에게 요구되는 자질이 아니라, 공동체의 구성원으로서 시민에게 요구되는 자질이다. 또한 한 사회의 구성원으로서 시민들은 그들 스스로와 세계를 보는 하나의 공통적인 기본 방법에 견해를 같이하고 있어야 한다. 그들은 공동체의 구성원들로서 함께 이해하고 서로 의사를 소통하며, 또한 다 같이 일할 수 있는 어떤 기본적인 것들에 대해 어떤 목적들과 목적을 달성하기 위한 수단들이 무엇인가를 분명히 인지할 수 있는 능력을 갖추고 있어야 한다(이영희, 1995).

시민성은 '관계'로 형성된 사회의 구성원을 전제로 하며, 구체적인 모습은 시대와 장소에 따라 서로 다르게 표현되며, 특정한 시대와 특정한 사회에서 형성된 사회적 관계에 근거해서 요청된 자질이라고 할 수 있다. 이는 개인에게 요구되는 자질이 아니라, 특정 공동체 구성원으로서의 시민에게 요구되는 자질을 의미한다. 이 시민성은 다른 사람과 더불어 잘 살기 위해 필요한 행동규범이라 할 수 있다(김왕근, 1995).

오늘날 한국사회를 보면 분배의 양극화가 사회적 불평등을 가중시키는 경향이 있다. 사회정치적 갈등이 근본적 이념과 가치를 둘러싼 감정대립으로 치닫는 한편 각 집단의 이익을 극대화하려는 집단이기주의의 행태를 보이는 경우가 많아 정치적 합의를 이뤄내기가 쉽지 않다. 특히 사회적 책임을 공유해야 할 정당, 언론, 종교, 대학, 조합, 경제・사회단체와 같은 중간 기제들에서 갈등과 대립이 더욱 격심하게 나타나는 경향이 있다(임유선, 2012).

민주적인 제도가 아무리 잘 마련되어 있다고 해도 구성원의 가치관이나 태도가 민주화되어 있지 않다면 그 국가나 사회는 민주주의로 갈 수 없을 것이다. 따라서 민주주의를 달성하기 위해서는 그 국가나 사회의 구성원이 일정 수준의 시민적 자질, 즉 민주시민의식이 갖추어져야 한다(홍경희, 2004).

김창엽(2020)은 시민성을 더불어 사는 것, 인간을 인간답게 존재하게 하는 것의 토대로서 존재하게 된다. 이것은 시민성이 더불어 사는 인간으로서의 품성, 인간을 비인간화시키는 요인을 간파하고 이를 극복하는 실천, 더불어 사는 모습을 구체적으로 꿈꾸고 이를 현실화하는 방법 모색과 실천이 유기적으로 결합 되는 것을 의미한다.

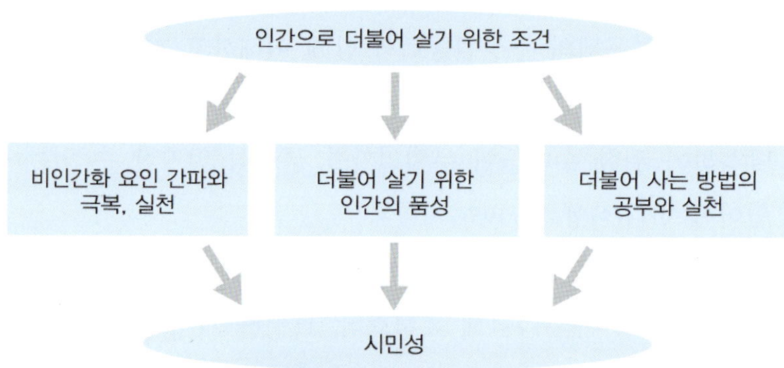

그림 1-8 시민성의 속성

출처: 김창엽(2016). 지역사회와 시민교육. 서울: 청목출판사. 재구성

이러한 시민성은 독특한 인간의 속성으로 진술되는 그 무엇이 아니라, 보편적 인간의 바탕으로 민주주의 사회의 필요에 부응하는 것이다. 이는 시민성이 당시 사회 구성원에게 주어진 특징이 아니라, 시민 스스로에 의하여 발전되고 형성될 수 있는 당위로서의 속성이라는 것을 의미한다. 비인간화 요인을 간파하고 극복, 실천하는 시민성의 속성은 사회정의의 구현과 밀접한 관계를 맺게 된다(김창엽, 2020).

3) 시민성과 평생교육

시민성과 평생교육을 연계하기에는 아직은 미비한 부분들이 있다. 하지만 평생교육의 주요 실천과 향후 과제에 관하여 탐구하는 동시에 장애인, 비정규직 노동자, 이주민 등과 같은 사회적 약자에 대한 평생교육적 지원에 대한 담론이 필요하다. 이에 평생교육과 사회정의를 연결해 가늠하기 위하여 평생교육의 '사회 부조리와 병폐에 대한 저항의 담론이자 가능성'을 확인해야 한다(한국평생교육학회, 2017).

또한 시민성과 시민교육의 개념을 되짚어 보고, 사회정의에 대한 어원적 뜻을 다음과 같이 살펴보았다(김창엽, 2019).

첫째, 시민성은 인간을 비인간화시키는 요인을 간파하고 이를 극복하는 실천과 더불어 사는 모습을 구체적으로 꿈꾸고 이를 현실화하는 방법 유기적으로 결합한 것을 의미한다. 시민성은 시민이 되기 위한 전제조건으로 시민교육은 시민이 시민성을 갖추도록 지원하는 전체를 가리킨다. 여기서 눈여겨볼 것은 인간을 비인간화시키는 요인이 비가시적인 사회구조와 제도에 크게 자리하고 있다는 것이고, 이것을 배제하는 활동이 시민성의 속성이라는 것이다. 시민성과 시민교육이 인간의 인간화를 지향한다는 것을 주목해야 한다.

둘째, 사회정의는 어원적으로 사회에서 인간이 "눌리고, 굽고, 낮게 처한 것을 바르고 옳게 제대로 잡는다"라고 할 수 있다. 즉, 인간이 인간화되는 것과 크게 관련이 있다. 이때 사회정의는 어떤 대상을 위한 정의보다는 어떤 상태를 위한 정의인가에 주목해야 한다. 즉, 불평등하고 그릇된 사회 상태인가, 평등하고 옳은 사회 상태인가에 초점을 맞춰야 한다.

평생교육은 인간을 비인간화시키는 요인을 배제할 실천에 대한 필요와 당위성을 갖게 된다. 사회정의는 사회구조와 제도, 문화의 부조리와 모순에 의해 왜곡되고 비인간화된 인간의 인간화를 다시 회복하는 기반으로 기능한다. 즉, 평생교육과 사회정의는 인간의 인간화를 지향하며, 이를 위해 비인간화를 강제하는 사회구조와 제도의 도전에 응전하는 공통점을 가지고 있다(김창엽, 2019).

02

CHAPTER

민주주의와 주민자치

1. 민주주의
2. 도덕적 행동
3. 지방 자치분권과 주민자치
4. 숙의 민주주의

1. 민주주의

1) 민주주의 의미

대한민국은 민주공화국이다(대한민국 헌법 제1조 1항). 공화국이란 공화제(共和制)를 실시하는 국가이며, 국가의 주권이 다수의 국민에게 있고, 국민이 선출한 대표자가 국가를 통치한다. 민주공화국은 권력의 기초로서 국민주권의 원리, 정치적 이데올로기로서 자유민주주의, 권력 구조면에서 권력분립주의, 의회주의와 법치주의에 의한 정치 과정의 통제 등을 특징으로 한다.

일반적으로 민주주의는 자유민주주의를 의미한다. 자유민주주의는 자유주의와 민주주의를 결합한 의미이다. 따라서 자유주의와 민주주의는 상호 긍정적 연관성 관계를 맺고 있다. 자유주의 권력은 제한되어야 한다는 '권력의 제한'을 강조하는 것이고, 민주주의는 모든 권력의 원천이라는 '권력의 원천'을 강조하는 것으로 설명된다(Bobbio, 1992).

자유주의는 국가권력의 간섭을 배제하고 개인의 자유와 권리를 존중할 것을 요구하는 사상적 입장이고, 민주주의는 국민에 의한 지배 또는 국가권력이 국민에 귀속되는 특징의 원리이다(권영성, 2004).

자유주의는 권력을 제한하고 자유를 보장하는 데 중점을 두지만, 민주주의는 권력을 자신의 것으로 하고자 한다. 즉 자유주의가 자유 획득이라면, 민주주의는 주인자격의 취득이다. 그렇기에 자유주의가 국가권력의 제한과 통제에 관심을 가지지만, 민주주의는 누가 그 권력을 가지는가에 더 큰 관심을 두게 된다(김학성, 2011).

표 2-1 자유주의와 민주주의 구분

영역	내용
자유주의	• 개인의 자유와 권리를 추구하는 원리 • 개인의 자유 옹호 • 국가개입 최소화 • 자유의 주요 영역 ① 정치적 자유주의(시민혁명 토대)-참정권 확대, 사상의 자유, 언론 출판 집회 결사의 자유, 사생활의 자유 등 ② 경제적 자유주의(산업혁명 토대)-국가권력 간섭과 규제 원칙적으로 반대
민주주의	• 국민이 스스로 지배하는 정치체제(국민의 자기통치) • 국민이 바라는 것이 불합리하더라도 그대로 실현 • 국민의 의사가 권력의 원천(국민주권의 원리) • 국민에 의해 결정, 불가피한 경우 다수결로 결정 • 국민 모두 정책 결정 과정에 참여할 수 있는 평등한 권리(정치적 평등의 원리) • 국민 스스로 광범위한 정치참여를 통해 지배를 구현

출처: 유명철(2019). 민주정치교육론. 파주: 교육과학사. 재구성.

2) 민주주의 구성요소

민주주의 구성 요소로는 크게 3가지로 표현한다. 참여(Participation), 다양성(Pluralism), 보호(Protection)이다. 참여란 선거나 토론 등을 통해 정당하게 정권이 들어서며 모든 사회 구성원이 동등하게 권리를 행사하는 것이며, 다양성이란 복수의 정당을 인정하고, 사상과 종교 등에 있어 다양한 의견이 받아들여지도록 정부를 개방하는 것이다. 또한 보호란 정부가 권력을 남용하지 않도록 끊임없이 견제하는 것이다.

민주주의를 위한 시민교육은 개발주의(Developmentalism)와 성과(Performance)를 통해 완성된다고 볼 수 있다. 개발주의란 정치적 관심을 두고 정치란 무엇인지, 정치가들이 어떤 일을 하는지, 어떤 정책이 필요한지 등을 인지하는 것이다. 경제, 의료, 치안, 교육 등에서 어느 정도 이상의 수준을 보여야 하며 삶의 질적 향상이 되어야 한다.

(1) 참여(Participation)

정치적 자유주의에서 개인의 자유 가운데 표현의 자유가 민주주의에 가장 긍정적 영향을 미친다. 표현의 자유는 국가권력을 제한하거나 견제하는 방어권적 성격의 권리이다. 표현의 자유는 정신적 활동의 자유로서 사상, 양심, 학문, 종교, 예술 등을 외부적으로 표현하는 자유이다(계희열, 2007). 좁은 의미에서 표현의 자유는 언론, 출판의 자유로서 언론은 말에 의한 표현, 출판은 인쇄 매체에 의한 표현을 가리키지만, 표현 매체가 어떤 형태이든 상관없다. 집회, 결사의 자유는 2인 이상의 다수인에 의한 표현의 자유이며 집단행동에 의한 표현의 자유라고도 한다(양건, 2011). 이러한 표현의 자유는 민주주의의 토대를 형성하며 민주주의를 실현하기 위한 방법의 기초라고 할 수 있다(김철수, 2010). 민주주의는 국민의 의사에 의한 정치이며 이러한 정치는 표현의 자유가 보장되어야 가능하다(양건, 2011).

표현의 자유에 의하여 의견과 사상의 자유로운 교환과정이 보호된다. 누구나 자신의 생각과 의견을 자유롭게 표현함으로써, 공개토론과 비판이 가능하고 여러 견해의 자유로운 경합이 이루어진다. 공개토론과 비판은 민주주의의 본질적 요소이다. 표현의 자유는 자유로운 정신적인 논쟁과 의견의 경합을 가능하게 함으로써 민주적 의사 형성과정에 본질적인 의미를 가진다(한수웅, 2011). 다시 말하자면 선거나 토론 등을 통해 정당하게 정권이 들어서며 모든 사회 구성원이 동등하게 권리를 행사하는 것이 참여(Participation)이다. 민주주의는 국민이 여러 견해를 자유롭게 개진하고 그들이 원하는 무슨 결정이든 자유롭게 택할 수 있는 곳에서만 국민에 의한 정책의 결정이 이루어진다고 할 수 있다(Holden, 1993).

민주주의는 구성원 전체에게 영향을 미치는 결정이 이루어져야 한다. 즉 민주주의는 집단적 의사결정 과정에 있어서 정치적 평등을 원칙으로 한다(Beetham & Boyle, 1995). 이처럼 민주주의는 공동의 문제를 논의하고 결정하는 과정에서 가능한 한 다양하고 폭넓은 국민의 정치권력이 분배되어야 한다(Swift, 2011).

국민의 정치권력 분배로는 선거권으로 행사할 수 있다. 선거에 참여할 기회를 박탈당한 국민의 기본적인 이익은 선거권을 가진 자에게 적절히 보호증진되지 않을 것이다(Dahl, 2015). 그러므로 정치적 참정권인 보통선거권이 보장되는 데까지 확대될 필요가 있다(Bobbio, 1992).

전 국민에게 현재와 같은 참정권과 선거권이 부여된 것은 2차대전 이후의 일이다. 예컨대, 여성에게 투표권이 주어진 것은 영국, 미국, 독일, 스웨덴 등은 1차대전 이후이며, 프랑스, 이탈리아, 일본은 2차대전 이후이다. 민주주의의 상징처럼 생각하는 미국에서 흑인에게 선거권이 부여된 것은 1970년대 초에 지나지 않는다(최장집, 1993).

(2) 다양성(Pluralism)

자유주의로부터 표현의 자유는 가치관과 의견, 이해와 관심이 다양할 수밖에 없다. 이러한 표현의 자유는 개인이나 집단이 가지고 있는 가치관, 도덕적 판단, 이념 또는 추구하는 목표 등이 서로 다를 수 있다는 다양성(Pluralism)을 인정하는 것이다(장동진, 2008; 김만권, 2010). 민주주의는 가치와 이념의 다양성을 기초로 하지 않으면 매우 취약할 수밖에 없다. 그러기 때문에 민주주의는 공개토론, 설득, 협상의 기초하에 풀어 나아가는 것이 민주주의적 역동성을 가지게 하는 방식이다(Beetham & Boyle, 1995).

민주주의의 핵심원리 중 하나는 다수결주의라고 한다. 참여자 전원의 합치가 불가능할 경우 과반수 의사를 전체의 의사로 간주하는 것인데 이러한 원리는 소수를 배제할 가능성이 크며 다수의 횡포를 견제하기 힘들 수 있다(김비환, 2013). 이처럼 민주주의는 불가피하게 다수결로 결정이 되며, 이때 다수결이 다수의 횡포로 변질될 위험이 있다. 다수파가 문제를 비합리적으로 결정하게 된다면, 다수는 언제나 정당하다고 하는 다수의 횡포가 나타난다. 다수파의 의사라는 것은 양과 동시에 질도 필요한 것이다. 그래서 양과 질을 연결하는 방법을 토론과정에서 찾아야 한다. 토론이 행해지고 토론이 끝났을 때는 다수파의 의사는 벌써 새로운 질을 갖추게 된다. 곧 성찰적인 다수가 되는 것이다. 토론이 전원일치는 아닐지라도 적어도 거기에 가까운 그 무엇을 만들어 내므로 일반적 동의를 이룩한다는 뜻은 여기에 있다. 다수결의 본질은 단순한 수의 지배나 힘의 지배가 아닌 토론을 통한 이성의 지배인 것이다(유명철, 2019).

그런데 민주주의는 평등주의적 이상으로 평준화의 위험 즉 다수파의 의사가 질보다는 양을 위주로 하는 평준화의 위험이 뒤따를 수 있으며, 결국에는 다수의 횡포로 인한 다수의 독재를 낳게 될 위험이 있다. 다수의 의사를 일반적으로 의사화함으로써 독재를 유발하는 것이다. 이렇게 민주주의는 그 자체 내부에 독재정치의 씨앗을 가지고 있다고 할 수 있다. 다수의 폭정은 자유를 위축시키고 부정하는 것으로 나타날 수 있다(Bobbio, 1992), 민주주의는 개인의 자유를 위한 끊임없는 경계와 예방이 없이는 다수의 횡포, 다수의 독재로 흘러 버리게 될 위험을 내포하고 있다(구영록 외, 1995).

민주주의의 과정 중 다수결 원리에서 다수 국민이 무관심과 무능력하다면 그 결과는 다양한 소수의 자유를 위축시킬 위험이 있기 때문에 진정한 민주주의로 볼 수 없다. 다수결이 소수의 기본적인 정치적, 경제적인 자유와 권리를 침해할 때 그것은 비민주적이라고 규정되어야 한다(Beetham & Boyle, 1995). 오히려 자유에 있어서 다수의 지배를 배경으로 한 압제보다 더 강력한 위협은 없다는 점을 경계해야 한다(김석근, 2012).

(3) 보호(Protection)

국가권력으로부터 개인의 자유와 권리를 보호하기 위한 방어적 개념으로 법치주의가 등장했다(Heywood, 2007). 법치주의는 개인의 자유와 권리를 보장하기 위해 국가권력을 제한하고 통제하는 것을 그 내용으로 한다. 결국, 개인의 자유와 권리의 보호를 중요시한다(허영, 2001). 보호(Protection)란 정부가 권력을 남용하지 않도록 끊임없이 견제하는 것이다. 이러한 견제를 실천하기 위해서는 국민의 대표기관인 의회가 제정한 법이 전제되어야 하고(의회주의와 법률의 우위), 행정은 법의 존재를 전제로 법에 근거하여 집행되어야 하며(법률에 의한 행정), 사법도 그 법에 따라 적용되어야 한다(법률에 의한 재판)는 것이다(권영성, 2004; 김철수, 2010). 법치주의는 국가권력을 제한하고 통제하여 국가권력으로부터 개인의 자유와 권리를 보호하기 위하여 법에 의한 통치를 말하며, 법에 의한 통치는 기본적으로 헌법에 의한 통치를 말한다.

헌법의 중심 목적은 개인의 자유와 권리를 보호할 목적으로 정부를 제한하는 데 있다. 이는 헌법이 제한정부를 확립하고 유지하기 위한 고안품으로 간주되는 이유이다(Heywood, 2006). 국가권력의 행사는 헌법의 한계를 넘어서는 안 되고 오로지 헌법이 규정한 범위 안에서만 가능하다는 제한정부의 원리에 따라야 한다(한태연, 1985). 개인의 자유와 권리의 보호에 도움이 되는 제한된 정부를 만들겠다는 의지는 헌법에 의한 통치뿐만 아니라, 법치주의의 기초가 되는 권력분립을 받아들이고 있다. 즉 정부 권력의 분산을 통한 견제와 균형 속에서 국민의 자유와 권리를 보호하겠다는 것이다(Heywood, 2007).

2. 도덕적 행동

1) 정의란 무엇인가?

정의로운 사회라면 개인의 자유를 존중하여 각자의 좋은 삶을 선택할 수 있어야 한다. 사전적 의미로는 '사회나 공동체를 위한 옳고 바른 도리'를 정의라고 한다. 소크라테스(Socrates, BC 470년~BC 399년)는 '인간의 선한 본성'을 정의라고 하였고, 아리스토텔레스(Aristoteles, BC 384~BC 322)는 '정의의 본질은 평등, 평균적 정의와 배분적 정의'로 구분하였으며, 고대 로마의 법학자인 울피아누스(Domitius Ulpianus, 170~228)는 '각자에게 그의 몫을 돌리려는 항구적인 의지'라고 규정하였다(이상수, 2006). 플라톤은 지혜와 용기와 절제의 완전한 조화를 정의라고 하였다.

반면, 18세기의 임마누엘 칸트(Immanuel Kant, 1724~1804)부터 20세기의 존 롤스(John Rawls; 1921~2002)에 이르기까지 근대 정치철학자들의 주장에 따르면, 권리를 규정하는 정의의 원칙은 미덕과 최선의 삶에 관한 주관적 견해에 좌우되지 말아야 한다. 정의로운 사회라면 개인의 자유를 존중해, 각자 좋은 삶을 선택할 수 있어야 한다(Michael Sandel, 2013).

현대 철학자 중에서 정의론을 가장 잘 정립한 사람은 철학자인 롤스이다. 그는 정의에 관한 다음 두 가지 원칙을 내세웠다(이상수, 2006).

첫째, 모든 사람이 다른 사람의 자유와 양립할 수 있는 한에서 가장 광범한 자유에 대하여 동등한 권리를 가져야 한다(제1원칙).

둘째, 사회적, 경제적 불평등은 다음 두 조건을 만족시키도록 배정되어야 한다. 먼저, 최소 수혜자에게 최대의 이득이 되고, 다음은 공정한 기회 균등의 조건에서 모두에게 개방된 직위와 직책이 결부되도록 하여야 한다(제2원칙).

제1원칙은 평등한 '자유의 원칙'이다. 제2원칙의 첫 부분인 '차등의 원칙'은 불평등이 최소 수혜자에게 최대 이득이 돌아가도록 배치되어야 한다는 것이고, 두 번째 부분은 '공정한 기회 균등의 원칙' 아래 직책과 직위가 모든 이에게 개방되어야 한다는 것이다(오근창, 2014). 차등의 원칙에서는 불평등이 모든 이에게 이득이 될 수 있을 때만 정당화될 수 있다. 차등의 원칙의 논리적 연장이 '최소 극대화의 원칙'으로서 최소 수혜자에게 최대의 이득이 될 때만 불평등이 정의로운 것으로 정당화될 수 있다. 그는 제1원칙이 제2원칙보다 우선시되고 제2원칙 안에서는 기회 균등의 원칙이 우선시되어야 한다고 본다(오근창, 2014). 즉 부와 소득의 불평등한 분배와 권력의 계층화는 반드시 시민권과 기회균등을 보장하는 기회 균등의 원칙하에서 가능하다는 것이다(이상수, 2006).

이처럼 고대의 정의론은 미덕에서 출발하는 반면, 근현대의 정의론은 자유에서 출발한다고 볼 수 있다. 여기서 그 자유는 선택뿐 아니라 미덕도 포함되며 최선의 삶을 고민하는 것이다. 그러므로 정의와 관련한 오늘날의 주장은 거의 다 번영의 열매나 고난의 짐을 어떻게 정의해야 하는 가에 관한 것으로 그 논의를 지배하는 사고는 행복과 자유다(Michael Sandel, 2013).

도덕의 최고 원칙은 행복을 극대화하는 것이고, 쾌락이 고통을 넘어서도록 하여 전반적으로 조화를 이루는 것이며, 옳은 행위는 '공리(公利, 유용성)'를 극대화하는 모든 행위이다. '공리'란 쾌락이나 행복을 가져오고, 고통을 막는 것 일체를 가르친다. 우리는 모두 고통과 쾌락이라는 감정에 지배된다. 이는 모든 행위를 지배할뿐더러 무엇을 해야 하는지도 결정한다. 옳고 그름의 기준은 "그의 주권에 달렸다."

2) 지속가능한 시민교육

행복을 극대화하고 자유를 존중하며 미덕을 기르는 행위의 의미가 서로 충돌했을 때 정의를 고민하게 된다. 지속 가능한 시민교육을 통해 우리의 주장을 다듬고, 민주 시민으로서 우리가 직면한 여러 대안에 도덕성을 부여하는 데 도움이 될 수 있다. 이러한 도덕적 사고는 혼자 추구하는 것이 아니라 여럿이 함께 노력해 얻는 것이라고 할 수 있다. 여기에는 친구, 이웃, 시민 등의 도움이 필요하다. 자기 자신과 논쟁을 벌일 때, 그리고 자기성찰만으로는 정의의 의미나 최선의 삶의 방식을 발견할 수 없다. 결국은 지속적인 학습을 통해 더불어 시민교육이 요구된다.

영국의 시사주간지 이코노미스트지(The Economist) 산하 연구기관인 EIU (Economist Intelligence Unit)는 전 세계 167개국을 대상으로 각국의 민주주의의 수준을 지수화하여 매년 발표[1])하고 있다. 이코노미스트가 민주주의 지수를 측정하는 기준은 첫째, 선거 과정의 투명성과 다원주의 존중(Electoral

1) 2006년부터 2010년까지 민주주의 지수 조사는 2년마다 실시되었고, 2010년 이후로는 매년 실시되고 있다.

process and pluralism), 둘째, 정부의 기능성(Electoral process and pluralism), 셋째, 정치참여(Political participation), 넷째, 정치문화(Political culture), 다섯째, 시민의 자유(Civil liberties)이다.

이러한 다섯 가지 기준에 따라 1부터 10까지의 지수로 계량화한 후 평균값에 따라 네 유형으로 구분된다. '완전 민주주의(Full democracy)', '결함 있는 민주주의(Flawed democracy; 불완전한 민주주의)', '혼합체제(Hybrid regime; 독재와 민주주의의 혼합)', '권위주의 체제(Authoritarian regimes)'로 분류된다. 완전 민주주의에 가까울수록 훌륭한 민주주의 체제를 갖추고 있다는 뜻이다.

2020년 1월에 발표된 '2019 EIU 민주주의 지수'에 따르면 전 세계 167개국 중에서 22개국(13.2%)이 '완전 민주주의' 국가이며, 인구 규모로 보면 전 세계 인구의 5.7%만이 '완전 민주주의' 국가에서 살고 있다. OECD 회원국 중에서 터키를 제외한 36개 국가가 민주주의 체제('완전 민주주의' 19개국, '불완전 민주주의' 17개국)로 분류되었으며, 터키는 OECD 회원국 중에서 유일하게 '혼합형 체제(Hybrid regime)'이다.

표 2-2 EIU 민주주의 지수에 따른 세계 각국의 정치체제 유형(2019)

구분	국가 수	국가비율	세계인구 중 비율
완전 민주주의	22	13.2%	5.7%
불완전한 민주주의	54	32.3%	42.7%
혼합형 민주주의	37	22.2%	16.0%
권위주의 체제	54	32.3%	36.6%

출처: 전진영 외(2020). OECD 국가의 민주주의 지수 비교 및 시사점. 국제통계 동향과 분석. 12(9). 서울: 국회입법조사처.

한편, 한국의 민주주의 지수는 전 세계에서 23위, OECD 회원국 중 20위이며, 아시아 국가 중에서는 1위이지만, '불완전 민주주의(Flawed democracy)' 체제로 분류되어 있다. 한국이 '완전 민주주의' 국가로 평가받기 위해서는 지수 구성요소 중에서 상대적으로 낮게 평가받은 '정치참여'와 '정치문화'

수준을 제고하는 방안을 마련할 필요가 있다. 좀 더 시민다워지고 민주주의를 실천할 수 있어야 하며, 지속적인 학습으로, 성장하는 시민이어야 한다. 이는 곧 실천하고 성찰하는 민주주의의 시민교육이다.

표 2-3 OECD 회원국의 EIU 민주주의 순위(2019)

분류	OECD 순위	세계 순위	국가	전체 점수	구성요소				
					선거과정과 다원주의	정부기능	정치 참여	정치 문화	시민의 자유
완전민주주의	1	1	노르웨이	9.87	10.00	9.64	10.00	10.00	9.71
	2	2	아이슬란드	9.58	10.00	9.29	8.89	10.00	9.71
	3	3	스웨덴	9.39	9.58	9.64	8.33	10.00	9.41
	4	4	뉴질랜드	9.26	10.00	9.29	8.89	8.13	10.00
	5	5	핀란드	9.25	10.00	8.93	8.89	8.75	9.71
	6	6	아일랜드	9.24	10.00	7.86	8.33	10.00	10.00
	7	7	덴마크	9.22	10.00	9.29	8.33	9.38	9.12
	7	7	캐나다	9.22	9.58	9.64	7.78	9.38	9.71
	9	9	호주	9.09	10.00	8.93	7.78	8.75	10.00
	10	10	스위스	9.03	9.58	9.29	7.78	9.38	9.12
	11	11	네덜란드	9.01	9.58	9.29	8.33	8.75	9.12
	12	12	룩셈부르크	8.81	10.00	8.93	6.67	8.75	9.71
	13	13	독일	8.68	9.58	8.57	8.33	7.50	9.41
	14	14	영국	8.52	9.58	7.50	8.89	7.50	9.12
	15	16	오스트리아	8.29	9.58	7.86	8.33	6.88	8.82
	15	16	스웨덴	8.29	9.58	7.14	7.78	8.13	8.82
	17	20	프랑스	8.12	9.58	7.86	7.78	6.88	8.53
	18	21	칠레	8.08	9.58	8.57	5.00	8.13	9.12
	19	22	포르투갈	8.03	9.58	7.86	6.11	7.50	9.12
불완전민주주의	20	23	대한민국	8.00	9.17	7.86	7.22	7.50	8.24
	21	24	일본	7.99	8.75	8.21	6.67	7.50	8.82
	22	25	미국	7.96	9.17	7.14	7.78	7.50	8.24
	23	27	에스토니아	7.90	9.58	7.86	6.67	6.88	8.53
	24	28	이스라엘	7.86	9.17	7.86	8.89	7.50	5.88

25	32	체코	7.69	9.58	6.79	6.67	6.88	8.53
26	33	벨기에	7.64	9.58	8.21	5.00	6.88	8.53
27	35	이탈리아	7.52	9.58	6.07	7.78	6.25	7.94
28	36	슬로베니아	7.50	9.58	6.79	6.67	6.25	8.24
28	36	리투아니아	7.50	9.58	6.43	6.11	6.25	9.12
30	38	라트비아	7.49	9.58	6.07	6.11	6.88	8.82
31	39	그리스	7.43	9.58	4.86	6.67	7.50	8.53
32	42	슬로바키아	7.17	9.58	7.14	5.56	5.63	7.94
33	45	콜롬비아	7.13	9.17	6.79	5.56	5.63	8.53
34	55	헝가리	6.63	8.75	6.07	5.00	6.25	7.06
35	57	폴란드	6.62	9.17	6.07	6.11	4.38	7.35
36	73	멕시코	6.09	7.83	6.07	7.22	3.13	6.18

출처: 전진영 외(2020). OECD 국가의 민주주의 지수 비교 및 시사점. 국제통계 동향과 분석. 12(9). 서울: 국회입법조사처.

3. 지방 자치분권과 주민자치

OECD는 2001년 프랑스 파리에서 열린 교육부장관 회의에서 '모든 사람의 능력개발에 대한 투자(Investing Competencies For All)'를 주제로 개최하여 평생학습체제 구축을 강화하고 지역주민의 학습권을 실질적으로 보장함으로 지식기반사회의 학습도시사업을 강조하였다(최은수, 2019). 우리나라는 1994년 창원시가 평생교육 관련 조례 제정, 1999년 광명시가 전국 최초로 평생학습도시를 선언하면서 각 지방자치단체에서도 평생학습도시에 대한 관심을 두게 되었다. 2001년부터 교육부는 본격적으로 평생학습도시 조성사업을 시작하면서 지역사회의 평생교육을 활성화하는 계기가 마련되어 지역주민을 위한 각 도시의 학습권 보장 및 평생교육 기회 확대에 기여하였다(김동일, 2019).

이와 더불어 지방자치제도 시행과 함께 다양한 형태의 주민참여제도가 시행되고 있다. 급변하는 사회에 도시의 학습권과 시민의 연계가 필요하다. 지역사회의 주민은 인간의 기본적인 삶을 누리며, 평화로운 관계를 맺고, 주민화되는 기반으로 작동해야 한다. 지역사회에서 주민자치의 최종 목적은 주민들의 삶의 질 향상과 공동체 가치 회복으로 이웃 간의 공동체 복원, 지역공동체의 활력을 되찾을 필요가 있으며, 주민들의 자긍심을 갖고 지역의 가치를 찾는 풀뿌리 활동과 이웃에 대한 포용과 배려 등 공동체 내 돌봄을 활성화할 필요가 있다(행정안전부, 2018).

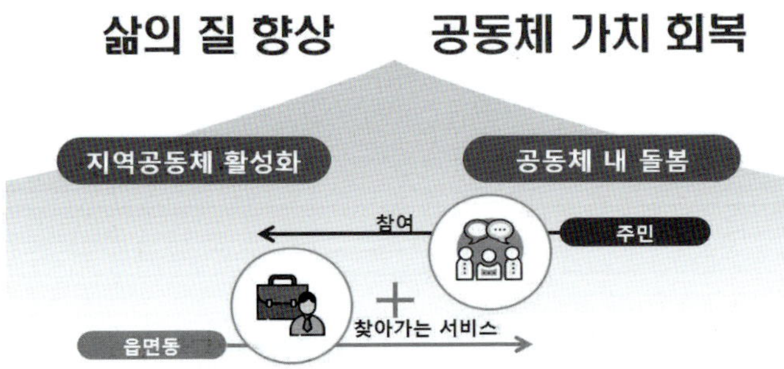

그림 2-1 주민자치 추진배경

출처: 행정안전부(2018). 18년 주민자치형 공공서비스 구축 추진계획. 세종: 행정안전부.

최근의 주민참여제도는 과거와는 다르게 다른 차원에서 검토되어야 한다. 고전적인 형태의 대국민 소통은 정부와 일방향적 또는 일회적인 양방향 소통의 한계를 드러내어 보인다. 그러나 맞춤형 공공서비스의 생산 및 전달을 지향하는 정부는 지속적인 양방향 소통 채널 구축이 필요하며 이를 정책과정 전반에서 주민의 참여를 촉진하고 수용할 수 있는 다양한 노력이 새롭게 시도되어야 한다(정정화 외, 2015). 지역사회 발전은 지역사회 구성원들이 지역사회 내에서 자신들의 삶에 영향을 미치는 의사결정과 정책 수립에 참여하고, 자원과 복지의 공정한 분배를 주체적으로 실천하는 것이 되어야 한다. 즉, 지역사회 발전은 구성원들이 지역사회에 대한 민주적 통제력과 지배력을 확보하는 것을 가리키는 것으로 수용될 필요가 있다. 이런 맥락에서 지역사회 발전을 위해 지역사회와 지역사회 구성원에게 영향을 미치는 의사결정과 정책을 구성원들이 민주적으로 통제하고 지배하는 기반을 조성하고 획득해야 한다(김창엽, 2020).

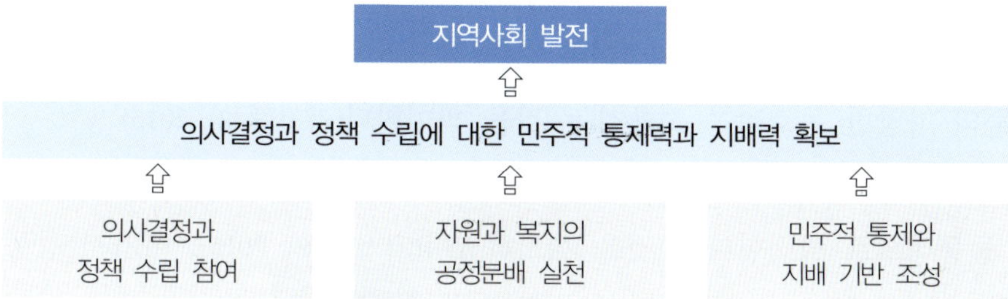

그림 2-2 지역사회 발전의 개념

출처: 김창엽(2016). 지역사회와 시민교육. 서울: 청목출판사.

우리나라 정부 및 지방행정 운영방식은 효율성이라는 가치에 기초하여 획일적·일방적으로 이루어졌으며, 사회는 개인주의화 또는 파편화됐다. OECD 국가 중 자살률 1위, 노인빈곤율 1위, 사회갈등지수 3위는 우리 사회가 처한 현실을 방증한다. 이제 정부 및 지방행정 주도의 획일적인 운영방식으로는 우리 사회의 산적한 난제들을 해결하는 데 한계에 직면했다(윤종인, 2018). 과거 정부의 불합리하고 일방적 권력 행사, 정책 및 서비스의 비효율성, 정부와 주민 사이의 인식 차이 등으로 인한 정부의 지속적인 성과 하락이 정부 신뢰의 위기를 가져온 것으로 진단하고 있다(정정화 외, 2015). 이에 21세기의 정부는 거버넌스(민관협치)를 대안적 패러다임으로 부상하고 있다. 정부 신뢰를 회복하고 정부 실패를 예방하기 위해서는 정부와 주민 파트너십의 강화가 절실하다. 정부와 주민 파트너십은 서로의 관계가 수직적 관계가 아니라 수평적 관계로 보는 새로운 행정관을 반영하고 있다. 이는 행정의 하향적(top-down) 접근방식에 상향적(bottom-up) 방식을 보완 및 접목하는 것으로 이해된다. 정부와 주민 파트너십을 강조하는 이론적 배경에는 위기에 처한 정부신뢰가 '주민'의 국정 참여로 회복할 수 있다는 기대를 기초로 한다(정정화 외, 2015).

이에 OECD는 정부와 주민의 국정 참여를 위한 투명성과 책무성을 향상시키는 2개 원칙을 제시했다. 하나는 개방성이다. 개방성이란 주민들에게 정보를 제공하고 정책과정에 접근 가능하며 호응적인 것으로 만든다는 것을 의미한다. 다른 하나는 포용성이다. 정책결정과정에 가능한 한 광범위한 주민들의 다양한 목소리를 포용하는 것을 의미한다(정정화 외, 2015).

주민참여의 역할을 '정보 → 협의 → 능동적 참여'로 갈수록 더 적극적이며 능동적으로 발전한다는 것을 제시하였다(정정화 외, 2015). 여기서 능동적 참여는 거버넌스가 진전됨에 따라 확대될 것으로 예측하는 것이며, 이러한 확대는 정부와 주민의 쌍방향적 소통을 의미하며 풀뿌리 주민자치 강화가 형성된다는 것을 의미한다. 누구보다 지역의 사정을 잘 알고 있는 지역주민이 주인의식을 가지고 지역에 특성에 맞는 다양한 일을 스스로 결정하기 때문에 지방분권이 주목받고 있는 이유이다. 궁극적으로 주민의 삶의 질을 향상하고자 하는 것이 지방 자치분권의 목적이며, 이는 주민참여의 강화로 성과가 나타나게 된다.

제2회 전국시도지사 간담회를 2017년 10월 26일 여수 세계박람회에서 열렸다. 이 간담회는 우리 사회가 당면한 저출산·고령화, 청년실업, 수도권 집중화, 지방소멸 등의 난제를 해결하기 위해 지방자치단체가 공동으로 대응한다는 문제인식에 기반한다. 이 자리에서 문재인 정부는 자치분권의 로드맵을 발표했다. '내 삶을 바꾸는 자치분권'이라는 비전과 '연방제에 버금가는 강력한 지방분권'이라는 목표 아래 5가지의 핵심전략을 제시하였는데 다음과 같다(전국시도지사 간담회, 2017).

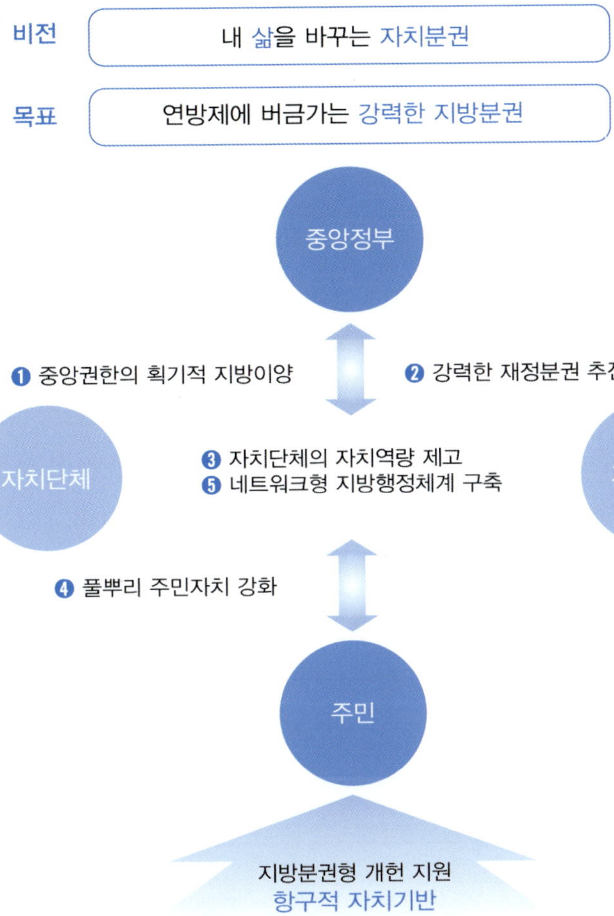

그림 2-3 **국정목표-강력한 지방분권**

출처: 윤종인(2018). 내 삶을 바꾸는 자치분권, 자치분권 로드맵. 행정포커스 1-2월호(통권 제131호). 서울: 한국행정연구원.

이처럼 지역사회의 독자적, 정치적 의사결정이 이루어지게 되면서 주민들의 직접적 이해가 생활 속에서 다루어지므로 현실적이고 실현 가능한 주민자치가 되는 것이다. 즉, 주민자치는 문제 해결을 위해 지역사회에 직접 참여함으로써 변화를 가진다.

4. 숙의 민주주의

1) 대의 민주주의의 한계

숙의 민주주의는 일반 시민들에게 공공정책 또는 특정 문제에 대한 정보를 제공하고 학습 및 토론 등에 시민들이 직접 참여하여 충분한 숙고와 논의를 거침으로써 결과를 도출하는 민주주의 방식을 말한다. 현대 대의 민주주의(representative democracy)의 한계를 보완하기 위해 숙의적 시민참여가 필요하다. 현대 민주주의 국가들은 대의 민주제 운영 과정에서 선거 투표율 저하, 시민들의 정치적 소외 심화, 정부에 대한 시민들의 신뢰 감소, 집단 간 사회갈등 고조 등 문제점을 경험하였다. 특히 집단 간 사회갈등이 확대되는 상황에서 정부에 대한 낮은 신뢰는 대의정부의 갈등 조정자 역할 수행을 어렵게 만드는 요인이 되고 있다(채종헌 외, 2019). 기존에는 공청회, 타운 미팅(town meeting), 포커스그룹 등으로는 정부의 협의제도로서 한계를 가졌다.

표 2-4 기존의 협의제도 한계

협의제도	한계
공청회	• 이해당사자들이 자신들의 입장만 주장하는 경향이 있기 때문에 합의 형성기제로 한계가 있음
타운미팅	• 자발적 참여방식으로 대표성 확보에 어려움
포커스그룹	• 상대적으로 적은 규모의 표본을 대상으로 하기 때문에 시민들의 견해를 반영하는 데 어려움

출처: 행정안전부(2020). 숙의 기반의 주민참여 운영모델. 세종: 행정안전부.

20세기 대의민주주의는 시민으로부터 권력을 위임받은 의회와 정당, 행정부 등 정치 엘리트들이 정책을 결정하는 제도이다. 20세기 후반 이후 대의 민주주의에 대한 대안적 모델로 시민들의 정책과정 참여를 강조하는 참여 민주주의(participatory democracy)와 숙의 민주주의(deliberative democracy)가 부상되었다. 참여 민주주의는 주권자인 시민이 스스로 내린 결정일 때, 숙의 민주주의는 의사결정을 하기 전 정책문제에 대해 충분한 토론이 있을 때 정당성을 인정하는 것이다(채종헌 외, 2019).

1960~70년대 선진국에서 평화, 인권 등을 주장하는 학생·시민운동이 일어나면서 학계에 등장한 참여 민주주의는 기존의 대의 민주주의 또는 자유민주주의를 엘리트이론으로 비판하고 '시민 자율(civic autonomy)'과 '자치(self-government)'를 강조하게 되었다(Floridia, 2013).

1980년대 서구국가에서 신보수주의 정치가 확산되면서 시민들의 자기결정(self-determination)보다는 정책을 결정하기 전에 시민들의 열린 소통과 이성적 토론 절차를 강조하는 숙의민주주의가 대안적 모델로 부상하게 되었다(Floridia, 2013). 페이트먼(Pateman, 1970), 맥퍼슨(MacPherson, 1977) 등 참여민주주의 이론가들은 일반 시민들이 정책과정에 직접 참여해 자신의 삶에 영향을 미치는 이슈에 대해 의사결정 권한을 행사해야 한다고 주장한다(Floridia, 2013).

오늘날에는 국제사회도 국정운영에서 시민참여의 필요성을 인정하고 있다. 세계은행은 시민들의 정책적 주인의식(policy ownership) 강화 차원과 국가발전 정책 결정 과정에서 시민참여의 중요성을 강조하였다(Stiglitz, 2002). 또한 유엔은 정책결정의 모든 단계에서 시민들의 적극적 참여와 정부의 능동적 대응을 지속가능발전목표(SDGs)의 필수 요소로 인식하고 있다(SDSN, 2015).

2) 참여적 의사결정 방식

참여적 의사결정 유형에는 공론조사, 시민배심원, 합의회의, 플래닝셀, 시민의회 등이 있다. 이에 관한 내용은 다음과 같다(Escobar & Elstub, 2017).

(1) 공론조사(Deliberative polling)

제임스 피쉬킨(James Fishkn)이 1988년 처음 고안한 공론조사는 전통적인 여론조사가 이슈에 대한 시민들의 피상적 인식을 조사하는 한계를 보완하기 위해 숙의적 요소와 여론조사를 결합한 제도이다. 공론조사는 다음과 같은 절차로 진행된다(채종헌 외, 2019).

- **1차 조사**: 일반 국민 대상으로 토론 이슈에 대한 1차 설문조사 실시
- **토론 참여자 선발**: 1차 설문조사 표본 중 인구학적 특성을 반영한 토론 참여자 100~500명을 층화 무작위 추출
- **학습**: 참여자들에게 토론 이슈에 대한 찬반 양측의 입장과 근거 등을 균형 있게 소개한 자료집 제공
- **숙의**: 참여자들을 지정된 장소에 소집해 분임 토론, 전문가 의견 청취 등을 진행(각 분임에는 전문 중재자가 토론을 진행)
- **2차 조사**: 토론 참여자 대상으로 1차 조사와 동일한 설문지로 조사

공론조사는 참여자들이 학습과 토론을 통해 스스로 성찰함으로써 기존의 생각을 바꾸는 '선호의 전환'을 의도한다는 점에서 기존의 여론조사와 차이점이 있다. 공론조사는 1차 조사와 2차 조사 결과의 차이를 숙의의 효과로 간주한다. 그러나 토론의 결과가 합의가 아닌 설문조사 방식의 표결로 나타난다는 점에서 '선호의 합산' 성격도 가지고 있다(채종헌 외, 2019).

피쉬킨은 여러 나라에서 15년 이상 숙의민주주의의 실천적 이행을 설계해왔으며 그는 5개의 특징을 적법한 숙의를 위한 필수 요소로 묘사한다(위키백과사전, 2021).

① **정보**(Information): 정확하고 관련된 데이터는 모든 참여자에게 자유롭게 이용되도록 만들어진다.

② **실질적 균형**(Substantive balance): 서로 다른 입장들은 그것들을 뒷받침하는 증거들에 기반하여 비교된다.

③ **다양성**(Diversity): 가까운 현실 문제와 관련되고 대중에 의해 제기된 모든 중요한 입장들이 고려된다.

④ **양심성**(Conscientiousness): 참여자들은 모든 논쟁을 진지하고 신중하게 평가한다.

⑤ 동등한 고려(Equal consideration): 특정한 관점을 옹호하고 있는 사람이 아니라 증거에 기반하여 평가된다.

(2) 시민배심원(Citizens' Juries)

1971년 미국 제퍼슨센터의 네드 크로스비(Ned Crosby)가 고안한 것으로, 미국의 사법배심원 제도를 정책숙의에 적용한 것이다. 시민배심원은 무작위 추출로 선발된 12~25명의 참여자가 일정한 장소에 모여 어떤 이슈에 대한 토론을 진행한 후에 사법배심원에서 평결(verdict)과 유사하게 공동으로 정책 권고를 제시한다(채종헌 외, 2019).

(3) 합의회의(Consensus Conferences)

합의회의는 1987년 덴마크 기술위원회(Board of Technology)가 과학기술 이슈와 관련하여 국회의원들에게 자문을 제공할 목적으로 개발하였다. 층화 무작위 추출로 선발된 10~25명의 시민이 다음 두 단계에 걸쳐 숙의를 진행한다(채종헌 외, 2019).

- 준비모임(Preparatory weekends): 대개 2주간 주말에 모여 토론 주제와 방법에 대해 학습하고, 시민들에게 조언해 줄 전문가와 이익단체를 선택
- 공공포럼(Public forum): 시민 참여자들은 4일간 준비모임에서 선발된 전문가와 이익단체의 발표를 듣고 질의, 응답 세션을 가진 후에 공동 보고서를 작성해 제출

(4) 플래닝셀(Planning Cells)

플래닝셀은 1970년대 독일 부퍼탈대학 시민참여연구소의 피터 디넬(Peter Dienel)이 개발해 주로 도시계획 분야에 적용하였다. 플래닝셀은 100~500명의 시민을 무작위 추출한 후 이들을 6~10개의 분임(셀)으로 나누어 약 4일간 토론을 진행한다. 그리고 공론조사와 마찬가지로 각 분임에는 전문가가

토론을 진행한다. 토론 후에는 플래닝셀 주관자가 모든 참여자의 의견을 취합해 보고서 초안을 작성하고 이 보고서는 각 셀에서 선출된 시민들의 승인을 거쳐 정책결정자에게 제출한다(채종헌 외, 2019).

(5) 시민의회(Citizens' Assembly)

시민의회는 가장 최근인 2002년에 캐나다의 고든 깁슨(Gordon Gibson)이 고안한 것으로, 현존하는 작은 공중 가운데 가장 급진적이고 민주적인 유형으로 알려져 있다. 시민의회 사례는 다른 작은 공중 유형에 비해 적은데, 캐나다에서 브리티시컬럼비아주와 온타리오주에서 선거제 개혁을 위한 주민투표 전에 실시한 바 있고, 최근에는 아일랜드에서 동성결혼에 대한 국민투표 전에 실시하였다.

시민의회는 유권자 명부에서 무작위 추출된 100~160명의 시민이 수개월 혹은 심지어 1년에 걸쳐 활동한다. 참여 의사가 있는 시민 중에서 참여자를 추가로 무작위 추출 선발하므로 엄격한 의미의 무작위 추출은 아니다. 시민의회의 활동은 다음과 같이 3단계로 진행된다(채종헌 외, 2019).

- **학습**: 여러 주에 걸쳐 이슈에 대해 학습
- **협의**: 참여자들은 자신의 지역구에서 공청회를 개최해 일반 시민들의 의견과 정보를 수집
- **숙의**: 참여자들은 토론을 거쳐 최종안을 도출하는데, 최종안을 결정하기 위해 대개 표결 방법을 사용

표 2-5 참여적 의사결정 유형별 특징

구분	공론조사	시민배심원	합의회의	플래닝셀	시민의회
고안자 (첫 사례)	제임스 피쉬킨 (미국, 1994)	네드 크로스비 (미국, 1971)	덴마크기술위원회 (덴마크, 1987)	피터 디넬 (독일, 1970년대)	고든 깁슨 (캐나다, 2002)
참여인원	100~500명	12~26명	10~25명	100~500명	100~160명
숙의기간	2~3일	2~5일	7~8일	4~5일	20~30일

선발방법	무작위 추출	무작위 추출	무작위 추출 (지원자 중 무작위 추출 포함)	무작위 추출	무작위 추출 (지원자 중 무작위 추출 포함)
활동	정보공유, 숙의	정보공유, 숙의	정보공유, 숙의	정보공유, 숙의	정보공유, 협의, 숙의
결과	설문조사	공동보고서	공동보고서	설문조사, 공동보고서	구체적인 정책제안
활용처	주관자, 대중매체	주관자, 대중매체	의회, 대중매체	주관자, 대중매체	의회, 정부, 주민/국민투표

출처: Escobar, O., & Elstub, S. (2017). Forms of mini-publics. Research and Development Note. Newcastle University.

3) 숙의 기반 주민참여 국내사례

주민참여 국내사례로는 서울 균형발전계획, 부산 BRT버스, 광주 도시철도 2호선, 대전 월평공원, 울산 시립미술관, 대구 신청사 건립, 제주 녹지 국제병원, 서산 자원 회수시설, 공주의료원 부지활용, 순천 쓰레기 처리, 김해 소각시설 현대화, 남해 풍력발전 단지 조성 등을 제시하고자 한다(행정안전부, 2018; 채종헌 외, 2018; 채종헌 외, 2019).

(1) 서울 균형발전계획 공론화

실시 배경은 다음과 같다.

- 서울의 균형 발전을 위한 과제 및 우선순위 결정 목적
- 주요 쟁점은 균형발전 방향과 주요과제, 균형발전 주요 정책 수단의 우선순위, 주요정책 수단 우선에 대한 실행방안 등이다.

구성 및 운영은 다음과 같다.

- 조사위원회는 위원장(민간) 1인과 민간 위원 6명으로 구성되었으며, 3개월간 활동에 4회의 회의를 개최함
- 조사 수행은 (사)한국사회갈등해소센터가 맡았고 조사방식은 전화면접

(450명)으로 진행하고, 토론회 2회(246명) 실시

결과는 다음과 같다.

- 균형발전 정책과제 1순위로 '주거안정 및 주거환경 개선' 결정
- 실행방안은 공공기여금 등 개발이익의 환수 재원 활용, 균형발전회계 사용처로 접근성 및 교통인프라 개선 및 확충 등 결정
- 서울시는 권고안을 반영하도록 노력하겠다는 의견 표시

(2) 부산 BRT버스 공론화

실시 배경은 다음과 같다.

- 증가하는 승용차로 인해 교통혼잡 문제 심각
- 교통문제 해결을 위해 대중교통 중심으로 교통정책을 전환하고 BRT(Bus Rapid Transit) 추진 필요성 제기하였다.
- BRT 추진 중 BRT로 인한 승용차 교통혼잡 발생으로 사업 중단하였다.

구성 및 운영은 다음과 같다.

- 조사위원회는 위원장(민간) 1인과 민간위원 12명으로 구성, 2개월 동안 총 18회 회의 개최
- 공론조사는 (재)한국재정분석연구원에서 담당, 시민 2,585명에 대한 면접조사와 토론회 2회(141명) 실시, TV 토론회도 2회 실시

결과는 다음과 같다.

- 최종 조사결과는 공사재개 61%, 공사중단 39%로 공사재개 결정하였다.
- 부산시는 공사재개를 수용하였으며, 반대측도 공론화 결과를 수용하여 최종 종료하였다.

(3) 광주 도시철도 2호선 공론화

실시 배경은 다음과 같다.

- 도시철도 2호선 공사에 수조 원대 건설비와 운영적자 등 재정 부담 예측으로 건설 반대의견 표출
- 교통혼잡을 해결할 수 있는 신속한 교통수단이며, 안전성과 편리성, 친환경, 교통 복지서비스 차원에서 건설 찬성입장이 대립

구성 및 운영은 다음과 같다.

- '광주도시철도 2호선 공론화 위원회 구성 및 운영에 관한 규정'에 근거하여 공론화 위원회 구성
- 공론화위원회는 위원장(민간) 1인과 6명의 민간위원으로 구성, 2개월간 12회 회의 개최
- 2명의 교수로 구성된 조사 검증단 별도 운영
- 조사는 ㈜마크로밀엠브레인·한국사회갈등해소센터 공동 수행하였고, 전화면접으로 총 2,930명 조사, 토론회 1회(243명) 개최, TV 토론회도 6회 실시

결과는 다음과 같다.

- 조사결과 도시철도 2호선 건설 찬성의견 78.6%, 반대의견 21.4%로 나타남
- 광주시는 공론화위원회 결과를 수용하였고, 찬반 양측 모두 공론화 결과를 수용, 광주 시민사회도 결정 존중 입장 발표

(4) 대전 월평공원

실시 배경은 다음과 같다.

- 월평공원 2020.7.1.일 자로 공원지정 해제, 대부분이 사유지로 도심 한가운데 위치함

- 도심 난개발을 막고, 생태적 가치에 대한 훼손 우려로 공원으로 보존하자는 주장 대두
- 공원 개발로 공공시설(체육관, 수영장 등) 확충이 필요하고, 사유재산에 대한 정당한 재산권의 행사라는 주장도 제기

구성 및 운영은 다음과 같다.

- 공론화위원회는 위원장 1인과 4명의 민간위원으로 구성되었으며, 5개월의 활동 기간 20회의 회의를 개최하였음
- 관련 분야 교수 3명이 검증단을 구성하였음
- 조사는 (사)한국갈등해결센터에서 수행하였으며, 조사는 시민 159명에 대한 전화조사, 토론회 3회(159명), TV 토론회 1회, 현장방문 1회로 진행됨

결과는 다음과 같다.

- 조사결과 월평공원 민간특례사업 반대의견이 60.4%로 나타나, 공론화위원회는 이를 권고
- 대전시는 권고안을 반영하도록 노력하겠다고 밝혔으나, 공원 내 토지 소유자 측은 공론화 결과 수용 불가 입장으로 공원 출입로 폐쇄 등 행동에 나섬
- 대전시는 2019.6.14. 도시계획심의위원회를 열고 이 사안을 재심의한 결과 민간 특례사업 부결이 결정, 민간 소유 토지에 대한 매입 방침

(5) 울산 시립미술관

실시 배경은 다음과 같다.

- 울산시립미술관 주변 객사(학성관: 외국사신이나 중앙관리들이 머물던 곳) 유구터의 활용방안을 두고 의견 대립
- 건축설계를 보완하여 입구 쪽 수경 공간을 마련하자는 의견 제기
- 다른 의견으로는 미술관의 정체성을 구체화하기 위해 복제명화(레플리카) 소장·전시 방안 제시

구성 및 운영은 다음과 같다.

- 공론화위원회는 위원장(행정부시장) 1인과 민간위원 22명으로 구성되었고, 2개월의 활동기간에 총 5회 회의 개최
- 5회에 걸친 시민토론회(107명) 개최, 2회 현장방문

결과는 다음과 같다.

- **건축 설계**: 기존설계 유지하되, 제안된 의견은 건축가와 협의하여 반영 검토
- **부지 및 공간 확장**: 미술관 부지 인근 문화예술전문도서관 건립 검토
- **객사 부지 활용**: 미술관과 연계한 객사 부지의 영구 활용방안 확정
- 울산시는 공론화위원회 권고안에 따라 건립업무 재개, 시립미술관 공사 발주

(6) 대구 신청사 건립

실시 배경은 다음과 같다.

- 현 대구시 청사의 건물 공간 부족 문제를 더 이상 해결할 수 없어 청사 확장 필요성 제기
- 2006년, 2010년 2차례 용역을 통해 청사건립 타당성을 검토하였고, 2012년부터 2018년까지 청사건립기금 조성, 2018.6. 대구시청 신청사 TF 구성
- 2018.12. 대구광역시 신청사 건립을 위한 조례 제정, 2019.1. 신청사건립추진단 설치
- 현 청사 소재지인 대구시 중구와 신청사 후보지 간 갈등 조짐이 있고, 대구시 중구 상인연합회 등 적극적 반대의견 표명

구성 및 운영은 다음과 같다.

- 2019.3. 신청사건립추진공론화위원회 구성. 위원장 포함 총 20명
- 공론화위원회는 신청사 건립 추진일정, 신청사 건립 기본구상, 과열유치행위 감점기준, 시민공론화 방안, 전문연구단 등 심의, 의결

- 2019.7.25. 청사건립에 관한 사항을 전문적으로 검토하고 자문하기 위해 신청사 건립추진전문연구단을 구성하고, 20~30명 위원 위촉

결과는 다음과 같다.

- 시민참여단 250명, 2박 3일간 숙의 과정을 거쳐 전원 평가 참여
- 평가대상 4개 부지(달서구, 북구, 달성군, 중구)에 대하여 항목별 평가

기본방목	세부항목
상징성	장소적 가치 및 랜드마크 잠재력
균형발전	쇠퇴 정도 및 발전가능성
접근성	접근의 편리성
	중심성
토지적합성	물리적 환경 수준
	환경 및 경관 수준
경제성	개발비용의 적절성

- 시민참여단의 예정지 선정 결과 달서구 최고 득점, 시민참여를 바탕으로 수용도 높은 결과 도출

(7) 제주 녹지 국제병원

실시 배경은 다음과 같다.

- 제주 녹지 국제병원은 중국 국영기업인 녹지그룹이 투자하고, 2015년 2월 보건복지부가 제주헬스케어타운의 의료사업계획을 승인함에 따라 제주도로부터 건축허가를 받음. 우리나라 최초의 영리병원으로 승인
- 개설 허가를 한다면 의료체계가 흔들려 의료비 상승 등 문제를 지적하며 시민단체 중심으로 허가 반대 운동 전개
- 이에 병원 개설은 이미 승인된 상태이고 건물 신축 및 의료진 채용 등 개설 준비가 완료된 상태로 개설을 허가해야 한다는 주장 대립

구성 및 운영은 다음과 같다.

- 2018.3. 구성된 공론화위원회는 '제주특별자치도 숙의민주주의 실현을 위한 주민참여 기본조례'에 근거하며, 위원장(민간) 1인과 민간위원 8명으로 구성
- 활동기간은 6개월이며, 19회의 회의 개최, 4명의 교수로 검증단 구성
- 공론조사 수행은 칸타코리아컨소시엄에서 맡았고, 제주도민 3,000명을 전화면접 하고, 토론회 4회(180명) 개최

결과는 다음과 같다.

- 공론화 결과 녹지국제병원 개설 불허 의견이 58.9%, 개설 허가 의견이 38.9%로 나타남
- 제주도청은 공론조사 결과 불수용을 결정하고, 2018.12. 내국인 진료 금지를 조건으로 하는 조건부 허가 방침을 정함
- 병원 반대 측은 병원 저지 범국민운동본부를 재출범하고, 녹지 병원 측은 조건부 허가 위법소송 제기
- 2019.3.4. 제주도청은 녹지국제병원 취소 절차 돌입, 4.17. 허가 취소, 녹지그룹 철수

(8) 서산 자원 회수시설

실시 배경은 다음과 같다.

- 서산시의 쓰레기 처리 문제를 해결하기 위해 2013년부터 새로운 처리 시설 계획 수립
- 쓰레기 처리를 위해 반드시 필요한 시설이고, 오염물질이 안전하게 관리 가능함으로 건립 찬성의견 제기
- 오염물질이 배출되어 환경을 오염시키고, 당진시의 쓰레기까지 처리하므로 건립 반대의견 대립

구성 및 운영은 다음과 같다.

- '서산시 자원회수시설 공론화위원회 구성 및 운영에 관한 규정'에 근거하여 2018.11. 위원장(민간) 1인과 민간위원 15명으로 구성된 공론화위원회 출범
- 3개월의 활동기간 동안 10회의 회의 개최
- 조사수행은 (사)디모스와 ㈜한국갤럽이 공동 수행하였고, 서산시민 1,004명에 대한 전화면접, 토론회 2회(70명), 현장방문 1회 실시

결과는 다음과 같다.

- 2019.2.16. 조사결과 발표, 자원회수시설 건립 계속 추진 의견이 54.3%, 추진 중단 의견이 45.7%로 나타남
- 서산시청은 공론조사 결과 적극 수용 방침, 자원회수시설 건립 반대 측도 일부 반발은 있었으나(소각장 반대위의 시청 앞 시위 등) 대부분 결과 수용 입장

(9) 공주의료원 부지활용

실시 배경은 다음과 같다.

- 구)공주의료원 부지 활용에 대한 의견 대립
- 구)공주의료원 리모델링(역사 인물관, 시민단체 사무실) 의견, 구)공주의료원 철거 후 목관아터 복원 의견, 일부 리모델링과 일부 복원 병행 의견 등으로 대립

구성 및 운영은 다음과 같다.

- 공론화위원회는 위원장(민간) 1인과 시민위원 77명, 전문가 6명으로 구성
- 활동기간은 1개월이며 2018년 10월 8일부터 3회 회의 개최
- 공론화 수행은 (사)디모스에서 담당하고, 토론회 3회(55명) 개최, 현장방문 1회 실시

결과는 다음과 같다.

- 토론회 결과 구)공주의료원 철거 39명(72.2%), 리모델링 2명(3.7%), 일부 복원 일부 리모델링 11명(20.4%), 기권 2명(3.7%)으로 집계
- 2018.11.22. 공수시는 구)공주의료원 철거 후, 문화재발굴조사 결과에 따라 결정 방침
- 공주시는 2019년 3월부터 시작되는 구)공주의료원 철거와 문화재 조사에 예산 배정

(10) 순천 쓰레기 처리

실시 배경은 다음과 같다.

- 2018.8. 순천시 자원순환센터 운영 중단과 매립 연한 도래에 따른 중장기 대책 마련 필요성 제기
- 쓰레기 감량을 위한 다양한 처리시설의 도입과 거점관리 수거방식의 도입 및 시범 운영 등 다양한 논의 필요성 제기
- 정책에 대한 찬성과 반대가 아닌 정책 전반에 대한 공론화 필요성

구성 및 운영은 다음과 같다.

- 2018.9.7. '순천시민참여 기본조례'에 근거하여 위원장(민간) 1인과 시민단체 15인, 시의원 2인, 전문가 10인, 시민참여단 20인, 행정지원 3인으로 구성된 공론화위원회 구성
- 활동기간 3개월, 회의 6회 개최, 토론회 3회 개최(42명), 현장방문 1회

결과는 다음과 같다.

- 2018.12.17. 공론화위원회는 6대 정책권고안 발표
- 권고안 내용은 빠른 시간 내에 매립지 확보를 위한 행정적 절차 진행, 쓰레기 감량을 위한 다양한 처리시설의 도입 검토, 순천시가 직접 운영하는 통합적 관리기구와 자원순환도시를 위한 민관협치 기구 설립, 거점관리

수거방식 도입 및 시범운영, 쓰레기 처리 및 재활용 등에 관한 교육 프로그램 개발 및 교육, 동일한 행정 실수가 반복되지 않기 위한 조치 등임
- 순천시는 분야별 수용 검토 의견 밝힘

(11) 김해 소각시설 현대화

실시 배경은 다음과 같다.
- 김해시 인구증가에 따른 기존 장유 소각장은 시설 부족, 시설 노후화에 따른 현대화 사업 필요로 증설 요구 제기
- 시장의 선거공약 이행을 촉구하며, 장유 소각장 즉시 이전 요구 목소리도 높아짐

구성 및 운영은 다음과 같다.
- 김해시는 별도의 공론화위원회를 구성하지 않았음
- 대신 '김해답게 시민정책협의회'에서 공론화 방식을 결정하여 시민토론을 통한 공론화가 제시됨
- 정책협의회는 2개월 활동하였으며, 회의 1회 개최
- 시민들에 대한 인식조사는 지혜의 영토・코리아스픽스 공동수행하고, 김해시민 2,200명에 대한 전화면접 실시, 2018.9.1. 원탁토론회(111명) 진행

결과는 다음과 같다.
- 토론회 결과 증설 66명(59%), 이전 44명(40%), 유보 1명(1%)으로 나타남
- 김해시는 토론회 결과를 적극 수용 방침
- 소각장 이전을 주장하는 측은 공론화 결과 수용 불가 입장, 김해시민사회공동대책위를 결성하여 소각장 반대, 이전촉구 운동 전개

(12) 남해 풍력발전 단지 조성

실시 배경은 다음과 같다.

- 2018.7.23. ㈜남해파워의 망운산 풍력발전단지 사업이 남해군의 개발행위 조건부 허가를 받음에 따라 주민들과의 갈등 시작
- 찬성 측은 망운산 풍력이 국가적 에너지전환 정책에 부합하는 것이며, 지역경제 활성화에 긍정적 효과로 찬성
- 반대 측은 공공재인 망운산과 에너지 자원이 사익을 추구하는 수단으로 변질되어서는 안 된다는 이유로 반대

구성 및 운영은 다음과 같다.

- '남해군 군민소통위원회 설치 및 운영 등에 관한 조례'에 따라 2018.9. 군민소통 위원회에서 공론화위원회 대신함
- 위원회는 위원장(군수) 1인과 민간위원 100명으로 구성
- 2018.11.6. 그리고 11.16에 토론회 2회(200명) 실시

결과는 다음과 같다.

- 토론회 이후 군민소통위원회 분과위원 의견수렴 결과, 대체적 반대의견
- 남해군에서는 이를 반영하여 ㈜남해파워에 환경훼손 등 주민 반대의견에 대한 사업계획 보완 요청
- 군민소통위원회를 군민 의견수렴에 적극 활용

03
CHAPTER

세계시민의식과 세계시민교육

1. 세계시민의식
2. 세계시민교육
3. 지속가능발전교육의 이해

1. 세계시민의식

세계시민교육의 개념을 살펴보기에 앞서 세계시민 혹은 세계시민의식의 개념을 살펴보아야 한다. 세계시민이나 세계시민의식에 대해 합의된 일반적인 정의가 아직 없으며, 여전히 해석에 대한 논쟁이 이루어지고 있다(유네스코 아시아태평양국제이해교육원, 2014a).

세계시민의식은 영어로 'citizenship'으로 '성'과 '의식'으로 번역되어 '시민성'과 '시민의식', '세계시민의식'으로 혼용되어 사용되기도 한다. 이에 세계시민이란 용어가 세계시민의식과 세계시민성이란 용어로도 혼용되어 함께 쓰인다.

국내에서도 '세계시민의식'(이두현, 2019), '세계시민성'(김용환, 2019), '지구시민성' 등으로 다양하게 번역되어 사용하기도 한다. 이는 용어의 문제는 아니지만 해석의 차이뿐만 아니라 삶의 맥락이나 세계화를 바라보는 관점의 차이를 드러내는 것이기에 다양한 입장에 따른 용어의 의미를 살펴볼 필요가 있다.

세계시민성에 대한 개념은 국경을 넘어선 세계와 국가의 관계, 국제 문제에 대한 관점, 국제사회의 책임과 관련된 시민의 역할 등을 어떻게 규정하느냐에 따라 다르게 해석될 수 있다. 이에 관련 개념들에 대한 관점 및 논의 내용을 시간의 흐름 및 변화에 따라 살펴보고 이해할 필요가 있다.

다음은 학자나 기관에 따른 세계시민성 논의의 흐름을 보여준다.

Hicks(2003)는 세계시민성을 전 세계적으로 모든 인류가 공동체라는 점을 강조하여 글로벌 공동체의 시민으로 살아가거나 이를 느끼는 것이라 하였다. 반면에 세계시민을 개인의 고유한 정체성과 진실성을 지키고 심화하는 동시에 다름과 특수성의 경계를 아우르는 연계성 및 연결성을 보호하고 이를 위해 실천하는 자라고 하였다.

Wierenga(2013)은 세계시민성을 인류의 삶이 국가적 경계를 넘어 지구적으로 상호 연결되어 있음을 인지하는 것이라 하였다.

Guo(2014)는 세계시민을 인간성, 지구, 집단 결정의 영향력에 대한 광범위한 이해를 바탕으로 인식과 행동을 할 수 있는 시민이라고 하였다. 세계시민을 인류라는 공통점을 기반으로 다양한 문화 간의 정체성을 인정하면서 보편성을 추구하는 시민이라 하였다.

김지헌, 손철성(2009)은 보편적 관점에서 인간의 보편적인 기본권을 존중하고 인류애를 중요하게 여기는 것을 세계시민성이라 하였다.

세계시민성은 세계 공동체의 등장을 시작으로 제시된 개념이며(이윤주, 2016), 하나의 공동체로서의 '세계'에 대한 인식은 다양한 사회, 경제적 사건들을 계기로 형성되었다(이윤주, 2016). 즉, 시대적 흐름상 세계를 하나의 공동체로 바라봐야 하는 것은 도덕적 측면을 넘어서 정치, 경제적인 이해관계를 바탕으로 해서 두드러지게 부각되고 있는 현상이다(이윤주, 2016).

기존의 시민성은 주로 국가 단위로 정의되었으며 이때 시민의 개념은 국가 내부를 구성하는 민족의 개념으로 규정지어지는 경우가 많았다(이윤주, 2016). 하지만 현재 국제사회에서 '국가' 혼자만의 독식은 더 이상 존재하기 어렵다. 그러므로 현재는 국가 단위를 간신히 넘어선 블록 공동체로서의 세계 공동체 개념을 이끌어내는 차원에서 그치고 있지만 결국 세계 공동체 개념은 그 누구도 부인할 수 없는 자연스러운 현상으로 변화될 것이다(이윤주, 2016).

따라서 이를 대비하고 준비하기 위해 우리는 세계시민에 대한 새로운 시각적 접근이 필요한 것이고 세계시민성 함양을 위한 교육적 노력이 요구된다(이윤주, 2016).

세계시민성 개념에 대한 구체적인 방안을 마련한 Heater는 '다중시민성'을 전제로 삼아 세계시민교육의 기본상을 제시하였다(이윤주, 2016). 다중시민성을 통해 우리가 얻고자 하는 시사점은 세계시민성의 개념이 국가시민성과 대치되는 입장이 아닌 동시에 함께 성장하는 개념으로 정의한다(이윤주, 2016).

송민경(2014)은 세계시민성을 인류 및 세계 간의 상호의존성을 인식하고, 글로벌 이슈와 문화에 대한 복합적인 문제를 이해하는 동기, 태도, 역량을 갖춘 특성으로 정의하였다.

세계시민을 문화다양성을 존중하면서 국가 발전에 기여할 수 있는 국가정체성을 지닌 시민역량과 더불어 국가를 초월한 사회의 다원적 가치를 이해하고 세계와 소통이 가능한 세계시민역량을 함께 보유한 사람이라 할 수 있다. 그러므로 지역 및 국가정체성을 넘어서 세계의 상호의존과 체제를 이해하고, 협력적 활동에 참여할 수 있는 기량을 가지며, 세계적 수준에서 자신의 책임에 대한 태도를 인식하고 실천하는 것이다.

1946년에 유엔전문기구 중의 하나로 설립된 국제연합교육과학문화기구인 UNESCO(United Nations Educational, Scientific, and Cultural Organization, 2014)는 세계시민성의 개념을 '더 광범위한 공동체와 전체 인류에 소속감을 느끼고, 지역 · 국가 · 세계에 대한 열려 있는 시각을 견지하며, 보편적 가치에 기초한 다양성 및 다원성을 존중함에 따라 자신과 타인, 그리고 환경을 포괄적으로 이해하고 행동하는 인간의 자질'로 보다 보편적 가치에 평화와 환경을 강조하면서 다양성을 존중한다.

1942년 영국의 옥스퍼드에서 결성된 국제적인 빈민구호단체인 OXFAM (Oxford Committee for Famine Relief, 2015)은 세계시민을 세계시민으로서 인성을 갖춘 사람으로 정의하고 '더 넓은 세계에 대해 알고 세계시민으로서 자기 역할을 이해하는 사람, 다양성을 존중하고 가치 있게 여기는 사람, 세계가 어떻게 작동하고 있는지를 이해하는 사람, 사회정의에 열정적으로 헌신하는 사람, 지역 수준부터 글로벌 수준까지 다양한 수준의 공동체에 참여하는 사람, 더 평등하고 지속가능한 세상을 만들기 위해 다른 사람과 협업하는 사람, 자신의 행동에 책임을 지는 사람'으로 제시하고 있다. UN세계식량계획 최대 규모의 협력 비정부기구인 월드비전(2015)은 국적을 넘어 가장 넓은 공동체인 지구마을의 구성원으로서 정체성을 지니고, 다양성 존중, 변화하는 세상에 대한 정확한 인지로 세계적 문제에 대한 책임감을 지니고 동참하며 실천할 수 있는 지식, 기술, 가치와 태도를 보유한 자로 정의하였다.

표 3-1 세계시민 또는 세계시민성의 개념

구분	단체 또는 저자	개념 또는 내용
국외 학자	Hick (2003: 275)	글로벌 공동체의 시민으로 살아가거나 이를 느끼는 것
	Mcintosh (2005: 23)	개인의 고유한 정체성과 진실성을 지키고 심화하는 동시에 다름과 특수성의 경계를 아우르는 연계성 및 연결성을 보호하고 이를 위해 실천하는 자
	Wierenga (2013: 1)	인류의 삶이 국가적 경계를 넘어 지구적으로 상호 연결되어 있음을 인지하는 것
	Guo (2014: 2)	인간성, 지구, 집단 결정의 영향력에 대한 광범위한 이해를 바탕으로 인식과 행동을 할 수 있는 시민
국내 학자	노찬옥 (2005: 34)	인류라는 공통점을 기반으로 다양한 문화 간의 정체성을 인정하면서 보편성을 추구하는 시민
	김지헌, 손철성 (2009: 93)	보편적 관점에서 인간의 보편적인 기본권을 존중하고 인류애를 중요하게 여기는 것
	송민경 (2014: 487)	인류 및 세계 간의 상호의존성을 인식하고, 글로벌 이슈와 문화에 대한 복합적인 문제를 이해하는 동기, 태도, 역량을 갖춘 특성
	정지현 외 (2015: 323)	문화다양성을 존중하면서 국가 발전에 기여할 수 있는 국가정체성을 지닌 시민역량과 더불어 국가를 초월한 사회의 다원적 가치를 이해하고 세계와 소통이 가능한 세계시민역량을 함께 보유한 사람
	윤성혜 (2017: 3)	지역 및 국가정체성을 넘어서 세계의 상호의존과 체제를 이해하고, 협력적 활동에 참여할 수 있는 기량을 가지며, 세계적 수준에서 자신의 책임에 대한 태도를 인식하고 실천하는 능력
국제 기구	UNESCO (2014: 25)	더 광범위한 공동체와 전체 인류에 소속감을 느끼고, 지역·국가·세계에 대한 열려 있는 시각을 견지하며, 보편적 가치에 기초한 다양성 및 다원성을 존중함에 따라 자신과 타인, 그리고 환경을 포괄적으로 이해하고 행동하는 인간의 자질
비정부 기구 (NGOs)	OXFAM (2015: 5)	더 넓은 세계에 대해 알고 세계시민으로서 자기 역할을 이해하는 사람, 다양성을 존중하고 가치 있게 여기는 사람, 세계가 어떻게 작동하고 있는지를 이해하는 사람, 사회정의에 열정적으로 헌신하는 사람, 지역 수준부터 글로벌 수준까지 다양한 수준의 공동체에 참여하는 사람, 더 평등하고 지속가능한 세상을 만들기 위해 다른 사람과 협업하는 사람, 자신의 행동에 책임을 지는 사람
	월드비전 (2015: 7)	국적을 넘어 가장 넓은 공동체인 지구마을의 구성원으로서 정체성을 지니고, 다양성 존중, 변화하는 세상에 대한 정확한 인지로 세계적 문제에 대한 책임감을 지니고 동참하며 실천할 수 있는 지식, 기술, 가치와 태도를 보유한 자

출처: 이성희 외(2015: 20-21). 재구성

세계시민, 세계시민성, 세계시민의식과 관련된 개념은 의미를 구분하기가 쉽지 않고 중첩되는 내용이 많다. 이렇듯 여러 기구나 학계에서 다양한 학자들이 정의한 세계시민의식은 처음에는 구체적인 실체로 드러나지 않는 인간의 성향이나 사람에 대한 관념적 개념으로 세계시민의 정체성을 제시하였으나 점차 더욱 구체적인 인간의 자질 및 태도, 능력이나 역할과 책임, 실천 등의 형태로 제시하고 있다.

따라서 세계시민에 대한 개념을 종합하면, 세계시민은 세계시민의식을 갖춘 사람을 의미한다. 세계시민이 지녀야 하는 자질로서 세계시민의식은 세계시민이라는 법적 지위를 의미하는 것이 아니라 서로에 대한 연대감과 집단적 정체성을 토대로 집단적 책임감을 갖고 보편적 가치를 바탕으로 더 나은 세상과 미래를 위해 함께 참여와 행동을 이끌어낼 수 있는 심리적 조직을 의미한다(유네스코 아시아태평양국제이해교육원, 2014b).

2. 세계시민교육

1) 세계시민교육의 개념

유네스코는 창립 이래 '영구적 세계평화는 교육을 통해 가능하다'는 철학을 바탕으로 평화교육, 인권교육, 국제이해교육, 지속가능발전교육 등을 주제로 하여 다양한 활동을 하며 세계시민교육을 이끌고 있다(정우탁, 2015). 최근 들어 세계시민교육에 대한 중요성이 부각되면서 이를 강화하기 위한 구체적인 교육 정책 및 방안 등에 대한 연구들이 계속되고 있다.

국제기구 이외에도 시민단체나 비정부기구들에서도 세계시민교육을 시행하고 있으며, 최근 들어 더 확대되고 있는 상황이다(김옥순, 신인순, 2013).

국제기구나 비정부기구, 학자들에 의해 정의되고 있는 세계시민교육의 개념을 살펴보면, UNESCO(2014)는 보다 정의롭고, 평화롭고, 관용적・포용적이고, 안전하고, 지속가능한 세상을 위해 기여하고, 세계 문제의 해결을 위해 지역적・세계적 차원에서 적극적으로 노력하는 학습자를 양성하는 것이라 하였다.

유네스코 이외에도 전 세계적인 불평등과 개발격차 해소를 지향하는 민간단체인 OXFAM은 사회정의와 평등하고 지속가능한 세상을 추구하며 이에 대한 적극적인 참여를 강조한다(OXFAM, 2015).

OXFAM(2015)이 정의하는 세계시민교육은 빠르게 변화하고 상호의존적인 세상에서 존재하는 다양한 도전과 기회에 대해 학습자가 비판적이고 적극적으로 참여하도록 돕는 변혁적인 교육이다.

월드비전(2015)에서는 빈곤, 인권, 평화, 기후 변화 등의 글로벌 이슈에 대해 배움으로써 지구마을 사람들에 대한 공감력을 높이고 지구 공동의 문제를 해결하고 더 나은 세계를 만들어가기 위한 역할의식과 책임의식을 함양하는 교육으로 정의하였다.

교육부(2015b)에서는 인류의 보편적인 평화와 인권, 그리고 다양성과 관련된 지식과 기술을 학습하고 가치를 내면화시키며 책임감 있는 태도를 배양하는 교육으로 보았다.

국제개발협력시민사회 포럼(2015)은 복잡한 전 지구적 도전 문제들을 이해, 공동체적 의식 및 책임의식으로 이에 대응, 더불어 사는 사회를 만들기 위한 적극적이고 실천적인 역할과 참여를 진작하는 교육으로 보았다.

세계시민교육의 개념에는 전 지구적 문제와 이슈에 대한 관심을 공통적으로 포함하고 있으며, 이와 함께 지역적 문제와 지역 수준에서의 참여 역시 강조된다.

이러한 세계시민교육의 개념은 <표 3－2>와 같다.

좀 더 살펴보면, Kirkwood(2001)는 복잡한 관점, 문화에 대한 이해와 존중, 글로벌 이슈 관련 지식, 상호연계 체계로서의 세계에 대한 교육으로 보았다.

Gaudelli(2003)는 학생들이 상호연계된 세상을 잘 준비할 수 있도록 돕는 교육과정으로 비판적 참여와 사회적으로 의미를 가지는 행동을 촉진하는 교수법을 가지는 인간의 가치, 기관, 행동에 관한 교육으로 정의하였다.

O'Loughlin & Wegimont(2003)는 세계 현실에 관한 사람들의 시야와 마음을 열고, 보다 정의롭고, 평등하고, 인권을 중요시하는 세상을 추구할 수 있도록 일깨워주는 교육이라고 하였다.

Hicks(2003)는 문화적·국가적 공동체뿐만 아니라 글로벌 공동체의 시민으로 살아가고 이를 느끼는 것이라 하였다.

Merryfield & Wilson(2005)은 지속적으로 상호의존성이 강화되고 다문화적 추세가 확산되는 국제사회에서 효과적이고 책임감 있는 시민을 양성하는 것이라 하였다.

Davies(2006)는 참여하여 학습하고 가치를 탐구하는 교육 접근을 통해 글로벌 상호의존성과 문화 다양성을 습득하는 것이라 하였다.

Ukpokdu(2010)는 세계 공동체가 직면한 관심과 이슈, 관점을 논의하는 장에 교수자와 학습자의 개입을 위한 기회를 제공하는 변혁적, 비판적 교육이라 하였다.

Standish(2012)는 하나의 문화, 한 국가에만 묶여있지 않은 아이들이 세계시민성을 잘 함양할 수 있도록 길러내는 것이라 하였다.

Twail(2013)는 지역과 글로벌 수준에서의 사회적 발전을 도모하기 위해 학습자가 함양해야 하는 지식, 기술, 가치와 관련된 교육으로 세계시민교육을 정의한다.

Guo(2014)는 글로벌 공동체의 구성원으로서의 소속감을 기르고, 보편적 인간성, 글로벌 연대에 대한 느낌, 보편적 가치에 기반하여 행동하는 정체성과 책임감을 키우는 것이라 하였다.

National Council for the Social Studies(2016)는 학생들이 세계의 한부분에 있는 개인 및 국가의 활동과 결정이 다른 지역의 사람들 모두와 세계 환경에 중요한 영향을 줄 수 있다는 상호 연관된 지구의 상황, 이슈, 추세, 과정 및 사건을 이해하도록 돕는 것이라 하였다.

국내에서 진행된 연구에서 드러난 세계시민교육의 개념도 이와 유사하다.

김용찬과 박정훈(2007)은 세계화 시대에서 평화의식을 보유하고 대응할 수 있도록 하는 세계시민의식과 세계시민으로서의 자질을 함양하고자 하는 교육적 노력이라고 하였다.

강순원(2010)은 국가적 한계를 뛰어넘어 세계화된 사회에서 요구되는 보편적 시민의식을 함양하는 교육으로 정의하였다.

성열관(2010)은 글로벌 문제 해결 및 인권 존중, 지속가능발전 및 협력, 평화 지향 및 인간 존중이라는 보편적 가치에 입각한 교육이라고 하였다.

윤인진(2012)은 인권을 존중하고 세계평화를 수호하며 다문화를 이해하고 세계에서 나타나는 문제를 인지하고 이를 해결할 수 있는 세계시민의 소양과 역량을 함양하는 교육으로 정의하였다.

조대훈과 조아라(2013)는 학습자를 능동적인 교육 주체로 인식하고 변혁적이며, 과정과 문제해결을 중시하며, 참여와 실천을 지향하고, 시민성 실천을 통해 학습하며, 평생교육적 측면의 다면적 교육으로 정의하였다.

김진희와 임미은(2014)은 지구촌의 구성원으로서 정체성을 가지고 교육, 국제 관계를 구조적으로 이해하여 비판적 사고를 함양하는 교육, 인류의 보편적 가치를 추구하고 윤리적 행동을 실천하는 교육, 모든 사람과 동물, 환경은 공동체임을 인식하는 교육, 지구 문제에 공동으로 대응하고 지역사회에서부터 참여하는 교육으로 보았다.

모경환과 임정수(2014)는 글로벌 시대에 요구되는 시민의 자질을 함양하는 목표로 전개되는 일련의 교육이라 하였다.

이성희 외(2015)의 연구에서는 학계와 비정부기구, 국제기구 등에서 정의한 세계시민교육에 대한 개념을 포괄적으로 분석하여, "빠르게 변하고 글로벌 상호의존성, 불확실성, 불평등이 증대되는 세상에서 현재보다 더 정의롭고 지속가능한 방식으로 더불어 살아가기 위한 학습을 목적으로 하는 변혁적 교육 패러다임"으로 세계시민교육의 개념을 정리하였다.

정지현과 김영순, 그리고 장연연(2015)은 글로벌 관점에서 지역사회의 문제와 국가의 문제를 비판적으로 인지하는 능력을 함양하고, 세계 공동체 및 인류애를 위해 보편성을 지니고 생각하고 행동할 수 있는 세계시민을 양성하는 교육으로 정의하였다.

표 3-2 세계시민교육의 개념

단체 및 저자	개념
UNESCO (2014: 16)	• 보다 정의롭고, 평화롭고, 관용적·포용적이고, 안전하고, 지속가능한 세상을 위해 기여하고, 세계 문제의 해결을 위해 지역적·세계적 차원에서 적극적으로 노력하는 학습자를 양성하는 것
OXFAM (2015: 5)	• 빠르게 변화하고 상호의존적인 세상에서 존재하는 다양한 도전과 기회에 대해 학습자가 비판적이고 적극적으로 참여하도록 돕는 변혁적인 교육
월드비전 (2015: 15)	• 빈곤, 인권, 평화, 기후 변화 등의 글로벌 이슈에 대해 배움으로써 지구마을 사람들에 대한 공감력을 높이고 지구 공동의 문제를 해결하고 더 나은 세계를 만들어가기 위한 역할의식과 책임의식을 함양하는 교육
교육부 (2015b: 4)	• 인류의 보편적인 평화와 인권, 그리고 다양성과 관련된 지식과 기술을 학습하고 가치를 내면화시키며 책임감 있는 태도를 배양하는 교육
국제개발협력 시민사회 포럼 (2015: 103)	• 복잡한 전 지구적 도전 문제들을 이해, 공동체적 의식 및 책임의식으로 이에 대응, 더불어 사는 사회를 만들기 위한 적극적이고 실천적인 역할과 참여를 진작하는 교육
Kirkwood (2001: 12)	• 복잡한 관점, 문화에 대한 이해와 존중, 글로벌 이슈 관련 지식, 상호연계 체계로서의 세계에 대한 교육
Gaudelli (2003: 11)	• 학생들이 상호연계된 세상을 잘 준비할 수 있도록 돕는 교육과정으로 비판적 참여와 사회적으로 의미를 가지는 행동을 촉진하는 교수법을 가지는 인간의 가치, 기관, 행동에 관한 교육
O'Loughlin & Wegimont (2003: 126)	• 세계 현실에 관한 사람들의 시야와 마음을 열고, 보다 정의롭고, 평등하고, 인권을 중요시하는 세상을 추구할 수 있도록 일깨워주는 교육
Hicks (2003: 276)	• 문화적·국가적 공동체뿐만 아니라 글로벌 공동체의 시민으로 살아가고 이를 느끼는 것
Merryfield & Wilson (2005: 15)	• 지속적으로 상호의존성이 강화되고 다문화적 추세가 확산되는 국제사회에서 효과적이고 책임감 있는 시민을 양성하는 것

Davies (2006: 6)	• 참여하여 학습하고 가치를 탐구하는 교육 접근을 통해 글로벌 상호의존성과 문화 다양성을 습득하는 것
Ukpokdu (2010: 129)	• 세계 공동체가 직면한 관심과 이슈, 관점을 논의하는 장에 교수자와 학습자의 개입을 위한 기회를 제공하는 변혁적, 비판적 교육
Standish (2012: 3)	• 하나의 문화, 한 국가에만 묶여있지 않은 아이들이 세계시민성을 잘 함양할 수 있도록 길러내는 것
Tawil (2013: 4)	• 지역 및 세계 수준에서 사회적 발전에 기여하고 참여하는 시민을 양성하기 위한 지식, 기술, 가치와 관련된 교육
Guo (2014: 2)	• 글로벌 공동체의 구성원으로서의 소속감을 기르고, 보편적 인간성, 글로벌 연대에 대한 느낌, 보편적 가치에 기반하여 행동하는 정체성과 책임감을 키우는 것
National Council for the Social Studies (2016)	• 학생들이 세계의 한 부분에 있는 개인 및 국가의 활동과 결정이 다른 지역의 사람들 모두와 세계 환경에 중요한 영향을 줄 수 있다는 상호 연관된 지구의 상황, 이슈, 추세, 과정 및 사건을 이해하도록 돕는 것
김용찬, 박정훈 (2007: 25)	• 세계화 시대에서 평화의식을 보유하고 대응할 수 있도록 하는 세계시민의식과 세계시민으로서의 자질을 함양하고자 하는 교육적 노력
강순원 (2010: 70)	• 국가적 한계를 뛰어넘어 세계화된 사회에서 요구되는 보편적 시민의식을 함양하는 교육
성열관 (2010: 120)	• 글로벌 문제 해결 및 인권 존중, 지속가능 발전 및 협력, 평화 지향 및 인간 존중이라는 보편적 가치에 입각한 교육
윤인진 (2012: 19)	• 인권을 존중하고 세계 평화를 수호하며 다문화를 이해하고 세계에서 나타나는 문제를 인지하고 이를 해결할 수 있는 세계시민의 소양과 역량을 함양하는 교육
조대훈, 조아라 (2013: 9–10)	• 학습자를 능동적인 교육 주체로 인식하고 변혁적이며, 과정과 문제해결을 중시하며, 참여와 실천을 지향하고, 시민성 실천을 통해 학습하며, 평생교육적 측면의 다면적 교육
김진희, 임미은 (2014: 217–218)	• 지구촌의 구성원으로서 정체성을 가지고 교육, 국제 관계를 구조적으로 이해하여 비판적 사고를 함양하는 교육, 인류의 보편적 가치를 추구하고 윤리적 행동을 실천하는 교육, 모든 사람과 동물, 환경은 공동체임을 인식하는 교육, 지구 문제에 공동으로 대응하고 지역사회에서부터 참여하는 교육

출처: 윤노아(2019: 22-23). 이성회 외(2015: 21-22) 재구성.

세계시민교육의 방향성인 세계시민의식 개념처럼 세계시민의식을 지향하는 관점도 세계시민교육의 개념적 정의와 목표는 다양하며, 세계시민교육도 세계시민의식과 같이 세계시민교육이 지향하는 목표와 정의에 따라 달라진다. 비판적 관점을 기반으로 하는 교육을 강조하기도 하며(정지현 외, 2015: 김진희, 임미은, 2014). 기존의 전통적 교육 패러다임이 아닌 새로운 변혁적 패러다임으로 정의하기도 한다(조대훈, 조아라, 2013).

한편 UNESCO는 국제이해 교육과 지속가능발전 교육을 강조하는 등 교육에 관한 여러 새로운 구상을 주기적으로 제시하고 추진하였다. 세계시민교육 패러다임의 변화는 시대에 따라 새로운 문제의 등장과 문제의식에 따른 결과이다. 국제사회에서의 세계시민교육에서 교육적 패러다임의 변화는 평화와 인권이라는 보편적 가치 개념을 목표로 지향하면서 생겨난 것이라 할 수 있다. 즉, 세계시민교육이라는 글로벌교육 패러다임의 변화는 보편적 핵심가치인 평화와 인권의 개념 확대와 세계시민교육의 단체 또는 저자 개념 모경환, 임정수(2014)의 정리는 다음과 같다.

- 글로벌 시대에 요구되는 시민의 자질을 함양하는 목표로 전개되는 일련의 교육 이성희 외(2015: 25)
- 빠르게 변화하는 글로벌 상호의존성, 불확실성, 불평등이 증대되는 세상에서 현재보다 더 정의롭고 지속가능한 방식으로 더불어 살아가기 위한 학습을 목적으로 하는 변혁적 교육패러다임 정지현, 김영순, 장연연(2015: 328)
- 글로벌 관점에서 지역사회의 문제와 국가의 문제를 비판적으로 인지하는 능력을 함양하고, 세계 공동체 및 인류애를 위해 보편성을 지니고 생각하고 행동할 수 있는 세계시민을 양성하는 교육 주요 영역들의 상호연관성에 관한 인식의 성장과 확대를 반영하고 있다(유네스코 아시아태평양 국제이해교육원, 2017: 10).

세계시민교육은 세계화의 영향에 따른 국가 간의 정치, 경제, 문화, 기술적, 환경적 측면들의 변화로 나타나는 여러 가지 문제의식과 함께 평화와 인권, 사회정의, 지속가능 발전이라는 보편적 가치 인식의 확대를 강조하고 있다. 또한, 시대 변화에 따른 문제의식과 과제 이행을 위해서는 세계시민교육 관련 분야에서의 상호 연계성 있는 세계시민교육의 필요성을 강조하고 있다.

따라서 세계시민교육은 학습자들이 더 정의롭고, 평화로우며, 관용적이고, 포용적이며, 안전하고, 지속가능한 세상을 만드는 것이 얼마나 중요한지를 이해하고 공감하면서 협력과 연대를 통해 적극적으로 참여하고 실천할 수 있는 역량을 강화시키는 교육이라 할 수 있다.

유네스코 아시아태평양 국제이해교육원(2014)은 세계시민교육은 교육의 모든 주제 및 분야의 개념을 확대하고 학습자의 지역적 차원의 문제와 원인을 파악하여 세계 차원의 연계성을 고려한 해결방안을 찾아내야 한다고 강조하고 있다. 또한 세계시민교육은 지식적 측면뿐만 아니라 자신과 타인에 대해 행동하고 교류하는 방법을 통해 학습과정에서 능동적이고 참여적인 역할을 할 수 있도록 해야 한다고 하였다.

이는 교육적 패러다임의 변혁적인 변화는 개인 차원의 변화가 공동체 또는 제도를 변화시킬 수 있기 때문이다. 또한 유네스코의 아시아태평양 국제이해교육원(APCEIU, 2015)은 “세계시민교육은 학습자들이 인류 공동의 문제들에 대한 관심을 가지고, 지구촌 공동체에 대한 소속감을 바탕으로 한 책임의식을 가지며, 인권, 사회정의, 다양성 존중, 평등, 평화, 지속가능발전 등 인류 보편의 가치를 내재화하고, 오늘날 우리가 직면하고 있는 지역 및 세계의 이슈들과 지구촌의 상호 의존성에 대해 비판적이며 깊이 있게 이해함으로써, 인류 공동의 문제를 평화롭고 지속가능하게 해결해나갈 수 있는 소통, 협업, 창의 및 실천의 기술을 습득하고 역량을 키워나가는 것을 목표로 하는 교육”으로 정의하고 있다.

이에 세계시민교육을 학습자들이실생활 속 실천적 문제를 통해 세계적 맥락과 배경을 이해하고 공감하면서 보다 나은 지속가능한 세상을 만드는 데 적극적으로 참여하고 실천할 수 있는 역량을 강화시키는 교육이라 할 수 있다.

2) 세계시민교육의 배경

세계시민교육은 세계시민으로서 요구되는 인성과 의식과 역량을 갖추도록 교육하는 것을 의미한다. 이러한 세계시민교육의 역사적 배경은 <표 3-3>과 같다.

세계시민교육이 등장하게 된 배경으로 1974년 제18차 유네스코 총회에서 「국제이해, 협력, 평화를 위한 교육과 인권, 기본 자유에 관한 교육 권고」(Recommendation cincerning Education for International Understanding, Cooperation and Peace and Education relating to Human Right and Fundamental Freedoms, 이하 1974년 권고안)은 문화적 다양성과 관용, 폭력과 비폭력, 인권과 근본적인 자유권, 인간의 생존과 웰빙을 국제이해교육의 기본 방향과 개념으로 제시하여 세계시민교육의 근간을 마련하였다.

1990년에 태국의 도시 좀티엔에서 열린 세계회의에서 '모두를 위한 교육(EFA)'을 주제로 세계시민의식 함양을 위한 교육의 필요성을 강조하여 이때를 세계시민교육의 시작점으로 보고 있다. 이 회의에서는 각 나라가 자국의 이익만을 취하지 않고 전 지구적 발전을 위해서 국적을 뛰어넘어 모든 사람이 나이, 성, 계층, 지역 등에 따른 차별 없이 양질의 교육을 받을 수 있어야 함을 목표로 내세웠다.

즉 세계시민으로서 자질과 능력을 갖추는 교육의 중요성을 강조하였다.

이후 2000년에 서부 아프리카에 있는 세네갈의 수도 다카르 회의에서 지난 10년간 EFA의 성과를 평가하고 새로운 전략을 논의하여 모두를 위한 교육인 EFA의 교육 의제 6개를 선언하였다. 6개의 의제로는 교육, 보편적 초등교육 달성, 적절한 삶의 기술(life skill), 성인 문해율 향상, 성 평등과 형평성, 교육의 질과 학업 성취였다.

이어 같은 해 UN 본부에서 개최된 총회에서 189개의 나라에서 참여한 새천년개발목표(MDGs: Millennium Development Goals, 이하 MDGs로 사용)로 빈곤에 관한 문제 해결에 목표를 두었다.

2012년 UN사무총장이 글로벌 교육 우선 구상(Global Education First Initiative)을 선언하면서 MDGs에 '교육 기회의 확대', '양질의 교육 제공', '세계시민의식 함양'이라는 세 가지 의제를 강조하면서 세계시민교육을 강화하도록 선언하였다.

2014년 5월, 오만의 무스캇에서 열린 무스캇 선언(The Muscat Agreement)에서 1개의 총괄목표와 7개의 세부 목표를 제시하였다. 7대 목표 중 다섯 번째 목표인 지식・기술・가치・태도 함양에서 "2030년까지 세계시민교육과 지속가능발전교육(ESD)을 통한 지속가능하고 평화로운 사회를 만들기 위해 필요한 지식과 기술, 가치와 태도 함양"임을 밝히고 있다(이옥화, 2017).

2015년 세계교육포럼에서는 교육받을 권리, 형평성, 포용, 양질의 교육, 평생 학습이라는 5개의 핵심 주제를 기반으로 하는 7개의 세부 목표 중에 세계시민교육 및 지속가능발전교육이 포함되었다.

2015 세계교육포럼 개최를 계기로 지속가능발전목표 시대의 새로운 국제교육의제로 부상하였다. 같은 해 9월 UN총회에서 지속가능발전목표(SDGs: Sustainable Development Goals)를 채택하였다.

지속가능발전목표는 세부 목표에서 2030년까지 지속가능발전교육 및 지속가능한 생활방식, 인권, 성 평등, 평화와 비폭력 문화 증진, 세계시민의식, 문화다양성 및 지속가능발전에 기여하는 문화에 대한 이해 혹은 이를 포함하는 지식과 기술 함양을 포함하는 세계시민교육 성취 측정을 위한 지표를 통해 세계교육의제로 급부상되어 그 중요성이 점차 부각되고 있다(UNESCO, 2015).

표 3-3 세계시민교육과 관련된 주요회의 내용

연도	회의명	내용
1974	국제이해, 협력, 평화를 위한 교육과인권, 기본 자유에 관한 교육 권고	• 국제이해교육의 기본 방향과 개념 제시 - 세계시민교육 목표와 교육내용에 대한 근간 마련
1990	모두를 위한 교육 세계회의 1차	• 범세계적 기초교육 보급 운동 발의 - 세계시민의식 함양을 위한 교육의 필요성 강조
2000	모두를 위한 교육 세계회의 2차	• 세계시민의식 함양을 위한 교육의 필요성 강조 - 구체적인 실행을 위한 계획 제시
2000	새천년개발목표 MDGs 채택	• 빈곤 타파에 관한 범세계적인 의제 제시 - 빈곤의 감소, 보건, 교육의 개선, 환경보호에 관한 8가지 목표 실천

2012	글로벌 교육 우선 구상	• 전 아동 취학 달성, 교육의 질 향상, 세계시민의식의 함양 목표 제시 - 세계시민교육 강화 선언
2014	Global Education for All Meeting (무스캇 선언)	• 1개의 총괄목표 및 7개의 세부 목표를 발표 -2015 세계교육포럼에서 채택할 의제 초안 마련
2015	2015 세계교육포럼	• 교육받을 권리, 형평성, 포용, 양질의 교육, 평생 학습이라는 5개의 핵심 주제의 7개의 세부 목표 중에 세계시민교육 및 지속가능발전교육 포함 - 새로운 국제 교육의제로 부상되는 계기
2015	UN총회 - 지속가능발전목표 SDGs 채택	• 'Post-2015' 세계시민교육 성취 측정을 위한 지표제안 - 세계 교육의제로 세계시민교육 부상

우리나라에서도 세계시민교육은 2015년 우리나라 인천 송도에서 개최된 2015년 세계교육포럼(World Education Forum 2015)에서 160개국 1,600명이 참가해 정상회의의 핵심의제로 세계시민교육이 채택되면서 활발하게 논의되고 있다

3) 세계시민교육의 목표와 내용

세계시민교육의 목표는 여러 학자나 단체에 따라 다르게 제시되어 있지만 사회정의, 인권 존중, 세계평화, 타문화 이해, 세계적 문제의 상호의존성 등이 포함되어 있다. 전 세계적으로 세계시민교육을 가장 활발하게 진행하고 있는 유네스코(2014)는 학습자들이 지역적으로나 지구적으로 전 지구적인 문제를 대면하고 해결하는 데 적극적 역할을 하도록 교육하며 나아가 좀 더 정의롭고 평화적이며 관용적이고 포용적이며 안전하고 지속가능한 세계를 만들어 가는데 주도적으로 기여할 수 있는 시민으로 성장하는 데 목표를 두고 있다.

또한 학습자들이 실생활의 이슈들을 비판적으로 분석하고 해결방법을 창의적이고 혁신적으로 찾아보도록 격려하고, 글로벌 사회의 주류 담론과 연

관된 가정, 사회, 세계를 보는 관점, 제도적으로 소외되어 있거나 의견을 내지 못하는 사람이나 집단들을 고려하도록 도와주려고 한다.

세계시민교육의 목표는 '지구적 도전 과제들에 지역적 또는 세계적으로 대응하고 해결하는 적극적 역할을 담보하도록 학습자들의 역량을 강화시키는 것(유네스코 아시아태평양 국제이해교육원, 2014: 16)'이라 정의하였다.

세부 목표로는 다음과 같이 제시하였다.

학습자가 실생활 속의 문제들을 비판적으로 분석하고, 가능한 해결방안을 창의적이고 혁신적인 방법으로 찾을 수 있게 한다. 학습자가 주류 담론의 가설과 세계관, 권력관계를 비판적으로 고찰하고, 체제에서 소외된 개인 또는 집단을 고려하도록 돕는다. 바람직한 변화를 이루기 위해서는 개인과 집단의 행동이 반드시 필요하다는 것을 강조한다.

학습환경 밖에 있는 이들을 포함해 다양한 이해 당사자들을 공동체나 더 큰 사회에 참여시킨다(유네스코 아시아 태평양 국제이해교육원, 2014).

이를 위해서 세계시민교육의 핵심내용으로 첫째, 전 지구적인 정치, 경제, 환경, 생태 시스템에 대한 관심과 공동체적 인식을 다지도록 인지적 영역이 포함되어야 한다. 세계화의 이해를 통하여 지역사회, 국가, 범 지역, 세계의 이슈를 비롯해 다양한 국가 및 사람들 간의 상호 연계성, 상호 의존성에 대한 지식, 이해, 비판적 사고를 습득할 수 있도록 구성되어야 한다. Hanvey(1975)는 세계시민의식의 배양을 위해 개인적, 공동체적 결정 및 행동이 지구촌의 미래에 영향을 미칠 수 있고, 다중 정체성이 가능하므로 인간은 가족, 사회, 국가와 같은 여러 공동체의 발전에 헌신할 수 있으며, 지구생태계가 직면한 환경적 문제에 대해 지구 공동체에 책임감을 갖고 참여하도록 동기를 불러일으킬 수 있어야 한다고 하였다.

둘째, 세계시민교육은 차이와 다양성에 대한 존중, 연대 및 공감, 가치와 책임을 공유하여 인류애를 함양할 수 있도록 사회·정서적 영역을 포함한다. Anderson(1979)은 일상적 삶의 경험에서 다른 나라나 다른 문화를 지닌 사람들은 상호 참조하여 분석한 공통점은 인간이 가진 유사성으로 인하여 다양한 편견과 차별을 감소시켜 준다. 이에 일상적 공통의 사건에 대한 경험은 개인의 다양성을 인정하고 '공통점'에 주목하여 지구 공동체의식을 공유한다.

셋째, 세계시민교육은 더 평화롭고 지속가능한 세상을 위해 지역, 국가, 세계적 차원에서 효과적이고 책임감 있게 행동하는 것이다. 행동적 영역으로 제시하는 세계시민교육은 서로 다른 문화적 배경을 지닌 사람들 사이의 상호 존중은 서로 평화롭게 살 수 있게 해주는 일뿐 아니라 세계시민으로서 연대를 형성하여 활동하도록 하는 데에도 결정적 역할을 한다.

유네스코(1986)는 <21세기 교육을 위한 새로운 관점과 전망>이라는 보고서에서 교육의 원리를 네 가지 측면으로 ① 알기 위한 교육, ② 행동하기 위한 교육, ③ 존재하기 위한 교육, ④ 함께 살기 위한 교육으로 제시하였다. 특히 '함께 살기 위한 교육'에서는 다원주의, 상호이해, 평화의 가치 존중을 바탕으로 세계시민교육의 철학과 방향을 제시하였다.

UNESCO(2015)는 유치원(5세)부터 고등학교(18세)까지 세계시민교육의 개념을 교육 현장에 적용·시행할 수 있도록 세계시민교육의 보편적인 주제를 인지적, 정의적, 행동적 영역으로 구분하고 학습 성과와 학습자의 주요 특성을 제시하였는데 <표 3-4>와 같다

표 3-4 UNESCO 세계시민교육의 내용

구분	인지적 영역	사회·정의적 영역	행동적 영역
학습성과	• 학습자는 지역·국가·세계의 이슈들 그리고 다양한 국가와 집단 간의 상호 연계성과 상호의존성에 대한 지식을 습득하고 이해한다. • 학습자들은 비판적으로 사고하고 분석하는 기술을 익힌다.	• 학습자들은 인권에 기반한 가치와 책임을 공유함으로써 인류 공동체에 대한 소속감을 경험한다. • 학습자는 공감능력을 기르고 연대감을 고취하며 차이와 다양성에 대한 존중의 태도를 익힌다.	• 학습자들은 보다 평화롭고 지속가능한 세상이 되도록 지역, 국가, 지구적 차원에서 책임감 있는 행동을 효과적으로 한다. • 학습자는 필요한 행동을 실행하고자 하는 동기와 의지를 함양한다.

	지식 정보와 비판적 문해력을 보유한 학습자	사회적으로 연결되어 있고 다양성을 존중하는 학습자	윤리적으로 책임감을 갖고 적극적으로 참여하는 학습자
학습자 주요특성	• 지역 · 국가 · 세계 차원의 이슈와 거버넌스 체계 및 구조를 이해한다. • 세계적 이슈와 지역적 이슈가 상호의존적으로 연결되어 있음을 이해한다. • 학습자들은 비판적으로 사고하고 분석하는 기술을 익힌다.	• 여러 정체성과 인간관계 소속감을 기르고 관리한다. • 인권에 기반한 가치와 책임감을 공유한다. • 차이와 다양성을 인정하고 존중하는 태도를 기른다	• 적절한 기능, 가치, 신념, 태도를 구현한다. • 평화롭고 지속가능한 세상을 위해 책임감을 보여준다. • 공공선을 위해 노력하고자 하는 동기와 의지를 개발한다.
학습주제	1. 지역 · 국가 · 세계의 체계와 구조 2. 지역 · 국가 · 세계 차원에서 공동체간의 상호작용과 연계에 영향을 미치는 이슈 3. 암묵적 가정과 권력의 역학관계	4. 다양한 차원의 정체성 5. 사람들이 속한 다양한 공동체와 공동체 간의 상호연계 방식 6. 차이와 다양성의 존중	7. 개인적 · 집단적으로 취할 수 있는 행동 8. 윤리적으로 책임감 있는 행동 9. 참여하고 행동하기

출처 : 유네스코(2015, p33)

세계시민교육은 교육의 모든 주제 및 분야와 관련이 있다. 핵심 문제와 관련된 자료 수집 및 분석의 과정을 통해 학습자는 지역 차원의 문제와 원인을 파악하고 세계 차원의 연계성을 고려하여 가능한 해결안을 찾아낼 수 있다.

Kniep(1987)은 세계시민교육의 내용을 개념적 주제, 현상학적 주제, 지속적 문제 주제인 세 가지 기본 틀로 <표 3－5>에서 제시하고 있다.

개념적 주제에는 상호의존, 변화, 문화, 희소성, 갈등과 관련된 주제를 제시하였으며, 관련 내용에 세부 개념을 제시하고 있다. 현상학적 주제에는 행위자와 구성요소, 주요 사건과 관련된 주제를 제시하였고, 지속적 문제 주제에는 평화와 안전, 국가적/국제적 발전, 환경문제, 인간의 권리를 제시하고 있다.

표 3-5 Kniep가 제시한 세계시민교육 내용

<table>
<tr><th>주요주제</th><th>주제</th><th>관련 내용</th></tr>
<tr><td rowspan="5">개념적 주제</td><td>상호의존 (inter-dependence)</td><td>우리는 기능적인 전체를 구성하기 위해서 상호작용하는 세계체제 안에 살고 있다.
관련 개념: 공동체, 사회, 정부, 단체, 체제, 인간관계, 상호 작용</td></tr>
<tr><td>변화 (Change)</td><td>한 상태에서 다른 상태로 가는 움직임의 과정은 보편적이고, 인생과 삶의 필연적인 부분이다.
관련 개념: 원인과 결과, 적응, 성장, 발전, 진화, 시대, 혁명</td></tr>
<tr><td>문화 (Culture)</td><td>기술, 인간의 필요에 의해 만들어진 제도 등을 포함하여 사회적 환경과 체제를 만든다. 이것은 그들의 물리적 환경과 다른 문화와의 접촉을 통해 만들어진다.
관련 개념: 언어, 다양성, 규범, 역할, 가치, 미학, 시간, 공간</td></tr>
<tr><td>희소성 (scarcity)</td><td>무한한 인간의 욕구와 상대적으로 제한된 자원에서 오는 불균형 상태에서 자원을 어떻게 분배해야 하는가를 결정하기 위한 체제를 강조한다.
관련 개념: 자원, 특화, 갈등, 개발, 이동, 기회비용, 정책</td></tr>
<tr><td>갈등 (conflict)</td><td>국가와 사람은 공존하고 협상하는 데 있어서 분쟁이 발생할 수 있다. 분쟁을 해결하는 데 의견이 충돌하거나 폭력으로 인해 상반된 목표를 가질 수 있다는 것을 이해시키고, 그 해결책을 찾아야 한다. 여기에는 협상의 기술이 필요하다.
관련 개념: 경쟁, 협동, 관심, 태도, 정의, 권위, 권력, 권리</td></tr>
<tr><td rowspan="2">현상학적 주제</td><td>행위자와 구성요소</td><td>주요인물, 종교·문화적 집단, 조직, 기관, 국가</td></tr>
<tr><td>주요 사건</td><td>역사적·현대사적 사건들</td></tr>
<tr><td rowspan="4">지속적 문제 주제</td><td>안전과 평화</td><td>동서관계, 테러리즘, 식민지주의, 군비경쟁, 민주주의 대 전체주의</td></tr>
<tr><td>국가적/국제적 발전</td><td>과잉인구, 남북문제, 기아와 빈곤, 적절한 기술, 국제적 부채 위기</td></tr>
<tr><td>환경문제</td><td>공해, 열대 우림의 감소, 산성비, 핵폐기물 처리, 어업권의 유지</td></tr>
<tr><td>인간의 권리</td><td>인종파벌, 종교적 학대, 정치적 감금, 망명</td></tr>
</table>

출처: Kniep(1987) 세계시민교육 내용.

영국의 대표적 NGO 기구인 OXFAM에서는 2015년 정기 간행물에서 세계시민의식을 기르기 위한 세계시민교육과정을 제시하였다(OXFAM, 2015: 16-21). OXFAM(2015)이 정의하는 세계시민교육은 빠르게 변화하고 상호의존적인 세상에서 존재하는 다양한 도전과 기회에 대해 학습자가 비판적이고 적극적

으로 참여하도록 돕는 변혁적인 교육이다.

OXFAM이 제시하고 있는 세계시민교육의 핵심 요소는 <표 3-6>과 같다.

표 3-6 OXFAM의 세계시민교육의 핵심 요소

지식 및 이해	기술적 능력	가치 및 태도
사회 정의와 평등	비판적이고 창의적인 사고	정체성과 자존감
정체성과 다양성	공감능력	사회정의와 평등에 대한 헌신
세계화와 상호의존	자아인식과 성찰	인간과 인권에 대한 존중
지속 가능한 발전	의사소통 능력	다양성의 가치
평화와 갈등	협력과 갈등 해결	환경에 대한 관심과 지속가능발전에 대한 헌신
인권	복잡성과 불확실성을 관리하는 능력	참여와 통합에 대한 헌신
권력과 통치	잘 알고 반영하는 행동	사람이 변화를 이끌어낼 수 있다는 신념

출처: OXFAM(2015: 5-8)

학자와 단체, 시기마다 세계시민교육의 내용 주제나 지향하는 가치에 차이가 있으나, 공통적인 부분을 다음 네 가지 주제로 정리할 수 있다.

첫째, 상호의존 및 상호 연계성이다. 지역, 국가, 세계 등 여러 층위의 공동체 간에 서로 영향을 주고받는 것을 상호의존으로 정의할 수 있다.

Kneip(1986)의 '민족, 문화 및 국가 간 접촉과 상호의존의 역사', OXFAM(2015)의 '세계화와 상호의존', UNESCO(2015)의 '지역·국가·세계 차원에서 공동체 간의 상호작용과 연계에 영향을 미치는 이슈'가 이에 해당한다.

둘째, 타문화에 대한 이해 및 다양성을 주제로 한다. Kneip(1986)의 '다양한 인간의 가치', OXFAM(2015)의 '가치 다양성', UNESCO(2015)의 '차이와 다양성에 대한 존중'이 이에 해당한다.

셋째, 환경의 지속가능성을 공통적으로 다루고 있다. 여기에서 '환경'은 생태를 넘어 지구온난화 등의 기후변화를 포함하는 개념이다

Kneip(1986)의 '세계 경제, 정치, 생태 및 기술 시스템', OXFAM(2015)의 '환경에 대한 관심과 지속가능발전에 대한 헌신'이 이에 해당한다.

넷째, 평화를 포함한다. 평화는 전쟁과 같은 물리적 폭력뿐만 아니라 갈등이 없는 상태를 뜻하며 세계 문제뿐만 아니라 일상에서의 평화까지 포함하는 의미를 지닌다.

OXFAM(2015)의 '평화와 갈등', UNESCO(2015)의 '더 평화롭고 지속가능한 세상을 위해 지역 · 국가 · 세계적 차원에서 효과적이고 책임감 있게 행동한다.'가 이에 해당한다.

이와 같이 기관이나 학자마다 다양하게 제시하고 있으나, 세계시민교육의 목표와 내용을 종합해 보면, 상호의존, 다양성, 환경, 평화에 대한 내용이 공통적으로 다루어지고 있고, 더불어 지속가능발전, 사회정의, 다양성을 지닌 세계 속에서 발생하는 다양한 문제를 해결하기 위한 역량과 더불어 생활 속에서 실천할 수 있는 방향으로 나아가고 있음을 알 수 있다.

이에 세계시민교육의 목표와 2015 개정 교육과정과의 관련성을 살펴보고, 유네스코에서 제시하고 있는 인지적 영역, 사회 · 정서적 영역, 행동적 영역에 따른 주제를 선정할 수 있다.

또한 세계시민교육과정의 목표이자 내용인 상호의존, 다양성, 환경, 평화, 인권, 지속가능발전을 세계시민교육프로그램의 지향가치로 두고 프로그램을 설계하고자 한다.

4) 세계시민교육 프로그램

세계시민교육 프로그램의 연구는 아동을 대상으로 많이 이루어졌는데, 지한나(2019)는 교육국제 특구에서 동아리 활동의 일환으로 세계시민교육 프로그램을 실시하였고, 김동혁(2018)은 세계유산을 활용한 수업을 진행할 수 있으며, 박남수, 정수권, 서경석(2007)은 지역사회연계 세계시민교육 프로그램을 진행한다.

이새미(2017)는 스토리텔링의 교수 · 학습 방법을 활용하여 공감을 통한 효과를 제시하였다. 최유성, 김영순(2019)은 자율적 협동학습 교수·학습 방법을 활용하였으며, 이지현(2018)은 신문과 동화를 활용하는 교수·학습 전략을 활용하였다. 중·고등학교의 경우에는 미술 음악, 음악사회통합, 사회, 이 외는 박물관에서 이루어지는 다문화 교육프로그램이 있다.

표 3-7 세계시민교육 프로그램 연구 내용

저자	대상	연구내용 분석
임수연, 2019	고	고등학교에 음악·사회를 통합한 교과수업 시간에 학생 중심 활동 중심 수업으로 6차시 프로그램 개발하여 실행함
박지현, 2018	고	기숙형 대안학교에서 정규 수업시간에 8차시의 스토리텔링을 활용한 세계시민교육 프로그램 개발하여 적용함.
곽민희, 2015	중고	비교과 학습으로 청소년을 대상으로 2일 480분 과정으로 세계시민성 함양을 위한 박물관 다문화 교육프로그램을 개발하여 실행함.
최유성, 김영순, 2019	중	중학교 수업시간에 6차시에 걸친 자율적 협동학습(Co-opCo-op) 모형을 적용한 사회과 세계시민 수업 프로그램
이현미, 권은재, 강인애, 2016	중	역사 시간에 전시물 기반학습(OBL)을 활용하여 오브제로서의 미술음악 작품을 활용한 90분 세계시민교육 프로그램을 개발하여 적용함
지한나, 2019	초	교육국제특구로 지정된 초등학생을 대상으로 HSHE클럽의 동아리 활동으로 22차시의 세계시민교육 동아리 프로그램을 개발하여 적용함
장동일, 2018	초	초등학생을 대상으로 세계시민의식, 인권, 환경, 사회/경제정의, 문화간 문제로 5개 영역, 10개 주제로 1주일에 2시간씩 수업 시간에 신문을 활용한 세계시민교육 프로그램을 개발하여 적용함
이지현, 2018	초	초등학교 창의적 체험활동 시간에 주 2회씩 총 12회기에 걸쳐 장애학생이 속한 통합 학급에서 동화를 활용한 세계시민교육프로그램을 통해 세계시민의식과 친사회성 및 장애학생의 규칙 지키기에 효과를 살펴봄.
조상인, 2018	초	비교과 시간에 초등학교 고학년을 대상으로 6주 동안 매주 1차시씩 6회기 순환적 공감 증진을 위한 세계시민교육프로그램을 개발하여 실험집단과 통제집단의 사전 사후효과를 비교함
김수영, 2018	초	도서관의 지역사회 문화교육 프로그램으로 1주일에 1회기씩 총 11회기를 통하여 세계시민성 함양을 위한 내러티브 및 그림책 기반 프로그램을 개발하여 세계시민의식 영향을 살펴봄
김동혁2018	초	개정 사회과 교육과정의 성취 기준과 내용요소를 참고하여 인권, 문화간 학습, 지속가능발전교육, 지구촌 문제해결을 위한 7차시 세계유산 활용 수업 프로그램을 개발하여 세계시민의식 신장의 효과를 살펴봄.

이새미, 2017	초	초등학교 수업시간에 인간의 보편가치, 다양성에 대한 가치 존중, 세계적 문제에 대한 흥미와 관심, 세계 문제 해결에 대한 참여 의식, 세계지향적인 태도를 주제로 4차시에 걸쳐 스토리텔링을 활용한 세계시민교육 프로그램을 개발하고 효과를 살펴봄.
서윤진, 2011	초	초등학생을 대상으로 미술교과를 중심으로 한 주제 중심통합수업으로 10주에 걸쳐 24차시로 구성된 세계시민육성을 위한 환경미술 프로그램을 개발하여 학습자의 변화를 살펴봄.
박남수, 정수권, 서경석, 2007	초	초등학교 사회 수업 시간을 활용한 '지역사회 속 세계', '지역의 다양한 사람과 문화', '대립과 갈등의 해결을 위해', '내일의 세계'를 주제로 8차시의 지역사회 연계 세계교육프로그램을 개발함
유재경, 2008	유아	유아를 대상으로 세계시민교육의 시작인 '나를 알고 사랑하기'와 관련된 생활주제에서 사회생활 영역과 관련된 소주제별 교수·학습 방법을 제시한 유아 세계시민교육 프로그램을 구안함.

5) 가정교육과 세계시민교육

가정교육에서 세계시민교육이란 용어를 사용한 김연화(2004)의 연구가 있다. 세계시민교육을 범교과 학습을 주제로 우리의 고유한 생활문화와 세계 여러 다른 문화에 대한 이해와 교육으로 세계화, 지구촌 시대에 타문화에 대한 올바른 가치관과 저자 대상 연구 내용 분석을 통해 초등학교 대상으로 도서관의 지역사회 문화교육 프로그램으로 1주일에 1회기씩 총 11회기를 통하여 세계시민성 함양을 위한 내러티브 및 그림책 기반 프로그램을 개발하여 세계시민의식 영향을 살펴보았다.

김동혁(2018)은 초등학교 대상으로 개정 사회과 교육과정의 성취 기준과 내용요소를 참고하여 인권, 문화 간 학습, 지속가능발전교육, 지구촌 문제해결을 위한 7차시 세계유산 활용 수업 프로그램을 개발하여 세계시민의식 신장의 효과를 살펴보았다.

이새미(2017) 초등학교 수업시간에 인간의 보편가치, 다양성에 대한 가치 존중, 세계적 문제에 대한 흥미와 관심, 세계 문제 해결에 대한 참여 의식, 세계지향적인 태도를 주제로 4차시에 걸쳐 스토리텔링을 활용한 세계시민교육 프로그램을 개발하고 효과를 살펴보았다.

서윤진(2011) 초등학생을 대상으로 미술교과를 중심으로 한 주제 중심 통합수업으로 10주에 걸쳐 24차시로 구성된 세계시민육성을 위한 환경미술 프로그램을 개발하여 학습자의 변화를 살펴보았다.

박남수, 정수권, 서경석(2007) 초등학교 사회 수업 시간을 활용한 '지역사회 속 세계', '지역의 다양한 사람과 문화', '대립과 갈등의 해결을 위해', '내일의 세계'를 주제로 8차시의 지역사회 연계 세계교육프로그램을 개발하였다.

유재경(2008) 유아를 대상으로 세계시민교육의 시작인 '나를 알고 사랑하기'와 관련된 생활주제에서 사회생활 영역과 관련된 소주제별 교수·학습 방법을 제시한 유아 세계시민교육 프로그램을 구안하였다. 타문화 존중과 교양 있는 세계시민의식을 지니도록 교육으로 다양한 세계의 관점을 이해하고 초·중·고교의 교육목표와 생활문화인 예절교육을 연계한 프로그램 개발 방향을 제시하였다.

2018년 이후 가정과 교육에서 민주시민이란 용어를 사용하여 실행한 한주(2018)의 연구는 가정 교과서에 반영된 민주시민역량의 내용을 분석하여 가정과 교과와의 관련성을 알아보아 가정과 교육에서의 민주시민역량 강화를 위한 기초 자료를 제공하였다.

한편, 가정과에서는 세계시민교육이란 용어를 직접 사용하지 않았지만 세계시민교육과 관련이 있는 지속가능발전교육과 관련된 연구(김은경, 조재순, 2020: 이하나, 2019)가 있다.

김은경과 조재순(2020)은 가정과 주생활 영역에서 지속가능발전목표(SDGs)와 연계된 지속가능발전교육(ESD) 교수·학습과정안을 개발·실행하여 수업활동에 대한 만족도와 학습목표 달성 및 실천 다짐에 효과적인지를 알아보았다.

박미라와 조재순(2010)은 '이웃과 더불어 만드는 지속가능한 주거생활'을 주제로 실천적 문제 해결 교수·학습 방법을 적용하여, 공동체 의식과 주거에 관련된 실천적 문제 해결 능력이 함양되는지를 알아보았다.

배움(2020)은 2015 개정 중학교 기술・가정 교과서 '가정생활과 안전' 영역에서 실천적 문제 중심 교육을 실행・평가하여 학습자가 지속가능한 주거 가치관을 함양하는지를 알아본 연구를 하였다.

양지선, 유태명(2019)은 2015 개정 가정과 교육과정을 OECD Education 2030 프로젝트에서 제시하고 있는 핵심역량의 반영 특성으로 분석하고 범주별로 교육과정 항목별로 그 반영 정도를 제시하였다. 핵심역량과 가정교과 역량 간의 상호관련성을 토대로 실천 교과로서 개인의 총체적인 역량 함양을 도와야 한다고 하였다.

육경민(2020)은 가정교과수업 '지속가능한 소비' 단원에 디자인 씽킹 프로세스를 적용한 교수・학습 자료를 개발하여 긍정적인 학습경험, 현실 문제와 공감하는 경험, 프로젝트에서 아이디어 구상 및 프로토타입 제작 과정에서 문제해결능력을 향상시키는 효과를 나타내었다.

이연숙(2010)은 2007 개정 교육과정의 '청소년의 자기관리'와 '청소년의 소비생활' 단원을 지속가능한 삶의 개념 체계인 환경적 지속성을 분석 기준으로 삼아 이를 분석하였다.

이영심과 장상옥(2011)은 2007 개정 교육과정 가정 교과서의 주생활 영역 개념을 지속가능개발교육의 기준을 환경적, 경제적, 사회적 영역으로 나눠 일본 교과서와 비교 분석하였다.

가정생활 영역에 대한 지속가능발전교육의 연구 동향을 살펴본 이하나(2019)의 연구에서 내용학적으로는 통합적인 연구가 가장 많았고, 연구영역에서는 교수・학습법 및 교재개발의 연구가 가장 많았지만 실험연구나 초등학생을 대상으로 한 연구가 주를 이루었다. 이를 통해 가정교과의 내용이 지속가능발전교육과 관련성이 있어 다양한 연구를 통해 실천적 문제해결력을 키울 수 있는 연구가 지속되어야 함을 강조하였다.

주수언(2016)은 2009 개정 교육과정의 '청소년의 소비생활' 단원을 지속가능개발교육의 프레임워크로 분석하여 지속가능발전교육의 관련성을 알아보았다.

최성연 외(2019)는 2015 개정 중학교 기술·가정 교과서 주생활 단원을 지속가능발전목표(SDGs)의 세부 목표로 분석한 결과 5종 교과서에서 주생활 단원의 4개 각 소단원에서 6~10가지의 SDGs 세부 목표 기준과의 관련성을 제시하였다. 이를 통해 교육적 거시적 안목으로 지속가능발전교육의 실현을 위한 교육의 확장이 필요함을 제시하였다.

이하나(2019)의 연구를 토대로 가정과에서는 세계시민교육이나 지속가능발전교육이라는 주제를 명시하지는 않았지만, 그 하위 내용으로 다문화, 통일, 시민의식, 지속가능발전, 기후변화와 환경문제, 인성교육, 양성평등 등 다양한 주제를 다루고 있다

6) 세계시민교육의 발달과정

세계시민교육은 인류의 평화, 인권, 다양성 등에 대한 지식과 기술을 습득하고 가치를 내면화하며 책임 있는 태도를 함양하는 교육이며 더 평화롭고, 정의로우며 지속가능한 세상을 위해 생각하고, 공유하고, 행동할 수 있는 시민을 양성하는 교육이다(blog.naver.com).

이러한 세계시민교육은 유네스코에서 강조하고 있는 '더불어 사는 교육(Learning to Live Together)'과 '모두에 대한 존중을 가르치는 교육(Teaching Respect for All)'과도 맥락을 같이 한다(blog.naver.com).

세계시민교육은 21세기에 당면한 문제들 예컨대 기후변화와 환경파괴, 난민문제, 국가 간 폭력, 테러문제, 다양한 형태의 차별, 인권유린 등에 대한 범지구적 위기의식과 초국가적 책무감을 공유화하고, 현실적인 대처에 대한 필요성을 담아내는 교육적 사명을 바탕으로 하기 때문에 세계인과 더불어 살고, 존중하는 방법을 가르치는 교육이기도 하다.

이러한 흐름 속에서 Pike(2000)는 세계시민교육을 '전지구적 차원의 복지, 환경, 인권 문제에 관심을 가지고 참여하는 책임감 있는 시민을 기르기 위한 노력'으로 규정하기도 하였다(모경환 · 임정수, 2015).

세계시민교육에 관한 논의가 전개된 사회적 배경은 국경을 초월한 지구적 의제들의 등장과 밀접한 관련을 지닌다. 1960년대 이후 세계적 차원의 인구, 환경문제에 대한 관심이 고조되면서 국가의 틀을 벗어나 전 세계적인 차원에서 문제의 해결방안을 찾기 위한 시도가 이루어졌다(이윤주, 2016).

특히 학교에서의 세계시민교육의 등장은 이러한 사회적 배경과 밀접한 관련을 맺는다. 하지만 초기의 세계시민교육은 국제이해를 중심으로 '국제(international) 교육'이라는 부정확한 개념을 많이 사용하였다(Turker & Evans, 1996).

집단 간 교육, 다문화교육, 국제이해교육 등의 다양한 표현으로 혼용되던 '국제교육'은 이후에 세계적 차원의 연관성을 묘사하기 위한 표현으로서 '세계시민교육'이란 용어가 사용되기 시작했다(홍남기, 2005). 그러나 이는 관념적이고 포괄적인 정의에 가깝다. 아직 세계시민성과 세계시민교육에 대해 합의된 정의는 학계 및 교육현장에서 찾아보기 힘들기 때문에 세계시민을 기르기 위하여 교육현장에서 적용할 수 있는 보편적인 개념에 대한 합의와 학습방법에 대한 연구가 필요하다(www.pressian.com).

3. 지속가능발전교육의 이해

1) 지속가능발전교육의 개념

유엔에서는 지속가능발전교육(Education for Sustainable Development, ESD)을 "모든 사람들이 질 높은 교육의 혜택을 받을 수 있으며, 이를 통해 지속가능한 미래와 사회변혁을 위해 필요한 가치, 행동, 삶의 방식을 배울 수 있는 사회를 지향하는 교육"이라고 정의하고 있다(UNESCO, 2004). 지속가능발전교육의 궁극적 목적은 교육을 통해 사회의 지속가능한 발전을 이루어내는 것이며 이를 가능하게 하는 역량을 길러내는 것이다(윤순진 · 장미정 · 조미성, 2015).

지속가능발전교육은 세대 간 형평성, 양성평등, 사회적 관용, 빈곤퇴치, 환경보전, 환경복원, 공정하고 평화로운 사회와 같은 지속가능성의 원칙과 이념에 기초하고 있다(유네스코 한국위원회, 2008). 또한 지속가능발전의 이념, 가치, 실제를 교육과 학습의 모든 측면과 통합하고자 하는 것으로, 모든 개인이 인도적이고, 사회적으로 정의롭고, 경제적으로 성장 가능하며, 생태적으로 지속가능한 미래에 기여할 수 있도록 가치, 능력, 지식, 기능 등을 습득할 기회를 제공하고자 한다(유네스코 한국위원회, 2012).

지속가능한 발전의 개념은 브룬트란트 보고서라고 불리는 '우리 공동의 미래(Our Common Future)'의 정의가 일반적으로 널리 공유되고 있다(blog.naver.com).

이 보고서에서는 지속가능한 발전을 '미래세대의 필요를 충족시킬 수 있는 능력을 훼손하지 않고, 현재의 필요를 충족시키는 발전'으로 정의하였다(WCED, 1987).

지속가능한 발전에는 두 가지 핵심적인 개념이 포함되어 있다.

첫째, '필요(needs)'의 개념으로, 전 세계의 경제적 약자들의 필요를 최우선적으로 고려해야 한다는 의미이다(임효진, 2015). 지속가능한 발전을 통해 모든 사람들의 필요를 충족시켜 나가야 하며, 모두가 더 나은 삶에 대한 열망을 달성할 수 있도록 기회를 확장시켜야 한다(임효진, 2015).

둘째, 기술 및 사회 조직체가 현세대와 미래세대의 필요를 충족시키는 환경의 능력에 영향을 미친다는 '한계(limits)'에 대한 개념이다(임효진, 2015). 경제 및 사회적 발전이라는 목표는 선진국과 개발도상국을 떠나 모든 국가에 있어 지속가능성에 기반을 두고 정의되어야 하며, 이 지속가능성의 개념에는 세대 간의 형평성과 각 세대 내부적인 사회적 형평성에 대한 관심이 포함되어야 한다(WCED, 1987; 김은주, 2010).

유엔환경개발회의(UNCED)에서 채택한 '의제21'은 환경보전의 구체적 방안을 제시한 21세기 행동 지침이다(임효진, 2015). 의제 21 서두에 "지속가능한 발전과 관련된 배려의 중심에는 바로 인간이 자리하고 있다.

인간에게는 자연과 조화를 이루면서, 건강하고 생산적인 삶을 살 권리가 있다"는 원칙을 명시하였다. 또한 유엔환경개발회의(UNCED)는 '지속가능성'의 의미를 자연환경의 보전에 국한하지 않고 사회발전 및 경제발전까지 확대・적용하였다(임효진, 2015). 환경이 오염되거나 파괴되지 않고 균형을 유지하면서 생태적 지속가능성을 추구하고, 또한 사회와 경제도 함께 지속적으로 발전해야 한다. 생태계의 복원력을 유지시키는 환경용량의 범위 안에서 인간의 물질적인 삶의 질을 향상시키는 것이 지속가능한 발전인 것이다(정대연, 2010).

이처럼 지속가능발전은 계속해서 진화하는 개념으로, 초기에는 환경과 개발의 조화 차원에서 접근하였으나 점차 확장되면서 환경과 경제, 사회를 아우르는 개념으로 확대되어 왔으며, 지속가능발전 개념이 등장한 초기에 지속가능발전이란 환경용량을 초과하지 않는 범위 내에서의 발전을 의미하였다(오윤정 등, 2011. 임효진, 2015).

이는 발전과 환경의 조화를 강조하기보다는 제한된 환경 범위 내에서의 발전을 의미하였기 때문에 발전보다는 환경보전이 우선적으로 고려되어야 한다는 것으로 해석되었다(임효진, 2015. 김미경, 2016).

그러나 '의제21' 발표 이후에는 지속가능발전의 개념이 '현재 및 미래세대의 발전적 필요와 환경적 필요가 동등하게 충족되는 것'으로 정의됨으로써 발전과 환경의 조화를 강조하는 개념으로 나타나고 있다(녹색진보, 2005). 분명한 것은 지속가능발전을 환경뿐만 아니라 사회 전체의 지속가능성 유지와 관련된 것으로 폭넓게 해석하는 경향이 점점 확대되고 있다는 것이다. 또한 지속가능발전은 자유, 정의, 민주주의 등과 같이 인류가 궁극적으로 지향해야 할 사회 전체를 관통하는 이념으로 이해되고 있다(박태윤, 성정희, 2007).

2) 지속가능발전교육의 발달과정

자연환경의 오염 및 파괴 문제를 전 지구적 차원에서 공동으로 대처하기 위해 1972년 스웨덴의 스톡홀름에서 '하나뿐인 지구(Only One Eearth)'라는 주제로 유엔인간환경회의(United Nations Conference on the Human Environment: UNCHE)가 열렸다(이철헌, www.budreview.com). 이 회의의 최종 선언문에서 '생태개발(eco- development)'이라는 새로운 개념을 인용 하였는데(Chauveau, 2009), 생태개발은 국제자연보존연맹(IUCN, 1980) 회의에서 채택된 '세계보전전략'에서 '지속가능한 발전'으로 대치되어 사용된다(정대연, 2010). 이때가 지속가능한 발전 개념이 처음으로 등장한 시기로서 현재의 지속가능한 발전 개념과 거의 유사하게 개념화가 이루어졌다고 볼 수 있다(선우영준, 2003).

지속가능한 발전이라는 공식적인 용어는 1987년 환경개발세계위원회(World Commission on Environment and Development: WCED)에서 제출한 '우리 공동의 미래(Our Common Future)'를 통해 전 세계에 널리 알려지게 되었다(박태윤, 성정희, 2007).

1992년에 유엔인간 환경회의 20주년을 기념하고 2000년대를 대비하여 국제적 결속을 다지기 위해 브라질 리우에서 유엔환경개발회의(United Nations Conference on Environment and Development: UNCED)가 개최되고, 리우회의에서 환경개발세계위원회(WCED)가 제창한 지속가능발전의 개념을 재확인하고 더욱 강화하는 의미에서 '환경적으로 건전하고 지속가능한 발전(Environmentally Sound and Sustaionable Development, ESSD)'이라는 개념을 제시하였다(이철헌, www.budreview.com). 또한 지속가능발전을 실현하기 위한 실천지침서인 '의제 21(Agenda 21)'을 채택하였다(정대연, 2010).

2002년 남아프리카 공화국 수도 요하네스버스에서 개최된'지속 가능한 발전에 관한 세계정상회의'는 유엔환경개발회의(UNCED) 이후 10년간의 성과를 평가하면서 향수 10년 동안 지구촌 사회가 지속가능한 발전을 위해 이행해야 할 새로운 과제들을 합의하고 도출하고자 하였다(최돈형, 2005).

3) 세계시민교육, 지속가능발전교육과 환경교육의 관계

세계시민교육은 모두를 위한 교육으로 아동, 청소년, 성인들에게 기본적인 양질의 교육을 제공하고자 하는 운동으로 2000년부터 2015년까지 기초교육을 보편화시키고 문맹률을 낮추겠다는 목표를 가지고 있었다(유네스코 홈페이지; 윤순진 · 장미정 · 조미성, 2015).

유엔에서는 지속가능발전교육을 "모든 사람들이 질 높은 교육의 혜택을 받을 수 있으며, 이를 통해 지속가능한 미래와 사회변혁을 위해 필요한 가치, 행동, 삶의 방식을 배울 수 있는 사회를 지향하는 교육"이라고 정의하고 있으며, 지속가능발전교육의 궁극적 목적은 교육을 통해서 사회의 지속가능한 발전을 이루어내는 것이며, 지속가능발전교육은 세대 간 형평성, 양성평등, 사회적 관용, 빈곤퇴치, 환경보전, 환경복원, 공정하고 평화로운 사회와 같은 지속가능성의 원칙과 이념에 기초하고 있다(유네스코 한국위원회, 2008).

지속가능발전교육은 크게 환경, 경제, 사회 세 가지 축을 가지며 이들 간의 균형을 중시한다. 위에서 보듯 세계시민교육, 지속가능발전교육, 환경교육은 서로 간의 차이보다는 상호보완적 관계에 있는 교육임을 인식할 필요가 있다.

지속가능발전교육과 환경교육은 유엔이 제안한 필수 주제인 환경과 지속가능성을 기반으로 삼고 있다(임효진, 2015). 지속가능성은 인류가 추구해야 할 보편적인 가치로 자리매김하면서 지속가능발전교육을 태동시켰고, 환경교육도 지속가능성을 추구하는 방향으로 교육목적이 전환되고 있다(임효진, 2015).

지속가능발전교육과 환경교육은 기후변화, 생물 다양성, 에너지, 각종 환경문제 등 공통적인 내용 요소가 많고 주제간 관련성도 높다. 이러한 환경교육과 지속가능발전교육의 유사성으로 인해 전 세계 환경교육자들 사이에서 지속가능발전교육은 단순히 환경교육의 명칭이 바뀐 것으로 이해하기도 하였다(임효진, 2015).

환경교육은 지속가능발전교육을 실시하기에 좋은 진입로 역할을 했으며, 환경교육의 수십 년의 학문적 역사 동안 쌓아온 경험과 방법론적 지식을 지속가능발전교육에 전이시키고 있으며(임효진, 2015), 또한 지속가능발전교육과 환경교육은 지속가능성의 가치를 바탕으로 교육적 철학과 비전을 확장시키며 이를 견고하게 만들어 가고 있다.

이처럼 환경교육은 지속가능발전교육의 가장 중추적인 영역으로 지속가능발전교육을 이끌어가는 핵심동력이라 할 수 있으며, 이 두 분야는 개별적으로 발전하면서도 서로를 더욱 성장하게 만드는 교육적 공생관계를 형성한다(임효진, 2015).

04

CHAPTER

세계화와 세계시민교육

1. 세계화

1) 세계화의 이해

세계시민교육의 핵심적 단어는 세계화(Globalization)이다. 세계화란 사회적, 경제적 관계가 국경을 넘어 세계로 확대되어 발전하는 것을 말한다. 즉, 세계 전체의 상호의존성이 높아지면서 다양한 측면의 관계가 세계적으로 단일한 체계로 통합되어가는 현상을 의미한다. 세계화는 다양한 요인으로 나타나는데 이는 다음과 같다(다음백과사전, 2021).

첫째, 교통・통신 기술의 발달에 따라 세계 각 지역의 공간 및 시간 거리가 축소되면서 다양한 분야에 걸쳐 국경을 뛰어넘는 교류와 소통이 활발해졌다.

둘째, 이윤을 추구하는 기업이 국내를 넘어 활동무대를 전 세계로 넓히면서 상품이나 자본이 자유롭게 이동하게 되었다.

셋째, 정치적으로는 미국과 소련을 중심으로 대립하였던 냉전 시대를 벗어나면서 국가 간 교류의 폭이 확대되었다. 또한, 정보의 빠른 확산으로 다른 폐쇄적인 국가들에도 변화의 바람이 불고 있다.

워터스(Waters)는 세계화를 사회적 및 정치적 제도에서 지리적 제약이 사라지고 있으며, 이를 사람들이 점차 깨닫게 되는 사회적 과정이라 정의하고 있다. 그는 세계화 과정이 진행되면서 경제적 영역에서는 물질적 교류의 확대, 정치적 영역에서는 정치적 교류 및 상호작용의 확대, 그리고 사회문화적 영역에서는 상징적・문화적 교류의 확대가 일어난다고 하였다(Waters, 1995).

숄테(Scholte, 2001)도 세계화를 일종의 사회적 과정으로 인식하였으며, 그는 세계화의 개념을 다음 다섯 가지 특성으로 설명하고 있다(Scholte, 2001; 이종식, 2015).

첫째, 국제화(internationalization)이다. 국제화는 국가들 사이에 국경을 가로 질러 나타나는 상호작용과 상호의존의 심화 현상을 말한다.

둘째, 자유화(liberalization)이다. 자유화 현상은 세계 경제의 개방과 통합을 위해 국가 간의 왕래에 대한 정부 주도의 제한들을 철폐해 가는 과정을 말한다.

셋째, 보편화(universalization)이다. 보편화 현상은 다양한 사물과 경험들이 지구 곳곳의 사람들에게 보편적으로 확산되어 가는 현상이다.

넷째, 서구화(westernization)이다. 서구화는 특히 문화 제국주의자들을 중심으로 많은 사람이 유럽과 미국을 롤모델(role model)로 하는 세계화, 다시 말해 유럽식화나 미국식화하는 현상을 의미한다.

다섯째, 탈영토화(deterritorialization)이다. 탈영토화 현상은 영토적 관점에서 장소나 거리, 그리고 국경 등이 기존에 누렸던 압도적 지배력을 상실하는 현상을 의미한다.

이제 지구는 점점 세계화로 확산되어 가고 있다. 일반적인 세계화의 특징을 살펴보면 다음과 같다(이관춘, 2011).

첫째, 현재 세계 경제 질서는 상품시장은 물론 서비스 시장, 자본 시장, 금융 시장 등 모든 시장이 범세계적 차원에서 단일 경제체제 그리고 자유화되는 방향으로 개편되고 있다(김준현, 2006).

둘째, 생활공간이 국경을 초월하여 지구촌 전체로 확대되고 있으며, 이에 따라 인류 생존과 직결된 문제들이 세계적 차원에서 발생하고 전개되고 있다.

셋째, 국가 간 교류가 증가하면서 문화접촉이 빠르게 진행되고, 문화동질화 현상과 함께 문화 충돌현상도 진행되고 있다. 문화와 지리, 사회적 영토 사이에 자연스러운 관계로 국가 간의 경계가 희미해지고 다양한 문화가 공존하는 환경이 되고 있다(Tomlinson, 1999).

넷째, 세계 자본의 지배가 강화되어 국경에 구애받지 않고 기업합병과 흡수통합이 일반화되고 있다.

다섯째, 교육이 서비스 부문의 하나로 포함되어 있으므로, 국가 주도의 국민교육체제가 도전받고 있다(김신일, 2015).

여섯째, 세계화는 정치적·경제적 통합과 더불어 사람들의 사고방식과 태도에도 변화를 가져왔다(Stiglitz, 2008).

이처럼 세계화에 따른 탈국가적 환경 속에서 시민의식(citizenship)의 새로운 변화 가능성을 제기하였는데, 이것이 바로 글로벌 시민의식이라 할 수 있다(Soysal, 1994).

2) 글로벌 시민의식

글로벌 시민을 어원적으로 코즈모폴리턴(Cosmopolitan)이라고 한다. 코즈모폴리턴은 그리스어 kosmos(세계)와 city(도시)를 뜻하는 polis(시민)의 합성어로부터 유래되었다. 세계시민주의(世界市民主義), 혹은 세계주의 등으로 번역되기도 한다. 코즈모폴리턴은 광의의 의미로 국제인(國際人)이라고도 한다. 국제인은 국제적으로 활동하는 능력과 자질을 갖춘 사람을 이르는 말이라는 사전적 의미가 있다(다음백과사전, 2021). 사상이나 행동반경이 국제적인 넓이를 가진 사람, 또는 가져야 한다고 주장하는 사람으로, 예를 들면 여러 개의 외국어를 말할 줄 알고 세계 각지를 자주 여행하며, 여러 국의 국적을 가진 사람을 가리키기도 한다.

글로벌 시민의식은 지구공동체의 일원이 됨에 따라 생기는 권리, 책임감, 의무이다. 세계시민은 일반적으로 특정 나라나 장소가 아닌 지구공동체의 시민으로서의 정체성을 중요하게 생각하는 사람으로 정의한다. 이는 한 사람의 정체성을 지리적이나 정치적인 경계에서 벗어나게 한다. 또 세계시민으로서의 책임감이나 권리는 지리적이나 정치적인 경계에서 초월한 인간다움에서 나온다. 이것은 그들의 국가성이나 다른 지역적인 정체성을 비난하거나 포기하는 그런 사람을 의미하지 않는다(위키백과사전, 2021).

한편, 국가주의 또는 국제주의라는 의미의 코즈모폴리터니즘(Cosmopolitanism)도 있다. 개인이 국가와 민족을 초월함으로써 자신을 세계 사회의 일원으로 파악하는 사상 및 양식을 코즈모폴리터니즘이다. 각 민족이나 국민국가(nation- state)를 매개로 하지 않는다는 점에서 코즈모폴리턴과 차이가 있다(다음백과사전, 2021).

글로벌 시민으로 사고하고 행동한다는 것은 자신이 속해 있는 지역이나 민족, 국가에 대한 관심으로 한정되지 않고, 세계공동체의 소속감, 관계성, 책임감 등을 인식하고 이러한 광범위한 관심을 일상생활의 실천영역으로 통합할 수 있는 문화적 성향을 갖추는 것이다(현은자 외, 2013).

글로벌 시민은 지구공동체의 인권, 자유, 평등, 사회정의, 생태환경, 평화 등을 지키고자 하며, 종교나 인종, 성 등에 상관없이 모두를 존중하고, 다양한 불평등 요인들을 줄여나가는 책임 있는 행동을 한다(옥일남, 2014). 특히 글로벌 시민은 인류가 직면한 위기 상황을 글로벌 관점에서 접근하고, 위기의식을 공유하여 협동과 실천을 통하여 해결하고자 하는 글로벌 책임의식을 지닌 시민이라 할 수 있다(Falk, 1994).

글로벌 시민성(global citizenship)은 세계시민의식, 지구시민의식, 글로벌시민의식과 같이 다양하게 해석되어 사용되고 있다(성열관 외, 2015). 글로벌 시민성에 대해 학자들 혹은 기관에 따라 정의하면 다음과 같다(윤종혁, 2015).

표 4-1 글로벌 시민성의 개념

단체 또는 저자	개념
UNESCO (2014)	• 더 광범위한 공동체와 전체 인류에 소속감을 느끼고, 지역 · 국가 · 세계에 대해 열려 있는 시각을 견지하며, 보편적 가치에 기초한 다양성 및 다원성을 존중함에 따라 자신과 타인, 그리고 환경을 포괄적으로 이해하고 행동하는 자
월드비전 (2015)	• 국적을 넘어 가장 넓은 공동체인 지구마을의 구성원으로서 정체성을 지니며, 다양성 존중, 변화하는 세상에 대한 정확한 인지, 세계적 문제에 대한 책임감을 지니고 동참하며 실천할 수 있는 지식, 기술, 가치와 태도를 보유한 자
노찬옥 (2005)	• 인류라는 공통점을 기반으로 다양한 문화 간의 정체성을 인정하면서 보편성을 추구하는 자
김지현 외 (2009)	• 보편적 관점에서 인간의 보편적인 기본권을 존중하고 인류애를 중요하게 여기는 자

송민경 (2014)	• 인류 및 세계 간의 상호의존성을 인식하고, 글로벌 이슈와 문화에 대한 복합적인 문제를 이해하는 동기, 태도, 역량을 갖춘 자
정지현 외 (2015)	• 문화 다양성을 존중하면서 국가 발전에 기여할 수 있는 국가정체성을 지닌 시민역량과 더불어 국가를 초월한 사회의 다원적 가치를 이해하고 세계와 소통이 가능한 세계시민역량을 함께 보유한 자
Pike (2000)	• 민족이나 국가의 경계를 넘어 인류의 복지, 환경, 기본권, 존엄성에 관심을 갖고 관여할 수 있는 책임감을 지닌 자
Hicks (2003)	• 글로벌 공동체의 시민으로 살아가거나 이를 느끼는 자
Mcintosh (2005)	• 개인의 고유한 정체성과 진실성을 지키고 심화하는 동시에 다름과 특수성의 경계를 아우르는 연계성 및 연결성을 보호하고 이를 위해 실천하는 자
Noddings (2005)	• 경제 및 사회정의 구현, 환경보호를 통한 지구 보호, 사회 및 문화 다양성 보존, 평화 수호자
Morais & Ogden (2011)	• 세계에서 살고 있는 사람들의 복지에 책임의식을 느끼고, 개인이 속한 지역, 도시, 국가의 경계선을 넘어서 시민에게 유익한 일에 참여하고 행동하고자 하는 바람을 지니는 자(Sklarwitz et al., 2015 재인용)
Wierenga (2013)	• 인류의 삶이 국가적 경계를 넘어 지구적으로 상호 연결되어 있음을 인지하는 자
Guo (2014)	• 인간성, 지구, 집단 결정의 영향력에 대한 광범한 이해를 바탕으로 한 인식과 행동을 할 수 있는 자

출처: 윤종혁(2015). 세계시민교육의 실태와 실천과제. 서울: 한국교육개발원.

영국의 NGO 단체 옥스팜(Oxfam)은 글로벌 시민의식을 학습영역 전반에 걸쳐 하나의 접근법으로 받아들여 교과과정을 개발했다. 1997년에 발간된 '글로벌시민의식 커리큘럼(1997)'은 유아기(5세 미만)부터 고등학교(16~19세)까지 단계별 학습을 통해 '배우고 생각하고 행동하는(Learn-Think-Act)' 접근법을 장려한다. 잉글랜드와 스코틀랜드, 웨일스에서 시행되고 있는 이 과정은 '전학교적(whole school)' 접근법으로 능동적 글로벌 시민의식을 권장한다. 또한 교사 지도서를 통해 참여 학습을 장려하고 학습평가 도구를 제공한다(허혜경, 2017; 유네스코 아시아태평양 국제이해교육원, 2014). 옥스팜(2015)은 글로벌 시민을 다음과 같이 정의하고 있다(Oxfam, 2015).

표 4-2 영국 옥스팜에서 정의하는 세계시민

- 더 넓은 세계에 대해 알고 세계시민으로서의 자기 역할을 이해하는 사람
- 다양성을 존중하고 가치 있게 여기는 사람
- 세계가 어떻게 작동하고 있는지를 이해하는 사람.
- 사회 정의에 열정적으로 헌신하는 사람
- 지역 수준부터 글로벌 수준까지 다양한 수준의 공동체에 참여하는 사람
- 더 평등하고 지속가능한 세상을 만들기 위해서 다른 사람과 협업하는 사람
- 자신의 행동에 책임을 지는 사람

출처: 윤종혁(2015). 세계시민교육의 실태와 실천과제. 서울: 한국교육개발원.

세계시민성은 세계시민교육의 핵심 구성체이다. 어떤 관점에서 세계시민성을 다루는가에 따라 세계시민성은 다양한 방식으로 표현된다(김진희, 2017). 다중적 시민성과 국제적인 민주주의를 강조한 히터(Heater), 세계시민성을 다루면서 코즈모폴리턴 민주주의를 주장한 헬드(Held), 다원적인 시민성이 곧 세계시민성이라고 설명한 셀비(Selby), 적극적인 시민참여를 통해 전지구적 민주주의를 실현하는 교육을 강조한 린치(Lynch), 그리고 평화와 사회정의, 환경보호와 같은 윤리적 돌봄(Caring)을 강조한 나딩스(Noddings) 등의 논의를 정리하였다(Pike, 2007).

이처럼 세계시민성은 학술적 논의뿐만 아니라 정책적으로도 매우 광범위하고 복합적 영역이다. 각기 다양한 이데올로기적 프레임과 정치 철학적 프레임을 가지고 있기 때문에 학계뿐만 아니라, 교사나 정책입안자에게 그러한 다층성과 모호함은 혼란과 오해를 불러일으키고 있다(Johnson, 2013; 김진희, 2017 재인용). 세계시민성을 다루는 다양한 접근법을 정치적, 도덕적, 경제적 그리고 비판적 측면으로 나누어 각 논의의 초점을 이해하는 것이 필요하다(Johnson, 2013).

첫째, 정치적 관점에서 세계시민성을 다루는 접근(political global citizenship)이다. 이는 세계정부(world state)라는 개념을 상정하고, 현재의 단위 국가의 헌법적, 실행적, 법리적 체제를 갖춘 주권을 지구적 차원에서 변환해서 재구조화하는 논의라 할 수 있다. 글로벌 거버넌스 구현을 통한 민주주의 확산을

기획하는 것이라 할 수 있다.

둘째, 도덕적 세계시민성(moral cosmopolitan global citizenship)이다. 현재 세계시민성 담론의 주도적 개념을 이끌고 있다. 모든 인류는 서로에게 관계를 맺고 있으며 상호 책무성을 가지고 영향을 미치는 존재이므로 도덕적 세계시민성이 누구에게나 필요하다는 인식론을 가지고 있다.

셋째, 경제적 세계시민성(economic cosmopolitan global citizenship)이다. 경제적 세계시민성은 신자유주의와 자본주의의 파급력을 부정하지 않는다. 개인주의와 신자유주의 사상에 기초를 두고 있는 이러한 접근법에서 시민은 얇은 시민성(thin citizenship)을 가지고 있는 존재로 개인의 이해관계와 욕구에 따라 기능할 수 있다. 이는 도덕적, 정치적 세계시민성을 축소하고, 글로벌 시장에서의 경쟁력, 소비주의, 그리고 자본주의를 통해서 세계공동체를 만든다. 여기서 창출된 기업의 사회적 이윤은 필요한 경우, 공공선을 위해서 활용될 수 있다는 접근이다(Schattle, 2008).

넷째, 비판적·탈식민주의 관점에서 세계시민성을 접근하는 담론(Cnitical-post-colonial global citizenship)이다. 자유주의적 세계시민론자들이 말하는 시민적 자유를 충만하게 누리는 개인의 자율성은 유토피아적 생각이며, 이는 전 세계에 팽배한 불평등과 차별, 소외의 구조에 눈을 감는 접근이라고 비판하는 것이다. 해방을 위한 투쟁과 전 지구적 연대야말로 세계시민성이 발현되는 진정한 모습이라는 점을 지적하고 있다. 예를 들면, 전 세계의 이주 노동자들이 대항적 헤게모니(counter-hegemony)의 주체로서 억압적인 글로벌 체제를 해체하고 사회 변환을 도모하는 정치성(politics of social transformation)이 누락된 세계시민성은 허구에 불과하다는 입장이다. 즉 사회 구조적 체제 안에서 그리고 지역 맥락에서 재구성되어야 하는 점을 역설하는 접근이다.

2. 세계시민교육

1) 세계시민교육의 이해

세계시민교육이란 세계시민(global citizen)을 길러내기 위한 교육, 또는 세계시민성(global citizenship)을 함양하기 위한 교육으로 세계시민교육은 시간이 지남에 따라 계속해서 변화하는 특징을 가진다(윤종혁, 2015). 이러한 세계시민교육은 학자들 혹은 기관들에 따라 세계시민교육, 글로벌시민교육, 지구시민교육, 글로벌교육 등으로 다양하게 번역되어 지칭되고 있다(조대훈 외, 2013; 장원순, 2015). 세계시민교육으로 일괄 통일하고 관련 내용을 정리하면 다음과 같다(윤종혁, 2015).

표 4-3 세계시민교육의 개념

단체 또는 저자	개념
교육부 (2015)	• 인류의 보편적인 평화와 인권, 그리고 다양성과 관련된 지식과 기술을 학습하고 가치를 내면화시키며 책임감 있는 태도를 배양하는 교육
UNESCO (2014)	• 보다 정의롭고, 평화로우며, 관용적이고, 포용적이며, 안전하고, 지속가능한 세상
OXFAM (2015)	• 빠르게 변하고 상호의존적인 세상에서 학습자들의 삶의 도전과제와 기회를 비판적이고 적극적으로 참여하도록 하는 틀
국제개발협력 시민사회포럼 (2015)	• 복잡한 전 지구적 도전 문제들을 이해, 공동체적 의식 및 책임의식으로 이에 대응, 더불어 사는 사회를 만들기 위한 적극적이고 실천적인 역할과 참여를 진작하는 교육
월드비전 (2015)	• 빈곤, 인권, 평화, 기후변화 등의 글로벌 이슈에 대해 배움으로써 지구마을 사람들에 대한 공감력을 높이고 지구 공동의 문제를 해결하고 더 나은 세계를 만들어 가기 위한 역할의식과 책임의식을 함양하는 교육
김용찬 외 (2007)	• 세계화 시대에서 평화의식을 보유하고 대응할 수 있도록 하는 세계시민의식과 세계시민으로서의 자질을 함양하고자 하는 교육적 노력
강순원 (2010)	• 국가적 한계를 뛰어넘어 세계화된 사회에서 요구되는 보편적 시민의식을 함양하는 교육

성열관 (2010)	• 글로벌 문제 해결 및 인권 존중, 지속가능 발전 및 협력, 평화 지향 및 인간 존중이라는 보편적 가치에 입각한 교육
윤인진 (2012)	• 인권을 존중하고 세계 평화를 수호하며 다문화를 이해하고 세계에서 나타나는 문제를 인지하고 이를 해결할 수 있는 세계시민의 소양과 역량을 함양하는 교육
조대훈 외 (2013)	• 학습자를 능동적인 교육 주체로 인식하고, 변혁적이며, 과정과 문제해결을 중시하며, 참여와 실천을 지향하고, 시민성 실천을 통해 학습하며, 평생교육적 측면의 다면적 교육
김진희 외 (2014)	• 지구촌의 구성원으로서 정체성을 가지는 교육, 국제 관계를 구조적으로 이해하여 비판적 사고를 함양하는 교육, 인류의 보편적 가치를 추구하고 윤리적 행동을 실천하는 교육, 모든 사람과 동물, 환경은 공동체임을 인식하는 교육, 지구 문제에 공동으로 대응하고 지역사회에서부터 참여하는 교육
모경환 외 (2014)	• 글로벌 시대에 요구되는 시민의 자질을 함양하는 목표로 전개되는 일련의 교육 흐름
정지현 외 (2015)	• 글로벌 관점에서 지역사회의 문제와 국가의 문제를 비판적으로 인지하는 능력을 함양하고, 세계 공동체 및 인류애를 위해 보편성을 지니고 생각하고 행동할 수 있는 세계시민을 양성하는 교육
Kirkwood (2001)	• 복합적 관점, 문화에 대한 이해와 존중, 글로벌 이슈 관련 지식, 상호연계 체계로서의 세계에 대한 교육
Hicks (2003)	• 글로벌 이슈・사건・관점을 가르치고 배우는 것과 관련 있는 학문분야
Osler & Starkey (2005)	• 소속 국가와 세계와의 맥락적인 관계를 이해하도록 돕는 지식, 가치 및 태도, 기술을 아우르는 총체적 교육(정지현 외, 2015. 재인용)
Davies (2006)	• 참여하여 학습하고 가치를 탐구하는 교육 접근을 통해 글로벌 상호의존성과 문화다양성을 습득
Tawil (2013)	• 지역 및 글로벌 수준에서 사회적 발전을 위해 시민으로서 참여하고, 기여하도록 하는 지식, 기술, 가치와 관련된 교육
Guo (2014)	• 글로벌 공동체의 구성원으로서의 소속감을 기르고, 보편적 인간성, 글로벌 연대에 대한 느낌, 보편적 가치에 기반하여 행동하는 정체성과 책임감을 키우는 것

출처: 윤종혁(2015). 세계시민교육의 실태와 실천과제. 서울: 한국교육개발원.

위의 내용을 정리하면, 세계시민교육은 학습자들이 보편적 인류애에 기초하여, 아직 현실에서 존재하지 않는 세계적 차원의 집단적 연대감과 책임감을 느끼고 행동하여야 한다는 도덕적・규범적 열망 혹은 상상에 기반하고 있다(Rizvi, 2009; Marshall, 2011). 여전히 국익과 개인의 경쟁력이 우선시되는 현실의 교육 풍토에서 이러한 세계시민교육의 염원이 구체적으로 어느 정도까지 실효성 있게 달성될 수 있느냐, 혹은 어떠한 접근방식으로 달성될 수 있느냐에 따라 다양한 스펙트럼의 관점이 존재할 수 있다. 이것이 바로 세계시민교육 개념 자체가 규정하기 힘든(elusive) 내재적 속성을 지닐 수밖에 없는 이유이기도 하다(Rizvi, 2009; Marshall, 2011).

2) 세계시민교육의 필요성

캐나다 출신의 미디어 이론가이자 사회학자인 마셜 맥루한(Marshall McLuhan)은 통신수단의 발전으로 인하여 지구상의 모든 사람이 한 동네의 일원이라는 의식을 갖고 살아가게 된다는 생각에서 1965년에 '지구촌(Global Village)'이라는 개념을 제시하였다. 20세기에 발의한 그의 예측은 적중했고 전 지구적 차원에서 세계화(Globalization)와 지방화가(Localization) 동시에 진행되면서, 글로벌 공동체라는 하나의 세계적 활동무대가 가시적으로 형성되었다(김진희, 2017). 그는 언제 어디서나 필요한 정보를 주고받을 수 있고, 나아가 기술 우위의 세상이 나타날 것이라고 예측하였다. 지구촌이라는 개념은 오늘날 인터넷, 웹, 휴대폰 등 다양한 정보통신 및 IT기술을 통하여 빠르게 실현되고 있다(신남희, 2020).

글로벌화의 영향은 정치, 경제, 사회 그리고 교육의 제 측면에서 나타나고 있다. 정치적으로는 세계 각국 간에 거버넌스의 연계가 심화되는 양상으로 나타나고, 경제적으로는 전 세계적인 시장이 형성되어 자본과 물류의 흐름을 통해 상호 영향을 주고받는 상황이 심화되며, 사회적으로는 국경을 초월하는 대규모 인구이동이 일상화되어 가면서 전례 없는 인구이동의 시대로 접어들고 있다(IOM이민정책연구원, 2014).

교통의 발달로 상품과 자본이 국경을 넘어 자유롭게 이동함에 따라, 다국적 자본 시장이 등장하고 노동 분야에서 국가 간의 경계가 무너지고 있다.

정보통신의 발달은 시간과 거리를 초월한 세계적 규모의 의사소통을 가능케 하고 다양한 형태의 문화를 교류시키고 있다. 이러한 흐름은 국경을 기반으로 한 국가 및 국민의 개념을 약화시키는 반면, 세계화의 현상에 대응할 시민적 정체성의 필요성을 강화한다.

교육영역 역시 국가 단위의 경계를 넘어서 인권, 평화, 사회정의, 문화다양성 등 인류의 상호 발전 문제를 고민하며 세계시민으로서 의식과 행동 변화를 촉구하는 교육의 필요성이 높아졌다(김신일 외, 2001). 그런 점에서 국민국가의 '컨테이너'에서 벗어나서 새로운 형태의 시민사회 출현과 그에 걸맞은 새로운 형태의 교육이 필요하다는 점에서 세계시민교육의 발현을 구성하는 사상적, 실천적 토대는 마련되어왔다(김진희 외, 2013).

이처럼 세계시민교육의 배경에는 글로벌화와 밀접하게 관련되어 있다(Tawil, 2013). 21세기는 국가 내의 계층적, 문화적, 인종적 갈등과 공존의 문제가 아니라, 국가와 국경을 넘어서 전 지구적 문제 해결을 위해 지구적 공동체 수준의 연대와 협력을 강조하는 세계시민교육은 하나의 지구공동체로서 다양한 문화 및 사람들과의 상호의존성을 이해하는 보편적 인류 공영을 추구하는 가치 지향적 교육이자 사회적 실천을 도모하는 교육이라는 점에서 지구촌 전체가 직간접적으로 경험하고 있는 빈곤, 인권, 평화, 환경, 형평성의 문제에 관심을 갖고 이에 대한 공동체적 해결방안을 모색하는 데 초점을 둔다. 이러한 문제해결을 위해 지구촌이 학습해야 하는 교육영역으로 변화하고 있다(UNESCO, 2014; 김진희 외, 2014).

이에 세계시민교육은 전 지구적 문제를 해결하기 위해 결단하고 행동할 수 있는 세계시민 의식의 필요성과 이해를 도모하는 교육으로 이해된다. 특히 지역적 편협성을 탈피하여 타인과의 연대 및 책임감을 가질 수 있도록 관련 지식과 도덕적 사회적 행동 및 기술을 가르치는 교육으로 규정된다(윤선인 외, 2019).

한편 세계화의 흐름 속에서 경제적 불평등, 사회적 빈부 격차, 기후변화,

전쟁, 빈곤, 난민, 질병 등의 문제는 전 지구적인 위험 요인이 되어 인류 전체를 위협하고 있다. 이러한 현실은 세계화의 문제점에 공동 대응하기 위해 국제사회의 구성원이 어떠한 자질을 가져야 하는지에 대한 성찰을 필요로 한다. 지구촌의 세계화는 각 개인이 개별 국가의 편협한 이해관계를 떠나 보편적 가치를 지향하는 의식과 태도를 함양시키고, 새로운 국가관, 세계관 및 글로벌 시민으로서의 자질을 향상하여야 하는데(유재경, 2008), 이것이 글로벌 시민교육이 필요한 이유이다.

3. 세계시민교육 교육과정

1) 세계시민교육의 학습영역

유네스코는 세계시민교육을 학습자들이 더 포용적이고 정의롭고 평화로운 세상을 만드는 데 이바지할 수 있도록 이에 필요한 지식, 기능, 가치, 태도를 길러주는 교육으로 제시한다. 구체적 실천을 위하여 세계시민교육의 학습영역을 인지적 영역, 사회·정서적 영역, 행동적 영역으로 분류하고, 이를 토대로 학습자 특성과 학습 주제를 제시하였다(유네스코 아시아태평양 국제이해교육원, 2015).

첫째, 인지적(cognitive) 영역은 지역, 국가, 세계의 이슈에 대해 인식하고 비판적 사고를 통하여 서로 다른 국가와 국민이 상호 연관되어 있음을 이해하는 것을 의미한다.

둘째, 사회·정서적(social-emotional) 영역은 보편적 인간성을 가지고 있음을 자각하고 다양한 가치에 공감하고 존중하는 의식을 갖는 것을 말한다.

셋째, 행동적(behavioral) 영역은 더 평화롭고 지속가능한 지역, 국가, 세계를 위해 효과적이고 책임감 있게 행동하는 것을 의미한다.

표 4-4 세계시민교육의 학습영역

학습영역	내용
인지적 영역	• 세계와 그 복잡성, 세계의 상호연계성 및 상호의존성을 이해하는 데 필요한 지식과 사고 기능을 의미한다. 지식은 주로 아는 것과 관련된 기초적인 지적 과정이자 모든 지적 능력의 토대를 이룬다. 사고 기능(thinking skills)은 과제를 효과적으로 성취하기 위하여 정보나 자료를 조직하고 이용하는 정신적 능력이다. 그래서 사고 기능에서는 정보의 분류, 해석, 분석, 요약, 종합과 평가 능력이 요구된다. 특히 사고 기능은 분석적, 비판적, 통합적 사고가 핵심을 이루고 있다.
사회·정서적 영역	• 가치와 태도, 사회적 기능을 의미한다. 이 중 가치와 태도는 정서적 영역에 해당한다. 가치는 사람의 전반적인 신념체계에 핵심적으로 자리 잡고 있는 믿음이다. 이런 가치는 행동과 행위의 기준이 된다. 반면 태도는 어떤 방식으로 반응을 할 정신적 준비 상태를 말한다. 그래서 가치는 곧 태도로 나타난다. 사회적 기능은 사회적 영역에 해당한다. 사회적 기능은 더불어 사는 사회에서 타인의 감정과 권리를 존중하고 민주시민으로서 요구되는 기능이다. 이를 위해서는 배려, 존중, 연대 등이 필요하다.
행동적 영역	• 행위, 수행, 실천 및 참여, 즉 실천적 행위를 강조하는 영역이다. 이것은 사람이 자신의 가치, 지식과 의사결정을 행동으로 전환하는 능력을 의미한다. 여기서는 시민행동, 사회참여, 민주시민행동 등을 강조하며, 행동을 하기 위해서는 동기부여를 필요로 한다. 사회·정서적 영역은 주로 동기를 강조하고, 행동적 영역은 주로 행위를 강조한다. 예를 들어, 공감(sympathy)은 동기에 해당하고, 이를 바탕으로 한 나눔(sharing)은 행동에 해당한다.

출처: 유네스코 아시아태평양 국제이해교육원(2015). 유네스코가 권장하는 세계시민교육 교수 학습 길라잡이: Global Citizenship Education: Topics and Learning Objectives 한국판 해제본. 서울: 유네스코 아시아태평양 국제이해교육원.

세계시민교육에서 제시한 학습영역을 살펴보면, 인지적 영역은 세계를 이해하는 데 필요한 지식과 사고 기능을 강조한다. 사회·정서적 영역은 정의적, 심리적, 신체적 능력을 계발하고, 타인과 상호 존중하며 평화적으로 더불어 살아가고자 하는 가치, 태도 및 사회적 기능을 말한다. 행동적 영역은 세계시민으로서 지역, 국가와 세계 등 다양한 차원에서 일어나는 이슈와 문제에 대하여 실행, 수행, 실천 및 참여를 강조한다(유네스코 아시아태평양 국제이해교육원, 2015).

세계시민교육을 위한 이 세 가지 학습영역은 학습 성과, 학습자 특성, 학습 주제 및 학습 목표의 기초를 이루고 있다. 또한 인지적, 사회·정서적, 행동적 영역은 서로 별개의 학습 과정이 아니기 때문에 학습 과정에서 상호연계하고 통합해서 다루어져야 한다. 세계시민교육에 관한 전체적인 구조를 중심으로 다음과 같이 제시한다(유네스코 아시아태평양 국제이해교육원, 2015).

05
CHAPTER

행복교육과 시민교육

1. 행복교육의 필요성
2. 행복교육의 조건
3. 행복교육의 실천

1. 행복교육의 필요성

모든 인간은 행복한 삶을 추구하고 행복해지기를 원한다. 행복이 삶의 중요한 목적이라는 것은 분명한 사실이다. 인간이 행복을 추구하고 있고, 또 교육이 인간을 위한 활동이라면, 교육은 인간의 행복에 기여해야 할 것이다. 한마디로 인간의 행복을 교육의 한 가지 목적으로 볼 수 있다(이지헌, 2009).

행복을 연구하는 긍정심리학자들에 따르면, 행복은 개인에게 더 빈번한 긍정적 정서와 만족감을 준다(Lyubomirsky, King, & Diener, 2005). 행복은 개인의 삶에서 중요한 요인이며, 이러한 개인들의 행복한 삶이 조화를 이룰 때 가족, 사회, 국가 등 공동체도 행복해질 수 있다. 다양한 국제기구나 많은 나라에서 해마다 행복감을 중요한 척도로 삶의 질 수준을 발표하고 있다는 사실은, 그만큼 개인이나 공동체를 위한 중요한 삶의 조건으로 행복을 추구하고 있다는 것을 보여준다(권석만, 2008).

행복이란 외부의 조건이나 우연한 행운보다는 개인마다 잠재된 재능과 특성을 찾아 연습함으로써 개발될 수 있는 삶의 습관이자 기술이다(이경민, 최윤정, 2009). Seligman(2004)은 행복은 유전적, 환경적 요인보다 자율적 요인에 의해 지속적으로 향상될 수 있다고 강조하면서 사람들이 더 행복해지기 위한 전략을 모색하고 일상생활에서 활용할 수 있는 방안을 제시하고 있다.

최근 행복이 교육현장에서 주관심의 대상이 되면서 많은 연구자들은 행복이 교육의 주요 목적의 하나가 되어야 한다는 행복교육의 정당성을 제시하고, 행복교육의 적용가능성에 대한 연구를 하였다(박명희, 2012; 이경민, 2009; Noddings, 2003/2008). 행복에 대한 과학적인 연구와 함께 개인의 행복은 생활 전반에 긍정적인 영향을 주는 것으로 밝혀졌다(권석만, 2008). 서울대학교 행복연구센터(2011)에서는 행복과 교육은 분리할 수 없는 필연적 관계라고 하였으며, 행복은 적극적 교육으로 증진되어야 함을 이야기하고 있다. Seligman (2004/2006)은 행복은 배울 수 있고 함양될 수 있으며, 인간은 스스로 기쁨을 자아내는 삶을 이끌어 갈 힘이 있다고 한다.

그러나 21세기에 들어서면서 학교 현장에서는 교육 자체에 불신하게 되고, 자녀들의 미래 삶에 대해 불안해하는 학부모들이 지속적으로 증가하고 있다. 자녀들의 행복한 인생을 확신하지 못하게 된 대부분의 학부모는 정상적인 공교육을 신뢰하지 못하고 남들처럼 무리를 해서라도 자녀를 조기 유학 보내거나 대안학교에 보내는 것이, 또는 최소한 사교육에 의존하며 원하는 학교에 진학시키는 데 매진하는 것이 부모로서 도리를 다하는 것으로 인식하게 되었다.

더군다나 개인이 원하는 직장에 취직하기에 유리하다고 믿는 상급 학교에 진학하는 것이 일종의 최대 목표인 것처럼 인식하게 되었으며, 이러한 사회적 분위기에서 대부분의 중·고교는 입시 위주의 교육에 몰입하게 되었고, 그 후로 현재까지 악순환은 지속되고 있다. 그로 인하여 학교에서는 진학에만 초점을 두는 지식 위주의 교육에 치중하고, 교과지식만 제대로 이해하면 전인교육의 목표는 자연스럽게 달성될 것이며, 졸업생들은 대체로 행복하게 살아갈 것이라는 막연한 기대감을 가지고 교과교육에만 치중하는 아주 소극적인 교육패턴이 형성되어 오늘의 학교문화로 고정되어 온 것으로 추정된다.

한편, 사회적으로는 자본주의 자유 시장 경제체제 하에서 급속도로 경제발전이 이루어지면서 빈부격차가 심해지고, 실업률과 자살률의 증가와 더불어 사회 전반에 걸친 상호불신과 불평불만이 누적되는 현상을 경험하게 되었고, 그로 인하여 국민들의 삶의 만족도는 점차 저하되어 왔다.

특히 경제성장과 사회변화를 배경으로 한 국민 의식수준의 변화를 무시하고 지나치게 장기적으로 변화와 혁신을 기피하며 정체된 교육체제를 고수하는 데 급급해 왔기에 선진사회 건설에 적합한 미래지향적인 인재 양성에 실패할 수밖에 없었다고 볼 수 있다.

다수의 학생들에게 학교선택권이 주어지지 않은 폐쇄적인 학교교육을 받아 온 청소년들은 자신도 모르게 정체성 없는 이기주의적 개인주의 물결에 휘말려 정신적으로 국적 없는 인재로 성장하여 행복을 추구하기 위한 인생관(행복관)마저 정립하지 못한 채 학교를 졸업하고 있다. 게다가 상당수의 청소년들은 사회 진출 성공 여부와 관계없이 무조건 기성세대와 사회에 대한 불신감을 갖게 되며 스스로 삶 자체에 대하여 꿈과 비전을 가지고 행복을 추구하기 어려운 실정에 놓여 있는 것으로 파악된다. 내키지 않는 일이나 힘든 일은 환경이나 기성세대 탓으로 책임을 전가하며 과도한 경쟁의식과 체면의식에서 물질적 풍요와 편안함을 추구하는가 하면, 무조건 타인을 모방하는 삶의 방식에 감염되면서 시행착오를 일삼고 있는 경향을 보이는 것이 대다수 청소년의 현실이다.

이러한 현상은 세계인들이 주목할 정도로 한국 학생들의 '삶의 만족도'가 OECD 회원국가 중에서 최하위권에 처하게 된 사실(2017년도 72개국 중 71위)이나, 한국의 어린이 행복지수와 청소년 행복지수가 최하위라는 내용, 그리고 아동청소년들의 삶의 질적 수준이 최하위(2014년도 OECD; 35개국 중 35위)인 동시에 가장 높은 결핍지수를 보여주고 있다는 사실을 통하여 고스란히 드러나고 있다.

이러한 열악한 교육여건이나 사회환경에 처한 학생들에게 행복한 학교생활을 기대하는 것 자체가 어려울 뿐만 아니라 다음 세대가 행복한 인생을 설계하고 준비하기에 장애가 되는 다양한 문제가 산재해 있다는 점을 인정하지 않을 수 없게 된 것이다.

그러기에 기성세대는 다음 세대가 자신들에 비하여 경제적으로나 문화적으로 더 좋은 세상에 태어나서, 더 많은 학교교육을 받으면서 살고 있음에도 불구하고 기대하는 만큼 행복하기는커녕 전보다 더 만족하지 못하는 삶을 살아가고 있고 앞으로도 행복수준이 더 낮아지는 사회에 살게 될 것으로 예상되는 현실에 대해 매우 우려하며 당황스러워하고 있다.

이에 성인들은 자녀들이 자신들에 비하여 최소한 더 불행해지는 사회에

살지 않도록 보다 더 잘 사는 복지국가를 건설하고 교육여건을 향상시켜야 하는 동시에, 사회문화적으로도 더욱 향상되어야 한다는 등 가능한 모든 방법을 강구해야만 한다는 도덕적 책무를 은연중에 공유하게 된 것이다. 이는 최근 우리 사회뿐만 아니라 지구촌 전반에 드러난 추세다.

우리와 유사한 사회적 현상을 이미 경험하였던 여러 선진국에서는 일찍이 행복교육의 중요성을 인식하고 그 필요성을 강조하였으며, 행복은 교육을 통하여 창출하고 유지할 수 있는 동시에, 확대할 수 있고 향상시킬 수도 있다고 믿는 풍토가 조성되고 있다.

동서양을 막론하여 행복전도사로 활동하고 있는 달라이 라마도 "미래 사회에서는 사랑, 자비, 정의, 용서 등의 내면적 가치인 도덕성을 강조하는 인성교육이 학교교육에서도 강조되어야 한다"고 행복교육의 필요성을 주장한다.

'행복을 위한 최선의 기회는 교육이다'라는 표어를 수용하면서 한국사회도 국민의 행복을 위한 행복교육이 절실히 필요함을 인식해야 한다. 우리가 앞으로 추구해야 할 행복한 선진형 복지국가 비전을 정립하고 그를 실현하기 위한 행복교육이 우리 사회에 주어진 시대적 요구라고 인정하는 국민적 합의가 필요하다는 것이다(에듀인 뉴스, 2017).

2. 행복교육의 조건

1) 출발의 조건

(1) 행복을 교육목적으로 바라보기

행복한 교육의 첫 단계는 상식적이다. 학교가 교육의 중요한 한 가지 목적 혹은 보다 중요한 한 가지 목적의 유형으로 행복을 수용하고 받아들여야 한다는 것이다. 하지만 이 부분에 대한 교원의 인식은 비교적 명확하기에(김미숙 외, 2013) 크게 우려하지 않아도 되는 것 같다. 그동안 한국 사회는 입시 위주의 지나친 경쟁으로 인해 학생, 학부모, 교사 등 학교 구성원 모두가 행복해하지 않으며 학교교육에 대해 불만이 높았음(이혜영 외, 2013)을 학교 현장에서도 이미 알고 있기 때문이다.

하지만 학교가 행복을 중요한 교육목적의 하나로 받아들이도록 하는 작업은 늘 어렵다. 행복한 교육에서 추구하는 행복함은 궁극적으로 학생들이 드러내야 할 특성이라는 점에서 소수 핵심 교원의 목적 인식만으로는 그러한 성과에 도달할 수 없기 때문이다. 이러한 어려움의 해결한 선행 사례들이 있다. 비록 주제는 다르다고는 하나, 우수 혁신학교나 창의·인성교육 모델학교, 자율형 창의 경영학교는 이런 고민을 먼저 해 본 학교에 해당한다.

우수 혁신학교는 학교의 기존 관행을 재검토하고자 하는 다양한 노력으로 성과를 거양하고 있고, 모델학교의 경우 본교뿐만 아니라 타교에까지 창의·인성교육의 필요와 대안을 전파하고자 하였으며, 자율형은 다른 형태의 창의 경영학교와는 달리 학교 자체에서 공론화한 목적을 설계하여 3년간 추진하도록 하였기 때문이다. 이런 학교들이 실천한 공론화의 대체적 전략은 주로 과제를 설정하는 단계에서 사회와 시대상의 변화, 교과과정 목표의 분석, 지원 기관의 실질적 요구 등을 총체적으로 분석하여 다양한 토론회와 연수회 등을 거쳐 학교의 단기, 중기, 장기 비전을 설정하고 이를 교육과정 운영에 실현 가능한 프로그램으로 구체화해놓는 과정으로 이루어진다(교육부, 2013).

물론 이들 학교에서조차도 학교에 따라 구성원의 논의 참여 수준과 정도가 상이하다고 할 수 있지만, 이들 학교가 구성원의 논의를 바탕으로 학교의 중점 추진과제를 설정했던 절차나 방법은, 행복을 교육의 중요한 한 가지 목적으로 상정하고자 하는 데 필요한 그것과 크게 다르지 않다는 점에서 행복한 교육을 새로이 추진하고자 하는 우리에게 위안을 준다.

새로운 교육을 추진함에 있어 그 선례가 가져다주는 이점은 실로 적지 않다고 할 수 있기 때문이다. 하지만 아직은 이런 인식의 공론화 과정을 생략하고 있는 학교가 지배적이라는 측면에서 목적의 공감 절차는 아무리 강조해도 지나치지 않다.

(2) 행복 상황에 대한 실태 분석

행복한 교육으로 바꾸기 위해서 현재 학교와 학생들의 행복 상황을 숨김없이 드러내고 이를 바탕으로 실태를 분석하는 일이다. 실태를 분석하여 향후 이어질 방향 설정의 기초가 된다는 점에서 그 자체로 진보(progress)의 시작이라 할 수 있다(최석민, 2011).

현재 가끔 보고되고 있는 학교와 학생의 행복 현실은 밝다고 할 수 없다. 국가 단위에서 행해진 연구들(김진숙 외, 2013; 이혜영 외, 2013)은 한국의 학생들이 행복해하지 않음을 보고하고 있고, 경기도교육청에서 실시한 종단연구에서도 고교생 4명 가운데 1명은 매일 수업시간에 자고, 수업 내용 10개 가운데 8개 이상을 이해하는 학생은 5명 중 1명에 불과하다고 지적하고 있다(연합뉴스, 2013.05.27). 이러한 현실은 특정 시・도의 특정 학교만의 문제는 아닐 것이며, 이미 수년 전부터 언론에서 이런 문제에 대해 수차례 보도해 왔다(조선일보, 2010.09.06).

따라서 학교 현실을 꾸미지 않고 있는 그대로를 드러내는 것은 현재의 구조 속에서 살펴볼 때, 쉽지 않은 일이 될 것임은 틀림이 없다. 각종 평가를 통해서 행・재정적 지원이 이루어지는 상황에서 학교 스스로가 특정 측면에서 무능력하다는 사실을 생생하게 보여주는 자료를 내놓는다는 것은 오히려 엄청난 용기를 필요로 한다.

하지만 우리가 원하는 학교가 학생들이 좋아하는 학교를 넘어 그 속에서 행복함을 느끼도록 하고자 한다면, 학교의 모든 단면이 빠짐없이 드러날 수 있도록 하는 일은 무엇보다 중요하다. 하지만 행복한 교육을 목적으로 행해지는 실태 분석은 일반화된 지표 등을 통해 획득하게 되는 보다 객관적인 분석을 넘어서지 않으면 안 된다. 이런 추상적 진단을 통해서는 우리 학교의 문제와 생생히 직면하는 데 어려움이 있기 때문이다.

오히려 최근에 국내에서 주목을 받기 시작하는 낯설게 하기의 태도가 요구된다. 어떤 대상이 일상 속에 매몰되어 있을 때 그 친숙함과 사전 경험으로 인해 구조, 특징, 혹은 면면을 올바르게 파악하지 못하는 경우가 많다는 점(박현정, 2006)에서 진도 나가기와 가르치는 대상으로 보았던 학생을 행복의 관점에서 다시 바라보아야 하는 것이다.

일상의 진부함 속에서 학생의 행복이라는 새로움으로 재해석하는 것이다. 학교, 교실이라는 맥락 속에서 학생들과 소통하는 과정을 통해, 행복의 관점에서 다시 보기를 시도하여야 한다는 것이다. 그 속에서 발견한 행복하지 못함의 실태는 학교의 모든 관행을 다른 각도에서 보고, 수정, 변경할 수 있도록 하는 단초를 제공해준다.

(3) 기존 교육과 관계성 분석

과거 다양한 새로운 교육 방식이 도입되었을 때, 기존의 교육과 관계성 분석을 했던 적이 거의 없어 보인다. 그렇기 때문에 학교는 조절하기보다는 동화하였는지도 모른다(조용기, 2005).

새로운 관점에서 기존의 교육을 보고 수정, 보완하는 것이 아니라 기존 관행에 새것을 덧붙여 놓게 되는 것이다. 그러나 행복한 교육이 행복의 눈으로 총체적인 교육을 보고 반성적으로 실천하는 모든 교육 활동을 의미한다면, 행복한 교육의 성공적 정착을 위해서 기존의 교육과의 관계성 분석이 필수적인 것으로 보인다. 학교는 이미 많은 것으로 채워져 있기 때문이며, 행복한 교육도 이 속에서 실천되어야 하는 것이기 때문이다.

독서교육을 예를 들어 보자. 대부분의 모든 학교는 독서교육을 추진하고 있다. 독서교육과 행복한 교육과의 관계성을 분석해본다면 다음과 같다.

① 학교에서 추진하고 있는 독서교육이 학생의 행복에 기여하고 있는지를 검토해보는 것이다. 현재 너무 강압적으로 추진되고 있지는 않은지, 학

생들이 독서 활동에서 즐거워하는지, 난독증과 같이 잘 읽지 못하는 아이에 대한 배려가 있는지, 양 관리를 넘어 개인별 질적인 측면에 대한 지도는 이루어지고 있는지, 도서관의 환경은 학생들에게 행복을 가져다줄 정도로 안락한지 등을 보는 것이다.

② 그렇게 평가된 결과를 바탕으로 기존의 관행을 수정하고 보완하는 일이다. 즉 관행의 근거가 무엇인지, 법률인지, 조례인지, 별다른 근거 없이 말 그대로 관례적으로 시행되고 있는 것인지를 확인하고, 학생들에게 더 많은 행복을 가져다줄 수 있는 내용과 방법을 탐구하여 시행하는 일이다.

③ 바뀐 내용과 방법으로 추진한 독서교육을 행복의 관점에서 지속적으로 모니터링하고 환류(feed back)하는 일이다. 여기에는 여태껏 해왔던 방식과는 정반대로 독서를 중심으로 바뀐 행복한 독서교육을 분석하는 일도 포함된다. 행복한 교육의 이름으로 실천되고 있는 우리 학교 독서교육이 과연 독서교육의 효과를 거두고 있는지를 다시 확인해 볼 수도 있다. 우리 학교의 독서교육은 행복은 가져다주지만, 효과성의 관점에서는 문제가 있음을 진단할 수도 있고, 그런 관점에서 다시 수정, 보완될 수도 있다.

나아가 이러한 관계성의 분석은 행복한 독서교육을 다양한 또 다른 교육의 관점과 통합하여 운영할 수 있는 가능성을 열어 놓는다. 앞의 ③번에서 제시한 독서 실천법이 학생들의 스스로 책을 읽는 것을 조장할 수 있도록 하였다면 이는 자기주도적 학습과 관계되어 있다. 또한 독서와 연계된 진로탐색 기회를 부여하게 된다면 이는 독서를 통한 진로교육이 된다. 더하여 협력의 눈으로 볼 수도 있다.

행복은 학교 교육의 유일한 목적이 아니라는 점에서, 과연 우리 학교가 추진하는 행복한 교육이 학생의 협력과 소통을 확산하는지를 분석, 추진할 수도 있다.

이와 같이 다양한 교육과의 관계성 검토를 통해 수정, 보완할 수 있는 이유는 그것이 행복교육이 아니라 행복한 교육이기 때문이다. 학교에서 하고 있는 일이 너무 많은 이유 중 하나는 다양한 교육 사업이 명사형으로 분리되어 들어오기 때문이라는 점에서 행복한 교육은 기존의 관행을 행복의 눈으로 바라보고 수정, 보완하는 그 이상을 요구하지 않는다.

협력학습도 협력적 학습으로(조용기, 2005), 창의성교육도 창의성을 북돋우는 수업으로, 인성교육도 인성을 길러주는 수업으로 이해할 때 기존의 교육활동 속에 스며들어 묻혀 들어가 별도의 무엇, 더하는 무엇이 되지 않으며, 적어도 심각한 전이 불가능의 문제를 걱정할 필요도 없게 된다. 따라서 행복한 교육도 기존의 교육과의 관계성 탐색 속에서 행복을 중심으로 다양한 활동을 재배치하는 작업에서 출발하여야 한다.

2) 행복교육 추진의 조건

(1) 학교 지성의 회복 - 행복을 초점으로 한 공동의 협의

행복한 교육이 행복의 관점에서 기존의 관행을 보고, 수정하는 실천을 중심으로 이루어진다면, 학교의 지성이 필연적으로 전제되어야 한다. 지성이 사전적 의미로 다름 아닌 '새로운 상황에 부딪혔을 때에, 지적인 사고에 근거하여 그 상황에 적응하고 과제를 해결하는 성질'을 의미(국어대사전, 국립국어원)한다면, 행복의 관점으로 학교의 기존 교육활동을 보아야 하는 것은 새로운 상황으로서 문제인식이라 할 수 있고, 보다 행복한 교육이 될 수 있도록 수정과 개선 활동을 하는 일은 문제해결에 해당된다. 따라서 행복한 교육의 추진은 학교의 문제해결이라는 지성에 기반을 두게 되는 것이다.

당연하다 할 수 있는 학교 지성이 하나의 추진 조건으로 간주되어야 하는 이유는 무엇인가?

학교자율화 추진방안(교육부, 2009) 이래로 많은 부분이 학교 자율적 결정

권한으로 이양되었으며, 이러한 경향은 점점 더 확대되어 가는 과정 중에 있다. 따라서 학교는 확대된 권한에 발맞추어 지성이 발휘될 수 있도록 스스로 노력하면 되지 않느냐고 말할지 모른다. 하지만 현재 학교는 오래전에 듀이가 염려하였던 비지성적 구조를 그대로 가지고 있다. 듀이(이홍우(역), 2007)는 학교의 지성에 가장 큰 난관은 '(완성된 형태로) 밖에서 부과되는 것'이라 보았다. 그는 학생에게 외부적으로 과제를 이중 삼중 부과하게 되는 일의 폐단을 지적하고 있지만, 학교 지성의 회복에 대한 듀이의 우려는 행복한 교육을 논의하는 현 시점에서도 그대로 적용할 수 있는 적절한 지적이라 하지 않을 수 없다.

다시 말해, 행복한 교육의 추진이 기존의 관례처럼 상부 교육행정기관의 공문을 통해 외부적 행정 명령의 방식으로 시달된다면, 그것도 행복교육에서처럼 그 내용을 구체적으로 적시하여 제시하게 된다면, 행복한 학교는 성취되기 어렵다. 그 이유를 살펴보면 다음과 같다.

① 외부 부과 자체가 이미 정해져 있다는 것을 의미한다는 점에서 지성을 발휘할 근거를 상실하게 만들기 때문이다. 그런 정해진 것에 대해서라면 더 이상 함께 모여 해결책을 논의할 이유를 찾기 어렵기 때문이다.

② 나아가 그러한 결과로, 학교의 지성적 논의 구조는 생성되지 못한다. 논의 구조는 한 번에 마련되는 것이 아니라 지속적으로 논의해가는 과정에서 반성적으로 수정함을 통하여 만들어진다는 점에서 그 구조의 안정적 착근은 불가능해진다.

③ 다른 문제는, 행복한 학교를 만들고자 하는 구성원의 노력, 거기에 바탕을 둔 점진적인 학교의 변화, 그리고 이러한 과정 속에서 얻게 되는 구성원의 성취감(다른 말로 행복감)이 무시된다는 것이다.

요컨대, 외부에서 부과되는 방식의 답습, 즉 비지성적 추진 방식을 통해서는 행복한 학교가 만들어지지 못한다. 그렇게 만들어갈 동력이 없기 때문이다. 따라서 학생의 목소리가, 학부모의 요구가, 교원의 의사가 무시되지 않고 각기 하나의 중요한 제안으로 인정되며, 함께 해결책을 논의하는 학교 지성의 회복은 행복한 학교의 첫 번째 추진 조건이 된다.

(2) 학생의 내적 필요를 보다 강조하는 교육과정 운영

학교가 하는 일 중 가장 기본이 되는 것이 교육과정(작은 범위에서 교과, 창의적 체험 활동) 운영이라는 점에는 이견이 없다. 학생이 학교에서 보내는 시간의 대부분을 차지하고 있다는 점에서 명시적, 암묵적으로 학생의 행복에 미치는 영향은 강력하다고 할 수 있다.

그렇다면 행복한 교육은 교육과정 운영에서 시작하여야 할 것인데, 행복의 관점에서 교육과정 운영을 어떻게 바꾸어야 할까? 문제의 대답은 나딩스가 제시한 행복한 교실의 한 가지 특징인 학생의 필요를 충족한다는 데 있으며, 이때 필요는 학생 자신의 내부에서 생겨난 '표출된 필요'와 그 사람 외부에서 그에게 부과된 '추정된 필요'가 지속적으로 타협되고 균형을 가져야 한다고 보았다(나딩스, 2003/2009, 이지헌 외 역).

이것은 교육이 행복을 추구한다 하더라도 단순한 심리적 만족 유일의 추구 과정이 될 수는 없기에, 교육과정 운영을 통해 외부에서 부과되어 학생을 장기적인 행복으로 이끌어 줄 수 있는 것과의 절충이 필요하다는 것을 이야기 하고 있는 것이다. 하지만 이러한 나딩스의 지적은 교육(철)학의 기초에 해당하는 엄청난 과제를 제시하고 있다. 교육(철)학은 기본적으로 내부와 외부 필요의 절충에 대한 최적점 탐색의 학문이라고 보아도 과언이 아니기 때문이다.

일반적으로 자유교육은 학생의 필요(needs)를 결여 차원에서 본다. 학생들은 아직 자신에게 진정으로 필요한 것을 알지 못함으로 진정한 필요를 채워주는 외부적 필요의 관점을 우선으로 해서 교육은 이루어져야 한다(Peters & Hirst, 1971). 하지만 이런 외부 필요에 대한 강조가 내부 필요를 무시하여야 한다고 본 것이 아니라는 점은 주목하여야 한다. 교육에서 동기는 이러한 문제에 답하기 위해 논의되고 있으며, 이런 동기의 중요성은 화이트헤드(Whitehead)가 말한 낭만의 단계와 같은 것으로 나딩스와 마찬가지로 피터스도 이 부분을 윤리학과 교육(이홍우, 조영태 역, 2008)에서 여러 차례 논의하고 있다.

그 핵심은 내적 동기를 무시하자는 것이 아니라 내적 동기가 가치 있는 활동과 행동 양식으로 향하도록 하자는 것이다. 이런 측면에서 볼 때, 자유교육의 관점에서 학교 교육이 행복하지 못한 이유는 학교와 교사가 이러한 동기 유발이나 동기를 지속시켜 줄 수 있는 방법의 개발과 실천에 실패하고 있기 때문이다.

반면, 듀이는 학생(내적 필요)에서 교과(외부적 필요)로 나아가야 함을 그의 경험 철학에서 역설하고 있다. 듀이가 강조하는 학생에게 생동감 있는 자료를 제시하는 수업, 그리고 활동을 중심에 두는 수업은 학생의 내적 필요를 충족하는 수업에 가깝다는 점을 지적하고 있다고 해도 과언이 아니다. 또한 비교적 최근 교육 관련 논의에서 핵심적으로 다루어지고 있는, 구성주의학습, 프로젝트학습, 협력학습 등도 (방법의 차원을 넘어서 철학의 차원에서 해석된다면) 여기에 해당된다.

대표적으로 Glasersfeld(1995)가 요약한 구성주의는 이런 측면을 잘 보여주고 있다. 지식이 외부에서 부과되는 것이 아니라 사람들의 내부에서 함께 만들어지는 것이기에, 이런 측면에서 보면 한국교육이 행복하지 못한 이유는 외부적 필요를 너무 과대하게 강조한 나머지, 학생의 의미 추구, 참여, 활동 등과 같은 내적 필요(동력)를 무시하고 있기 때문이다.

현재의 논의가 피터스와 듀이의 옳고 그름을 논하고자 함이 아니므로 보다 세부적인 논의는 중단한다 하더라도, 행복한 교육을 논의하는 현재 시점에서 내·외적 필요와 관련하여 우리에게 제시하는 공통된 제안은, 의심할 바 없이, 학생의 내적 필요를 보다 강조하여야 한다는 것이다.

피터스에 의하면 흥미가 유발되는 낭만의 단계에 대해 보다 강조를 두어야 하며, 듀이에 의하면 학생의 내적 흥미에 기반을 둔 새로운 교육과정 운영 방법의 도입에 주저하지 말아야 한다는 것이다. 이러한 제안에 대해 이미 여러 학교에서는 학생 활동 중심 수업을 위해 행복학교라는 이름의 혁신 혹은 연구학교가 다양하게 운영되고 있으며, 수업 방법의 개선을 위해 다양한 연수가 실시되고 있고, 교과연구회 등을 통해 필요한 전문성을 갖추기 위해 노력하고 있는 교사들이 늘어나고 있다고 말할지 모른다.

물론 이러한 변화는 다행스러운 일이지만, 행복이라는 이름의 학교가 늘어나고 있는 반면, 그 우려도 적지 않다는 것을 잘 알려진 일이다. 이 시점에서 한 번 더 자각하여야 할 일은, 행복이라는 학교 이름을 사용하고 행복교육을 위해 다양한 행사를 전개하지만 보다 중요한 것은 그 명칭사용이나 실적 위주의 사업 실시 여부가 아니라 학생의 내적 필요를 보다 강조하는 교육과정이 학교에서 어느 정도 운영되고 있는가에 달려 있다는 것이다.

학교의 모든 수업이 학생의 내적 필요를 중심으로 운영되기 어렵다는 현실적인 한계에 굴복하여 그저 한두 번 시도 해 보는 데 그칠 것인지, 여태껏 수업에서 통용되었던 '수업의 도입부에 실시되는 3~5분 정도의 동기유발의 효과가 수업을 마칠 때까지 지속되리라.'라는 암묵적 가정이 잘못되었음을 자각하고, 일상 수업에서 보다 효과적이고 강력한 동기유발의 방법을 사용하는지가 중요한 것이다.

요컨대 현재보다 더 많은 내적 필요를 강조하는 교육과정 운영(수업)으로 전환하는 일은 행복한 학교 운영 승패의 관건이 된다.

(3) 행복교육의 추진과 평가의 도구로서 학생 참여

행복한 교육을 위해 함께 모여 공동의 지성을 통해 각종 교육의 방향과 내용을 정하고, 학생 내적 필요를 강조하는 방향으로 수업을 개선하더라도, 아직 그런 노력이 궁극적으로 행복을 가져다줄 수 있는지를 확인하기에는 어려움이 따른다. 아직은 학교의 노력, 쉽게 말해 공급자의 입장에 가깝기 때문이다. 사실 행복한 교육에는 타인의 행복을 직접 측정하기 힘들다는 현실적 문제가 있다.

'그가 행복하다.'라고 말할 수 있는 명확한 경우는 자신의 삶이 자신의 표준에 도달했다는 것을 믿을 뿐만 아니라, 스스로 알아야만 하는 경우다(신득렬, 2007). 우리는 행복한 교육을 기획하거나 추진하면서, 학생들이 보다 행복해질 것이라고 예측할 뿐이다. 그것이 표출된 필요이건, 추정된 필요이건 이를 판단하는 것은 우리의 추정이지 학생의 편에서 스스로 판단한 것이 아니기 때문이다.

따라서 행복한 교육은 지속적인 추진의 방향을 안내해주면서도(추진의 도구) 그 과정과 결과의 타당성을 확인해 줄(지표적 도구) 전략적 도구가 필요하다고 할 수 있다. 이러한 도구는 여러 가지가 있을 수 있지만, 자발적 참여는 가장 타당한 준거 중 하나가 될 수 있는 이유가 있다.

첫째, 참여와 행복에 대한 관계는 이미 여러 심리학과 사회학의 연구에서 밝혀져 있기 때문이다. 참여할수록 행복하다거나(Barker & Martin, 2011), 더 참여할수록 의미와 즐거움이 커지고 더 행복해진다(Phillips, 1967). 혹은 행복의 요소 중 참여가 빠지면 우리는 결코 행복할 수 없다는 연구(Grant, 2010, 2013)는 이미 우리에게 알려져 있다.

행복과 자발적 참여가 뚜렷한 상호관계를 형성하는 한, 보다 많은 참여가 학생의 더 많은 행복을 가정한다고 할 수 있는 것이다(지표적 도구). 또한 참여는 행복한 교육의 주요 수단이 될 수 있다. 참여(상호작용)가 많을수록 성과가 크다는 것은 사회학의 기대상태이론(expectation states theory)에서 오랜 세월 동안 인정되어 온 바이며(Berger, Cohen, & Zelditch, 1966), 성취가 클수록 행복(플로리시)이 더 증가한다(셀리그만, 2002/2011). 결국, 교육의 행복함을 읽어내는 한 가지 지표로서, 또한 행복을 확장시키는 추진의 도구로써 학생의 자발적 참여를 제안하는 것은 하등 이상할 것이 없다.

둘째, 이런 심리학과 사회학의 연구를 그대로 인정하지 않더라도, 학생의 참여는 행복한 교육을 추진하는 우리에게 추진의, 그리고 지표의 도구로 기능할 수 있다.

이는 가르치는 교사가 학생이 행복한지를 활동 과정 속에서 확인할 수 있다는 상식에 근거한다. 학생이 활동에 참여한다는 말은 적어도 학생의 내적 필요가 지속되고 있다는 말이기도 하며, 앞서 살펴본 나딩스의 논리에 따르면, 행복한 교육이 드러내는 특징에 해당되기도 한다. 따라서 학생들이 다양한 활동에 보다 많이 참여하게 됨으로써 우리는 그들이 실제 행복한지를 읽을 수 있는 보다 충분한 기회를 갖게 되는 것이다.

다시 말해, 수업의 기획, 운영, 평가에 더 많이 참여하게 될수록, 학생의 표출된 필요를 우리가 보다 폭넓게 읽을 수 있게 되고, 따라서 행복한 교육의 의도에 부합하는 성과를 거둘 수 있는 방법의 선택 가능성이 높아지는 것이다. 추정된 필요를 표출된 필요로 확정할 수 있는 주요 도구로 참여가 기능할 수 있다(홍은숙, 2012).

그렇다면 우리의 관심은 자연스럽게, 학생들이 학교 활동에 보다 더 많이 참여할 수 있도록 자극하는 방안이 무엇일까를 탐구하는 데 모이게 된다. 물론 추후 관련 연구와 탐색이 확대되어야 하겠지만, 학생의 수업참여는 교사의 개인적인 특성이나 능력보다는 학생의 내적 흥미를 유발시킬 수 있는 학습문제, 다양한 자료제시, 구체적인 학습안내, 예와 반례를 통한 개념 및 지식 제시, 배려와 같은 교사의 계획된 준비를 통해 구체화될 수 있다는 점을 기억해야 한다(정한호, 2010). 또한 협력학습 방법의 도입을 통해서 학생의 참여를 높이는 소집단 학습을 실시하더라도, 학생들이 활동에 참여하지 못하는 원인이 학생 자신의 동기 부재나 성격적 특성에 달려 있는 것이 아니라 오히려 다른 학생들의 낮은 기대 때문이라는 Wagner & Berger(1993)의 연구 등은 우리가 우선적으로 눈여겨보아야 할 부분이다.

3. 행복교육의 실천

한국의 학생들이 그리 행복하지 않다는 사실이 드러나고 있는 현실에서, 학교는 하루 빨리 행복한 교육에 대한 논의를 시작하여야 하며, 학교 교육 전반을 행복의 관점에서 검토하고, 반성적 실천의 노력을 기울여야 할 것이다. 하지만 이러한 공감에도 불구하고 행복교육을 위한 학교의 어려움은 여러 곳에서 드러나고 있다. 구체적 실천 방안을 제안하려고 시도하였고, 그 핵심은 다음과 같다.

첫째, 명사형으로서의 행복교육이 아니라 학교 교육의 과정과 결과에서 행복이 드러나는 형용사로서 행복한 교육으로 이해되는 것이 보다 타당하다.

행복교육이 내용을 가르치는 것임에 반해, 행복한 교육은 기존의 교육적 관행을 바라보는 눈으로, 교육 실제의 전반을 검토하고, 반성적으로 개선하려는 노력을 지속함을 통하여 도달될 수 있는 것으로 보았기 때문이다.

둘째, 행복한 교육을 출발하기 위한 조건으로는 우선 교육 목적으로서 행복 인식이 중요하다.

학교 교육에서 행복의 추구가 필요함은 다수의 교원이 인식하고 있는 상태임에도 불구하고, 행복이 학교 교육 활동에 전반에 스며들도록 하기 위해서는 모든 학교 구성원을 대상으로 한 인식 개선 활동이 요청된다. 또한 현 행복 상황에 대한 진솔한 진단도 요구된다.

특히 학교의 어떤 관행이 학생을 불행하게 하는지에 대한 구체적 실태 진단이 필요하다. 나아가 기존에 추진하고 있는 다양한 교육이 행복과 어떤 관계에 있는지를 파악할 필요가 있다.

학교는 이미 여러 가지 활동으로 채워져 있다는 점에서 기존 교육활동이 그 속성에서 행복을 드러낼 수 있도록 통합적으로 연계되어 추진되어야, 행복한 교육이 이른바 많은 것에 하나를 더하는 덧붙여진 교육으로 전락하지 않을 것이다.

셋째, 행복한 교육의 추진 조건으로, 행복을 초점으로 하는 학교 구성원의 공동 협의가 중요하다.

궁극적으로 학교의 행복은 외부에서 부과된 지시에 의해서가 아니라 구성원의 개선 논의를 통해 구체화될 수 있다. 외부에서 부과된 행복교육의 지침과 내용은 그것이 상부에서 제시된 교육 사업의 성격을 띠므로 실적 제시와 무관할 수 없고, 따라서 전시성 행사 위주로 추진될 가능성이 크다. 또한 학교에서 가장 중요하다 할 수 있는 교육과정 운영과 관련해서는 학생의 내적 필요를 보다 강조하는 방향으로 개선이 이루어져야 한다.

Needs를 외부적 필요(결여)로 볼 것인가, 내적 필요(요구)로 볼 것인가에 따라 주된 접근이 달라질 수 있으나 현재의 학교가 학생의 내적 필요를 경시하고 있다는 공통된 인식을 바탕으로 이를 보다 강조함으로써 내·외적 필요가 균형감 있게 자리 잡을 수 있도록 하여야 한다.

마지막으로 행복한 교육의 추진과 평가의 도구로서 학생의 자발적 참여이다.

참여는 행복과 바꾸어 쓸 수 있을 정도로 상호 관련성이 높게 나타나고 있으며, 많은 활동에 참여함으로써 학교는 학생의 내적 필요를 읽어낼 수 있다는 측면에서 참여는 행복한 교육의 추진과 평가에 전략적으로 활용할 수 있는 도구가 될 수 있다. 학교에서 행복교육을 어떻게 시작할 것인가를 염두에 두고, 관점의 전환과 실천적 수행 절차를 제안하는 데 초점을 맞추며 함께 행복한 학교 교육을 추진해 나가는 과정에서 보다 정교하게 보완되어야 할 필요가 있다.

각 학교마다 객관적 환경이 다르고 구성원의 특성이 다르다는 점에서 학교의 특성을 반영한 자율적 행복 논의가 보다 중요하다고 보기 때문이다. 학교의 논의를 통해 학교 환경도, 교재도, 방과후 교육도, 다른 무엇도, 지속적으로 논의되고 수정, 보완되어야 하기 때문이다.

요컨대, 행복교육은 행복의 관점에서 학교 구성원이 함께 논의하여, 기존 교육의 관행을 수정하고 대안을 만들어 냄으로써 그 농도와 색깔을 점점 더 진하게 만들어 나가는 행복한 교육으로 이해될 때에만 그 성공을 예견할 수 있다.

06
CHAPTER

SNS시대와 시민교육

1. SNS시대 시민교육의 위기
2. SNS시대 시민교육의 두 가지 측면
3. SNS시대 시민교육의 과제

1. SNS시대 시민교육의 위기

최근 우리 학교교육은 수월성 측면에 핵심 초점이 맞추어지면서 사회적 차원의 공동선 확보와 이에 의한 훌륭한 품성을 지닌 시민성육성에 근본적 한계에 직면한다. 오늘날 학교를 둘러싼 교육환경은 인터넷과 SNS로 대변되는 첨단기술매체에 직접적인 영향을 받으면서 이전과 상당히 다른 새로운 양태로 전개된다. 이미 학생들의 삶에서 트위터와 페이스북 등의 SNS는 없어서는 안 될 핵심적 삶의 기제가 되었고, 동시에 그것은 그들의 사고와 행동양식에서도 중요한 영향을 미치며 새로운 인간을 형성하고 있다.

이런 SNS환경의 급속한 조성은 교육 당국에서 주도하였다 해도 과언이 아니다. 그동안 교육 당국은 학교교육 선진화를 위해 교육현장에 각종 첨단기술을 선도적으로 도입하는 데 앞장섰다. 당시 학교교육에서는 첨단 매체기기를 수업과 행정에 활용하였느냐 그렇지 않았느냐로 교육적 성패를 가를 정도로 기술중심적 차원의 교육정책을 실시하였다. 경쟁과 수월성, 시장화, 자율화가 등장했던 1995년 5월 31일 교육개혁 이래로 우리의 학교는 거대한 첨단기술전시장과 다름없었다. OHP를 필두로 파워포인트, 프로젝션 TV 등을 교실에 적극 도입, 설치하였고, 교사들에게도 정보소양시험에 의무적으로 응시하도록 하는 등의 강력한 학교정보화 정책을 펼쳤으며, 그 밖에도 각종 첨단기기를 활용한 학교전산망을 설치하여 교육에서의 첨단 교육행정정책을 추진하였다. 그런 일방적 학교정보화 정책의 와중에서 새로운 기술체계가 학교교육에 도입될 때 그것이 인간 삶에 어떤 영향을 미칠 것인지에 대한 윤리적 차원의 반성적 기회를 갖지 못했으며, 대신 첨단기술의 편리성이 제공하는 가시적으로 화려한 스크린 수업에 만족하였다. 이런 기술중심주의적 학교정보화 정책에서는 새로운 첨단기술의 도입이 학습과 학생들의 삶에 어떤 영향을 미칠 것인지에 대한 인문적, 윤리적 성찰이 게재될 수 없었다. 이런 인문적, 윤리적 성찰부재현상은 첨단기술 문명시대의 도래에 즈음한 기술체계와 윤리의식 간의 커다란 간극을 낳기에 이르렀으며, 그것은 우리 사회의 시민성 부재현상의 핵심원인으로 볼 수 있다.

학교교육에서 '투입요소로서의 수업'과 '산출로서의 학습'과 같은 공학적 접근은 학교교육 정책의 핵심적 화두였다(김현주, 2008). 이런 상황에서 교육목표는 한층 세밀하게 명시화되어 수량적 파악에 정확해야 했으며, 교육활동의 목록을 상세히 열거하여 학습결과를 잘 쪼개진 점수로 척도화하였고, 나아가 그것을 외부의 평가기관에 연동시켜 전국적 서열화로 순서 매기고자 하였다. 그것은 학교교육을 기술적, 공학적 차원에서 접근하여 수량화될 수 없는 인간성의 깊은 곳에 내재된 잠재적, 암묵적 영역까지도 일정한 틀로 질서 있는 기술중심적 사고와 밀접한 관련이 있다. 그 결과 학교현장에서는 여러 첨단매체 기술을 활용한 수업기법들이 널리 소개되었고, 덩달아 공학적 원리와 기법을 활용하지 않을 때 그 수업은 좋은 수업으로서의 가치를 잃어버리는 것으로 간주되었다. 그에 따라 전통적 수업방식인 대화, 설명, 판서, 교감 등은 청산의 대상이 되었고, 대신 OHP, 파워포인트, 동영상, UCC, SNS 등의 영상매체적 수업이 그 자리를 대신하게 되었다.

이런 기술중심주의 경향은 학생들의 사고방식과 행동양식에 결정적인 영향을 미치게 되었다(김균, 2001). 다시 말해, 기술중심적 교육정책은 '참을 수 없는 존재의 가벼움'으로 대표되는 요즘 청소년의 사고와 행동에 결정적 영향을 미친다. 이제 학생들은 기술의 규칙성에 자기 자신을 내맡기며 자신의 자유조차 제대로 담보할 수 없는 상태에 이르렀다. 이런 기술중심적 교육정책을 주도하는 공교육체계는 그 교육적 목표를 개체적 인간의 고유성과 감성적 존재로서의 윤리적 시민성 육성에 두기보다 어떤 원인에 의한 얼마의 결과를 산출할 수 있느냐의 점수향상을 겨냥한 기계인간 키우기에 주력하고 있다. 기계인간의 육성과정에서 학교교육은 기술공학사회 도래에 따른 시민역량이란 어떠해야 하며 그 목표를 어떻게 추구할 것인지를 설정할 수 없었고, 덩달아 거기에 걸맞은 윤리성에 바탕한 품성과 인품이란 어떠해야 하느냐에 대해서 그 방향조차 설정할 수 없게 되었다. 이런 상황에서는 명문대 합격률이 중요하며, 몇 점의 점수를 올렸느냐의 수량화된 성취가 학교교육의 핵심목표로 부각하게 되었다. 그와 함께 학생들의 심성은 날이 갈수록 거칠어지고 황폐화하게 되었으며, 그것은 현행 학교폭력의 가장 핵심적 배경으로 이루는 것으로 볼 수 있다. 윤리의식에 토대한 공동선에 기여할 수 없는 현행의 학교교육은 공 교육기관으로서의 교육무용론과 밀접한 관련을 맺는다. 지금처럼 점수향상으로 대표되는 사교육기관의 역할로도 충분할 것이며, 심지어 각종 사이버 교육의 역할이 무엇이며, 어떻게 그 목표를 달성해야 할 것인지에 대해 자기반성이 요청된다.

최근 스마트폰 시대의 전개에 따른 일방적 첨단화 과정에서 특히 젊은이들은 먼 곳에 있는 다중의 불특정의 사람들과는 늘 접속상태에 있으면서 정작 자신의 삶에 직결되는 대면적인 관계망 맺기에 소홀한 역설을 경험한다. 젊은이들은 기술매개에 의한 접속을 유지하며 유희를 즐기지만 주변의 중요한 타자들과의 대면적, 인격적 관계 맺기에 익숙하지 않다. 그들은 기술 매개적 의사소통에 능하지만 대면적 관계망 형성에 아주 서툴다. 이런 대면적 관계망의 약화 혹은 부재현상은 오늘날 청소년의 각종 범죄나 비행의 중요한 원인이 되며, 그들의 정제되지 않은 언어사용에 심각한 영향을 미치며, 나아가 장난삼아 하는 사소한 말과 행동(그들의 입장에서 그렇게 표현됨)이 타인에게는 돌이킬 수 없는 커다란 상처로 다가가며 자살이라는 극단적 선택을 시도하기도 한다. 그들은 타자성에 대한 윤리적 배려와 인간적 연민 없이 기계적 방식으로 장난삼아 소통하며 자기중심적으로 세상에 반응한다.

SNS는 급속한 속도전을 배경으로 검증되지 않은 불확실한 사실이 급속하게 유포되어 엄청난 사회적 파장을 불러일으킬 수 있는 개연성을 갖는다. 그것은 해당 당사자에게 치명적 결과를 미치며 확대, 재생산되어 사회적 괴담의 진원지가 되기도 한다. 이는 이전의 인터넷 매체와의 근본적 차이점으로

SNS에서의 객관적 정보수용의 중요성을 일깨워준다. SNS에서는 자신과 반대되는 의견에 대한 객관적 태도를 지니기가 어려워 상대방의 의견을 왜곡하여 받아들일 가능성이 크다. SNS를 통한 정보는 옳은 정보라도 거짓으로 몰아갈 수 있으며, 자신의 입맛에 맞게 정보를 조작 또는 편집하여 재생산할 수 있다. 정보는 사람들의 손을 거치면서 점점 무서운 괴담으로 발전될 수 있다.

SNS의 기본은 속도성을 바탕으로 정보를 끊임없이 재생산하는 데서 찾을 수 있다. 그 과정에서 일부 정보는 쉽게 왜곡 내지 과장될 수 있다. 과잉대표성과 정보왜곡이 결합되면 엄청난 힘을 지닌 사회적 이데올로기로 변질될 개연성을 갖는다. SNS 등장에 따라 그런 이데올로기는 국가에 의해서가 아니라 소수의 유명인사, 곧 '인기 있는 팔로이들의 집단'에 의해서 가능하게 되었다. 이런 점을 염두에 둘 때 SNS에서 유포되는 정보를 변별력 있게 수용할 수 있는 능력은 시민의 핵심자질이라 할 수 있다. SNS시대 시민교육은 정보의 객관적 수용과 올바른 재생산을 위해 학생들에게 객관적인 정보수용의 중요성을 가르칠 수 있어야 하며, 또 자신과 상대방 양측의견을 함께 고려하는 자세를 갖도록 해야 한다. SNS시대 시민교육은 학생들에게 SNS가 갖는 선동적 속성과 비공식적 정보특성을 충분히 인지하여 타자의 인격성에 토대한 윤리적 문해력 향상에 이를 수 있어야 한다.

2. SNS시대 시민교육의 두 가지 측면

1) SNS시대 시민교육의 긍정적 측면

SNS 일반화는 사용자들의 개방, 공유, 참여, 협력을 강조한다는 점에서 구성주의적 교육원리와 관련이 깊다. 곧, 학습자 간 지식공유와 네트워크에 의한 글로벌 독자와의 접근을 가능하게 하여 학습자 중심, 학습공동체 형성, 다양한 매체를 통한 유연한 학습 등을 가능케 하기 때문이다. 다시 말해, SNS는 인터넷역사를 다시 쓴다는 평가를 받을 정도로 세계적으로 사용자 수와 이용시간, 메시지 양에서 급속한 성장세를 가능케 하며, 그에 따른 개인적 지식구성과 표현을 학습자 간의 상호작용, 협력적 지식구성 형태로 바꾸면서 새로운 교육의 지평을 열 수 있다.

먼저, SNS는 학생과 교사 간 및 학생과 학생 간의 수평적 네트워크의 확장에 의해 학습의 현장성과 생동감을 높일 수 있다. SNS를 통해 형성되는 관계망은 기존의 개인이 속한 집단이나 조직, 사회에서의 위치나 지위를 그대로 가져오는 것이 아니라 모든 사람을 동일하게 수평적 위치에 놓고 자연스럽게 이루어진다. SNS는 학습자가 속해 있는 현실세계의 사회문화적 환경과 유사한 학습환경을 온라인상에서도 제공받을 수 있는 최적의 도구를 제공한다. 참여, 공유, 개방, 소통을 추구하는 SNS에서는 현실세계와 유사한 사회적 관계망 형성이 가능하며, 동시에 교사와 학습자를 포함하여 다양한 관계망에 의한 신속한 상호작용을 가능케 한다. 신속하고 즉각적 상호작용의 제공은 학습자에게 학습의 실재감을 높여주어 학습에의 동기유발을 할 수 있으며, 나아가 학습의 지속성을 유지시킨다. 즉, SNS에서는 평소 학생이 느끼는 교사의 권위적이고 딱딱한 이미지에서 벗어나 학생과 교사 학생과 학생 간, 심지어 교사와 학부모 간의 소통과 개방적 공간형성을 통해 상호 간에 좀 더 친근한 관계에서 학습할 기회를 제공한다. 아울러 SNS 매개학습은 현장성을 토대로 '친구들에게 곧바로 소개하기' 혹은 '바로바로 현실을 들여다보고 곧바로 전달하기' 기능을 통해 학습의 생동감을 확보할 수 있다. 이는 수직적 구조에서 수평적 시스템으로, 관료주의에서 개인으로, 중심에서 주변부로, 국경에서 가상 인터넷 공간으로 권력지도를 이동시키며 상호호혜적 학습환경 형성에 이바지한다. 이런 상호적 학습관계망은 기존의 권위주의적 사회에 대한 대안적 시도로서 시민사회를 위한 사회적 자본형성에 도움이 될 수 있다. 신뢰, 참여, 네트워크, 제도와 사회규범 그리고 이타주의 등으로 대변되는 사회적 자본은 시민사회활성화에 중요한 역할을 할 수 있기 때문이다.

둘째, SNS는 자기주도적 학습에 의해 주체적 의사결정력을 키울 수 있으며, 이를 통해 현실사회에 대한 민감성을 증진시킬 수 있다. 학습자는 SNS를 통해 손쉽게 지식을 재조직, 재구성할 수 있다. 교육에 있어서 학습자의 적극적 참여에 의한 주도성 발휘는 학습발달에서 특별히 중요하다. 이런 학습자중심 교육환경에서 교사는 학습환경의 제공자, 학습의 촉진자와 격려자, 학습의 동반자로서 학습자와 상호작용할 수 있다. SNS환경에서 학습의 제공자, 촉진자 및 격려자, 그리고 학습의 동반자로서의 교사역할은 중요한 의미를 띤다. SNS는 현실세계와 유사한 학습환경 및 상호작용을 제공하며, SNS에 접속해있는 다양한 사람들과의 신속한 상호작용을 제공한다. 즉, 교사와 학습자는 신속한 상호작용을 통해 한층 실제적인 학습환경에서 공부할 수 있다. 예컨대, 페이스북의 교육적 활용은 실명화로 운영되어 신뢰성 있는 사회적 관계망 구축을 가능케 하며, 자식의 선별과 평가에 있어서도 전문가의 도움을 받을 수 있고, 또 즉각적 피드백과 상호작용을 통해 학습 참여도를 지속시킬 수 있으며, 나아가 실제보다 더 실제적 세계와의 접속에 의해 생동적 정보를 제공할 수 있다. 아울러 페이스북은 사이버세계 속의 가상인 격체 또는 아바타로 존재하는 것이 아닌 현실세계를 사이버세상으로 확장하여 실제 세계를 더욱 현실적으로 이해할 수 있다. 곧, 페이스북은 사람과 사람을 이어주고 연결해주는 것으로써 인터넷 사이버상의 또 다른 활동공간이 아닌 현실세계를 한층 구체적으로 보완할 수 있다. 실제로 웹2.0을 활용한 교육은 사용자의 정보검색과 상호작용을 용이하게 하며 이에 의한 즉각적 피드백 기능으로 지식의 선순환에 기여할 수 있다. 이에 따라 현실적 삶에 연관된 살아있는 체험식 교육이 가능하며, 또 교육주체들 사이의 원활한 지식교류와 공유에 의한 참여식 교육이 용이하며, 교과서적 지식을 실생활의 측면에 구현한 실천적 교육이 가능할 수 있다. 이런 현실사회에 대한 민감성의 증대는 현실사회의 부조리구조에 대해 비판적 시각으로 이어지며 그것은 합리적 의사결정의 핵심적 배경이 될 수 있다.

셋째, SNS는 협력학습에 의한 집단지성 형성을 통해 사회적 공동선실현에 한발 가깝게 다가설 수 있다. 우선, SNS의 참가자들은 자신들이 속한 공동체에 기여할 수 있다. 개인의 꿈과 비전을 실현하고 자신만의 만족이라기보다 공동체의 덕을 통해 공동선을 추구할 수 있다. 개인의 이익이 줄어들더라도 양보할 수 있을 뿐만 아니라 자신에게 투자한 시간과 노력보다 공동체를 위해 더 많은 에너지를 쏟을 수 있다. 개개인의 다양하며 복잡한 이해관계 속에서 충돌이 일어날 수 있지만 SNS를 통한 집단토론의 과정에서 환경오염, 이웃, 민주주의와 같은 공동체적 가치에 이를 수 있다. 다시 말해, SNS에서는 집단지성을 형성할 수 있으며, 이를 통해 적대적 관계를 넘어선 협력관계를 조성할 수 있다. 다음으로 SNS 참가자들은 학력, 계급, 지역, 재산 등의 사회적 구속에서 벗어나 인간의 잠재적 창조본능을 마음껏 발휘할 수 있다. 수직적 구조에서 발휘하기 힘들었던 창조본능을 주변 사람들의 눈을 의식하지 않은 채 자유롭게 발산할 수 있다. 또 특정 개인의 아이디어로 인해 공동체 전체에 유익한 결과를 가져올 수 있는 공공의 비전일 경우 많은 사람들이 참여하여 그 가치를 실현시키려 집단적으로 노력할 수 있다. 마지막으로, 기업이나 공공기관의 정책에 적극 개입하여 자신이 소속된 공동체와 인간 친화적 활동을 전개할 수 있다. 특정 기업 제품의 이용자들은 온라인상에서 커뮤니티를 형성해 제품의 장단점을 공유하며 소비자가 원하는 신제품을 유도할 수 있다. 기업의 사업전략이나 공공기관의 정책이 공동체에 악영향을 미치는 경우 상호연대를 통해 불매운동을 하거나 해당 기관을 압박할 수 있다. 이처럼 사회적 관계망 중심의 집단지성을 통해 사회적 공동선에 한 발 더 가깝게 다가설 수 있다.

넷째, SNS의 개방적 관계망에서의 상호 인격적 대화와 토론은 단순한 정보교환을 넘어선 관점의 공유에 의한 세계시민성 신장에 기여할 수 있다.

페이스북은 ‘프로필’, ‘페이지’, ‘그룹’의 세 가지 유형의 서비스공간 활용이 가능하다. ‘프로필’은 개인공간으로 개인정보설정에 따라 글의 공개범위를 설정할 수 있으며, 최대 5000명의 친구와 이야기, 사진, 동영상 등을 무제한으로 공유하여 자유롭게 고통을 열 수 있다. ‘페이지’는 단체, 기업, 공인 등을 대표할 수 있는 관리자가 운영할 수 있는 프로필로 이용자 모두에게 게시물이 공개된다. 이용자는 ‘좋아요’ 버튼 클릭으로 쉽게 페이지 게시물을 뉴스피드로 받아볼 수 있다. ‘그룹’은 소규모 모임에 적합한 동구로 소속원 간의 자유로운 의견교환이 가능하다. 공유문서 도구를 이용해 문서를 함께 작성하거나, 그룹채팅을 실시간으로 즐길 수 있으며, 동시에 각종 다양한 사진이나 이야기를 통해 공통의 관심사를 공유할 수 있다. 공개, 비공개, 비밀그룹으로 모임의 목적에 따라 공개범위를 설정할 수 있다. SNS에의 참여는 기존매체에 의한 뉴스와 정보획득 방법과 다른 집단적 사고과정을 전제하며, 이는 기존의 단선적 정보획득을 넘어 종합적, 복합적 차원에서 정보를 분류, 분석, 수용할 수 있음을 의미하며, 동시에 단순한 정보에 의한 세상 파악이라기보다 관점공유에 의한 세상 파악을 가능케 한다. 튀니지에서 촉발되었던 ‘재스민 혁명’에 관점공유에 의한 시민혁명의 좋은 사례를 찾아볼 수 있다. SNS에의 참여는 사익을 넘어서 공적 담론형성에 의한 공익실현의 계기로 볼 수 있다. 이는 세계시민성의 육성과도 밀접히 맞물리는 시민교육의 핵심영역이라 할 수 있다.

2) SNS시대 시민교육의 부정적 측면

SNS환경의 진전은 시민교육에 새로운 도전을 시사한다. 오늘 우리사회는 가정붕괴, 빈부격차와 교육양극화, 사회적 위화감 증대, 지역 및 집단 간 이기주의의 만연 등에서 우리사회의 개인주의화 현상을 읽을 수 있으며, 그와 더불어 사회구성원 간의 사회적 공동선으로 대변되는 공동체 윤리의식의 약화를 경험할 수 있다. 개별적 생존원리는 극대로 중요시되며, 반면 공동체의 공적관계에 입각한 공동적 생존원리는 급격히 쇠퇴되고 있다(유은영, 남상준, 2011). SNS시대의 전개에 따라 공익과 공동선에 토대한 관계성이라기보다 사익과 사적 관계에 의한 개인주의적 원리 및 가치들이 확산되어 삶의 파편화 현상이 나타난다. 다시 말해, SNS의 급속한 확산에 따라 젊은이들은 기술체계가 제공하는 편리성과 편의성에 도취되어 폭넓은 관계망을 즉시적이며 광범위하게 형성하여 그들만의 삶의 세계를 구축할 수 있게 되었다. 그렇지만 관계망의 광범위성에 직접적 영향을 받으면서 정작 우리 삶의 영역에 심층적 영향을 미치는 주변과의 친밀성에 토대한 정서적 및 감성적 차원의 관계망은 소홀히 취급된다. 그에 따라 그들은 주변화, 파편화된 형태로 상호 연결되는 네트워크에서 허위 내지 사이비 정보와 지식에도 이리저리 휘둘리는 탈주체화된 모습을 보인다. 이런 경향은 시민으로서의 충분한 능력을 갖추지 못한 학생들에게 큰 문제를 불러일으킬 수 있다. 자칫 그들은 근거 없는 정보들을 무조건적으로 추종할 가능성이 크다. 이성적 및 사실적 근거 없이 감정적 주장에 쉽게 동조하는 것이 오늘날 10대의 일상적 모습이다. SNS 환경이 시민교육에 줄 수 있는 몇 가지 부정적 측면을 살펴본다.

첫째, SNS에 의한 정보전달은 시민성 향상과 밀접한 영향을 미치는 심의(숙의) 민주주의 실현에 걸림돌이 될 수 있다(이한구, 2004). SNS 체계는 상호적 의사소통에 의한 공공영역 활성화를 통해 시민들의 의견을 조직화하여 공중의 견해를 결집할 수 있는 측면이 있지만 다른 한편에서 기술매개적 소통체계에 의한 정보의 피상성으로 말미암아 공적 영역이 축소 내지 왜곡 될 가능성이 크다. 즉 빠른 즉시성과 익명성에 의한 의사소통으로 인해 절차적 합의를 담보할 수 없는 한계를 갖는다. 무엇보다 사적이고 지엽적이며 다중의 관심과 흥미를 끌 만한 인기 위주로 소통이 이루어질 가능성이 크며, 그에 따라 심층적이며 장기간에 걸친 상호적 토론과 수의과정이 생략될 수 있다. 이런 과정에서 집단 간 사고의 양극화 내지 극단적 분절현상을 불러일으킬 수 있으며, 이는 곧 심각한 사회갈등과 대립으로 이어질 수 있다. 즉 특정인이 단편적 사실에 지속적으로 노출되면 그것이 사실이 아니더라도 믿게 되며 그 내용이 한층 강화되면서 집단 간 분절화 현상을 낳을 수 있다.

실제로 SNS에 들어오는 사람들은 머릿속에 떠오는 것을 다차원적으로 숙고하는 과정을 거치지 않고 자극적 메시지 형태로 전달되는 단편적 사고에 익숙하다. 다시 말해, SNS는 속도전의 커뮤니케이션을 배경으로 무한으로 확장되는 '점 대 점'의 네트워크 형식으로 이루어진다. 이런 상황에서 감성적 정서와 상황 맥락과 같은 비언어적 측면을 읽어내고 공유하기가 쉽지 않다. 관계성에 대한 진정성 없이 이벤트식의 일회성으로 말미암아 인격적 내지 인간적 관계를 맺기 어렵고, 대신 맥락이 배재된 상태에서 정보를 주고받는다. 청소년들의 경우 스마트기기에 직접 노출되어 속도 중심의 의사소통에 익숙하며, 세상에 피상적, 즉흥적, 직접적 형태로 반응한다. 이른 속도성에 토대한 의사소통은 교육의 핵심적 가치인 '암묵지', '경험치', '신체지'와 같은 맥락과 상황이 게재된 지식형성에 이를 수 없으며, 그것은 윤리성 부재의 시민교육과 밀접한 관련이 있다.

둘째, SNS는 겉으로는 누구나 참여할 수 있고 자유롭게 의견을 낼 수 있는 개방성을 띠지만 실제로는 정보편향성에 따른 집단극단화 현상을 낳을 수 있다. 오프라인 공간과 비교할 때 SNS에서는 소수의 파워 트위터러에 의해 여론이 주도될 경향이 훨씬 크다. SNS에서 각 개인들은 모두 정보생산의 주체로 활동하는 것이 가능하지만, 실질적으로 누군가의 권력자에 의해 형성된 정보에 영향을 받으며, 심지어 그릇된 허위 및 왜곡된 정보에도 손쉽게 휘둘릴 수 있다. 다시 말해, SNS에서 다자간의 의소소통이 형성될 수 있지만 실제로 이슈가 되는 주요 정보들은 몇몇 소수에 의해 만들어진다. 즉 '1대 9대 90의 법칙'이 나타나며 이 법칙은 전체 이용자의 1%가 글을 올리면 그 글에 댓글이나 재게시 등을 통해 반응하는 사람이 9%쯤이며, 나머지

90%는 그 글의 열람에 그친다. 그만큼 SNS에서는 주요 정보의 보급과 확산이 소수의 몇몇에 의해 일방적으로 이루어질 수 있다. SNS 이용자들은 소수에 의해 이슈화된 정보에 그대로 노출될 수 있고, 또 그것을 별다른 여과과정 없이 사실로 수용한다. 이는 정보 공급의 확대로 이어졌고, 동시에 검증되지 않은 정보유출도 증가하였음을 뜻한다. 그리하여 거짓된 허위정보라도 쉽게 유표될 개연성이 커졌다. 그것은 SNS가 무수한 근거 없는 괴담의 진원지인 것과 관련이 깊다.

SNS에서는 정보의 편향성이 심각하게 나타날 수 있다. 동질적 사람들끼리 유사한 생각을 주고받는 '사이버요새화(각 집단들이 자신들이 선호하는 커뮤니케이션 패키지를 만들고 원하는 정보만을 선별적으로 수용)' 및 견해를 같이 하는 사람들 사이의 '동종교배 현상'은 정보편향성의 전형적 예라 할 수 있다. 이런 정보 편향성은 쉽게 집단극단화 현상으로 이어질 수 있다. 상대에 대한 맥락적 배려 없이 일방통행식의 자기집단화에 의거한 의사소통방식은 자신의 입장을 반영하는 유리한 측면을 과도하게 부풀리며, 상대방의 불리한 측면을 원천적으로 무시하거나 소외시키며, 심지어 상대를 타도와 극복의 대상으로 받아들인다. 이런 집단극단화 현상은 오늘날 사회적 갈등과 대립의 핵심적 원인으로 작용하여 심각한 사회적 갈등현상을 불러일으키며 동시에 사회적 무규범 상태의 중요한 원인이 된다. SNS의 이런 경향은 타자의 차이와 다름을 수용하거나 용인하지 않는 요즘 학생들의 사고방식과 행동양식에 결정적 영향을 미친다. 그것은 최근 중요한 사회문제의 하나인 학생폭력(자살)의 직접적 배경 ―최근 SNS는 학교폭력의 새로운 흉기로 등장하고 있다. 동급생의 악성 소문 퍼뜨리기, 인터넷 메신저로 패싸움을 소집하고 일진들은 특정 아이에게 단체 악성댓글 세례를 퍼부어 왕따시키는 등 갖가지 형태로 학교폭력을 부추김― 이 되기도 한다.

셋째, SNS는 즉시성, 즉각성에 의한 폭넓은 차원의 의사소통을 열 수 있지만, 인격적 · 대면적 차원의 진정성에 토대한 소통에서 문제를 불러일으킬 수 있다. 다시 말해, 세계적 차원의 접속을 통한 광범위한 접촉에서 유리하지만 지역성에 토대한 대면적인 친밀성 형성에서 한계를 갖는다. SNS체계에서 사람들은 인종, 민족, 계층, 학력, 국가 등을 초월해 네트워크체계를 열 수 있으며, 그리하여 광범위한 영역에 걸쳐 다층적인 관계를 손쉽게 형성할 수 있다. 그런 과정에서 지역사회 공동체에 바탕으로 한 관계성 형성에 소홀한 측면이 많으며, 아울러 대인적 관계에 근거한 책임윤리의 측면에서 문제에 봉착한다. 흔히 말하는 '카더라'식의 의견을 좇아 사실과 신념에 의해서라기보다 선동과 불신에 의한 견해에도 쉽게 동요될 수 있다.

정보에 대한 객관적 수용은 SNS적 소통에서 핵심영역이다. 그렇지만 SNS에서는 자신과 반대되는 의견에 객관적 태도를 갖지 못한 채 주관적으로 받아들이는 경향이 강하며, 심지어 상대방 의견을 왜곡된 상태로 받아들일 수 있다. SNS에서는 옳은 정보라도 거짓으로 몰아갈 수 있다. 자신의 취향에 맞게 조작된 거짓의 정보를 쉽게 재생산할 수 있기 때문에 정보의 진위를 식별하기 어렵다. 사람들의 손을 거치면서 정보는 점점 무서운 엉터리 괴담으로 발전할 수 있다. 일반적으로 지역사회 공동체에 토대한 의사소통 방식은 '본질의지, 즉 본능적 의지에 의해 성립된 진실하고 유기적 사회로 개인의 이익보다 사회 전체를 우선하며 또 지역사회 성원이 된 뒤에는 동정, 애착 등에 의한 소속감과 자아와 타자의 구별이 없는 일체감을 제공하는 데' 비해(김민호, 2010), SNS의 경우 지역성에서 멀어지면서 위계적, 개별적, 비인격적, 익명적 관계망을 배경으로 의사소통될 수 있으며, 그에 따라 인격성, 대면성에 의한 관계망 형성이 어렵고, 그것은 유기적 관계망에 의한 공동체 형성에 본질적 한계로 작용한다.

넷째, SNS의 진전에 따른 정보격차가 한층 커지면서 사회양극화의 중요한 원인이 될 수 있다(송광호, 2009). SNS 접속은 경제적 능력과 정치적 관심도 등에 비례하며, 그것은 청소년들의 교육적 활용에도 밀접한 영향을 미친다. 학교현장에서 학부모의 경제적 배경에 따라 SNS 이용실태는 다르게 나타나며, 그것은 학생들의 교육적 성취에도 영향을 미친다. SNS에 접근할 수 없거나 제한된 학생들은 다양한 교육적 접근기회에서 축소될 수 있으며, 따라서 그들은 교육적 위화감에 노출될 수 있다. SNS시대 개인은 수많은 다종다기한 정보에 쉽게 접근할 수 있다. 이런 이유에서 고급정보보다 저급한 정보들이 네트워크상에서 흘러넘칠 수 있으며, 따라서 고급정보에 접하는 사람들은 그런 기회를 얻지 못하는 사람에 비해 정보능력에서 우위를 점할 수 있고, 그것은 고급정보력에서 비롯되는 사회적 주도권 장악으로 이어질 수 있다. SNS 웹기반 콘텐츠 공유와 실시간성 미 신속성은 사회계층의 분화를 낳으며 계층양극화로 이어질 수 있다.

SNS사용이 주로 젊은 층임을 감안할 때 SNS를 통해 형성되는 여론은 전체의견을 대변한다기보다 특정 연령층의 입장을 대변할 가능성이 크다. 그들은 1인 미디어 형태인 SNS를 배경으로 소문에 의한 폭로, 명예를 훼손할 수 있는 욕설과 비방, 부정확하고 편향된 정보게시 등에도 관여한다. 이렇게 재생산된 정보는 증폭과 과장을 거치며 과잉대표성과 정보왜곡 현상을 불러일으키며 (허구적) 이데올로기로 발전될 수 있다. 흔히 이런 이데올로기화 현상은 소수의 유명인사, 곧 '인기 있는 팔로이 집단'에 의한 사회적 주도권 형성으로 이어지며, 그것은 신세대와 기성세대 간의 세대갈등에도 영향을 미칠 수 있다.

3. SNS시대 시민교육의 과제

1) SNS시대 시민교육의 핵심내용

시민교육은 정치체제의 효율성 제고, 사회통합의 달성, 민주적 정치발전, 민주시민 양성 등을 강조한다(이규명, 2005). 다시 말해, 시민교육은 국민 스스로가 자신의 삶의 영역에서 주체로 활동하며 자신의 권익과 의무에 대한 인식, 책임 있는 행위 그리고 자발성에 기초하여 합리적으로 의사결정 할 수 있느냐에 관심을 기울인다. 이 경우 시민교육에서 '좋은 시민'을 어떻게 보느냐는 시대상황에 따라 그 성격을 달리한다. 우리의 경우 좋은 시민에 대한 견해는 시대별로 다르게 규정되었다. 즉, 해방직후의 '형식적 민주시민' 수용단계에서 60~70년대 후반까지의 권위적 체제에 충성하는 '국민형성' 단계를 거처, 1980년대 저항적 지식인 및 민중의 '의식화' 단계, 1980년대 후반 이후의 '참여적 시민확산' 단계를 지나 2000년대 '지역사회시민'으로 발전하고 있다(김민호, 2011).

특히 시민교육은 민주주의의 정치원리를 넘어서 생활의 실천원리로 확대되어 적용될 필요가 있다. 시민은 자신이 속한 공동체 구성원으로 소속직장, 지역사회, 국가, 지구촌 등에 주체적으로 참여하여 자기결정권과 공동결정권을 동시에 행사할 수 있어야 한다. 하버마스는 집단 간 갈등조정에서 생활세계, 특히 공공영역의 중요성에 주목했다. 그는 "체계영역인 국가와 자본은 기능적 합리성 또는 도구적 합리성에 따라 국민통제와 이윤을 축적하는 데 비해, 생활세계는 의사소통적 합리성을 바탕으로 왜곡 없이 자연스럽게 소통을 추구하는 것"으로 본다(Habermas, 1962; 김민호, 2011). 그에게 있어 서구 시민사회의 과제는 시민사회를 뒷받침하는 생활세계의 부활과 밀접한 관련을 갖는다. 이런 점에서 시민교육은 이념 차원에 머물 것이 아닌 계몽의 담론을 넘어 '시민답게 책임지는 변화(civically responsible change)', rhe 윤리성에 토대한 행동차원으로 이어지는 비판력과 합리적 의사결정력이 관건으로 등장한다. 이때 '반성적 시민성(reflexive citizenship)'은 시민교육의 핵심으로 부각된다(Johnson, 2006; 김민호, 2011).

이런 점에서 시민교육 핵심과제는 반성적 시민성에 의한 공동체 구성원으로서의 시민자질 향상과 밀접한 관련을 맺으며, 그 구체적 교육방법은 수동적 및 능동적 차원으로 접근할 수 있다. 수동적 차원에서 시민은 국가 구성원에게 요구되는 공동체에 대한 연대감과 충성도 및 사회화를 의미하며 국가의 역사와 전통에 대한 지식 축적에 의해 달성될 수 있다. 능동적 차원에서 시민은 공동체 문제에 보다 적극적으로 참여하는 것, 즉 공공이슈에 대해 관심을 갖고 정보를 획득하여 공동체 문제에 개입하는 능력을 뜻한다. 이런 점에서 공적문제에 적극적으로 개입할 수 있는 동기부여와 능력신장은 시민교육의 핵심영역이며, 거기에는 다음의 핵심요소를 포함한다. 먼저, 시민성의 함양으로 시민들이 신뢰와 자신감을 개발하여 공적 삶에 참여하여야 하며, 다음으로, 시민지식의 증진으로 시민들이 정치사회적 환경을 파악하여 시민성의 역할, 권리, 책임을 수행해야 하며, 마지막으로, 시민들이 공공 사안을 설명, 분석, 평가, 상호작용하여 특정 입장을 방어하고 감시할 수 있는 역량을 행사할 수 있어야 한다(황용석, 2006).

SNS환경에서 시민성은 새로운 국면에 직면한다. 사람들은 인터넷을 매개로 다양한 공공정보와 정치정보를 접할 수 있으며, 또 공공문제에 참여할 개연성이 크게 증가하였다. 아울러, 다양한 이질적 공간을 배경으로 한 SNS 여건에서는 상호교류적으로 성장할 수 있는 '사회적 민주화'가 한층 첨예하게 제기될 것이다(김민호, 2011). 자본의 세계화, 시장의 지구적 확대에 따라 국가보다 더 넓은 '상상의 공동체'가 형성되어 국가의 경계를 넘나들며 자유롭게 살아가는 '새로운 유목민'이 역사의 주체로 등장한다. 이런 시대적 상황에서 시민들의 높은 참여의식과 더불어 비판적, 주체적 의사결정력은 중요한 시민교육의 핵심내용이 될 것이다. 즉, SNS환경에서 시민교육은 개별 시민들의 주체적, 합리적 선택능력에 입각하여 현행 사회구조의 모순현상을 지적할 수 있어야 하며, 이를 새로운 구조형성이 계기로 삼을 수 있는 윤리적 안목이 요청된다. 그런 능력이 없다면 공중은 '어리둥절한 공중'으로 전락하여 '유령적 존재'에 머물 수 있기 때문이다(윤영민, 2011). 다음으로, SNS의 기계성과 탈인격성을 염두에 둘 때 공감능력을 갖춘 감성적 차원의 시민성도 요청된다. 다시 말해, 사람과 사람이 인격적으로 만나 서로 편견을 극복하여 상호적으로 소통, 공존하는 공동체적 감수성이 필요하며, 또 소통의 장애물을 타개하여 타인의 아픔과 고통을 공감하는 윤리적 감수성이 요청되기 때문이다. 그것은 지역사회 시민성의 발휘와도 직결될 사안으로, 자기존재의 근거인 지역공동체에 대한 감수성)이 지역문화의 활성화에도 한층 기여할 수 있기 때문이다. 아울러, SNS에서의 소수 정보생산자들의 정보독점과 그들에 의한 일방적 여론형성의 가능성을 염두에 둘 때 침묵하는 대다수의 약자에 대한 배려와 그들과의 동반자관계 형성에 의한 교육적 감수성이 요청된다. 그것은 오늘날 극단적 행동양태를 보여주는 학생문화를 감안할 때 시민교육의 핵심영역으로 등장한다. 사회적 약자에 대한 교육적 감수성을 배제한 채 건전한 시민교육이란 성립될 수 없기 때문이다.

시민교육의 과제는 '보이텔스바흐 합의(Beutelsbacher Konsens)'에서 제기되었던 시민교육의 기본원리에 주목할 필요가 있다. 그 합의의 원칙은 다음과 같다. 먼저, 교화 또는 주입식 교육을 금지한다. 가르치는 사람은 자신이 원하는 생각에 따라 학생들을 조정함으로써 그들의 자주적 판단에 방해가 되어서는 안 된다. 다음으로, 정치적 논쟁과 학문적 논쟁을 지속한다. 학문과 정치에서 논쟁적인 것은 수업에서도 논쟁적일 수 있어야 한다. 그것은 상이한 입장들이 드러나지 않으면 선택 가능성이 낮고 또 대안이 제시되지 않아 교화 또는 주입의 가능성이 있기 때문이다. 마지막으로, 정치적 관심사의 관철과 해결능력을 배양해야 한다(이규영, 2005). 다시 말해, 시민교육은 강화, 교화, 주입금지와 사회논쟁의 도입으로 균형과 대립적 논점 확보할 수 있어야 하며, 그리고 학습자 스스로의 사회적 상황과 논점 및 자신의 위치분석을 통해 자신만의 최종 결론 도출에 이를 수 있어야 한다.

2) SNS시대 시민교육의 방향

스마트폰, SNS, IT의 발달로 세계는 점점 좁아지며 촘촘한 관계망을 형성하고 있다. 인류는 언제 어디에서든 시간에 구애받지 않고 타인에게 정보를 전달하며 대화할 수 있다. 우리는 타문화를 접할 수 있는 기회가 많아졌고, 또 다른 나라의 정치경제적 상황에 대해 다양한 정보를 갖게 되었다. 이런 상항에서 시민으로서의 역량과 자질은 이전 시기에 비해 더욱 중요한 시민의 역량과 가치로 부각된다. 동질적 문화 상황에서라기보다 이질적, 다차원적 다문화상황에서 상호공존, 공생의 시민적 자질은 더욱 중요한 시대적 가치이기 때문이다. SNS시대 시민교육의 방향은 다음과 같다.

첫째, 고급사고력 형성을 통한 비판능력은 SNS시대에서도 시민교육의 핵심영역일 필요가 있다. 고급사고력과 그에 의한 비판 능력은 기존 시민교육의 중요한 목표였다. 베이어는 비판적 사고형성을 학교 시민교육의 핵심목표로 설정하였다. “시민교육은 개인적 사회적 현상이나 문제, 관심 등에 대한 분석적 사고과정과 기능을 가르쳐야 하며, 이런 목적을 위해 탐구식 수업이 필요하며 이에 의해 당면한 과제를 합리적으로 해결할 수 있는 능력에 도달할 수 있다.”(한면희, 1991) 이런 점에서 고차적 사고력은 불확실한 상황에서도 특정의 지배적 정보에 개의치 않고 주체적 입장에서 그런 정보를 선별할 능력이 있으며, 또 그런 정보를 해석하여 자신에게 적합한 판단을 내릴 수 있다. 그렇지만 SNS시대의 도래는 수많은 정보가 넘쳐나고 우리를 둘러싼 주변 세계가 한 치 앞을 내다보기 어려울 정도로 이해관계에 얽매일 수 있다. 대부분의 사람들은 정확하지 않은 정보에 노출될 위험이 있고, 그것을 곧이곧대로 받아들이며 자기 판단의 잣대로 활용할 수 있다. 이런 상황에서 시민은 그것을 검증하여 이성적, 합리적으로 평가할 능력을 갖출 필요성에 직면한다. 이때 고급사고력에 입각한 이성적, 합리적 판단능력은 시민 자질에 중요한 요소이며, 그런 능력이 있을 때 주체적 의사결정에 이를 수 있다. 무엇보다 첨단매체에 익숙한 기계인간의 특성을 띤 청소년들은 자신과 사회를 둘러싼 각종 현상을 참과 거짓의 이분법에 의한 경직적 사고틀에 입각해 바라보고 동지와 적대자의 양극적 판단을 내리는 데 익숙하다. 특히 화려한 이미지와 속도에 민감하게 반응하는 영상 매체적 환경을 배경으로 자라난 청소년들은 문자 인쇄 매체 환경을 배경으로 성장했던 기성세대에 비해 참을성이 없고 감정변화의 기복이 심하며 충동적으로 행동할 가능성이 있다. 이런 환경을 염두에 둘 때 정보에 대한 정확한 파악과 진위여부를 둘러싼 비판능력은 시민교육의 핵심으로 부각된다.

SNS시대는 기존 시민교육에서 한발 더 나아가 SNS 참여자들이 상호 간의 활발한 토론과 절차적 정의 원칙을 통해 사회현상을 종합적으로 파악, 이해할 수 있는 통합적 문제해결능력이 요청된다. 학생들은 SNS상의 다양한 내용들을 무의식적으로 수용할 것이 아니라 자기에게 필요한 정보와 지식을 자신의 입장에서 그 타당성을 비판적으로 해석, 분석, 추리, 설명하면서 정보와 지식이 갖는 고유가치와 유용성을 판단, 평가할 수 있어야 한다. 즉, 그들은 SNS에 올라오는 여러 정보와 현상을 상호적으로 토론함으로써 통합적으로 파악할 수 있는 조직적 사고훈련이 필요하다. 특히 문제해결의 관점에서 SNS를 교육에 활용할 경우 학생들은 미디어 콘텐츠에 대한 비판적 수용을 통해 현실의 여러 가지 문제들을 자신의 관점에서 해석할 수 있도록 갖추어야 한다. 이런 창조적 지적 활동과 반성적 사고가 전제될 때 학생들은 수많은 정보에 의한 갖가지 의문을 제거하고 명료화하여 합리적 의사결정에 도달할 수 있다. 그것은 SNS시대 훌륭한 시민적 능력과 불가분의 관계를 갖는 시민교육의 핵심내용이 될 것이다.

둘째, 이성적, 합리적 고급사고력 신장과 함께 감성성과 그에 기반한 타자성의 함양은 SNS 시민교육의 중요한 지향점이 될 수 있다. SNS시대는 한편에서 개방적 의사소통을 통한 탈권위 시대를 열 수 있지만, 다른 한편에서 갖가지 악성댓글 형태의 허무맹랑한 소문이 쉽게 유포될 수 있는 단세포형의 조급증의 시대가 될 수 있다. SNS시대는 누구든 악성댓글의 피해로부터 자유로울 수 없다. 특히 SNS를 배경으로 자란 청소년들은 이런 악성댓글의 유포자이거나 그에 훨씬 잘 노출될 위험성을 안고 있다. 글은 수많은 파편적, 단편적 허무맹랑한 정보에도 쉽게 현혹될 수 있으며, 또 그런 정보를 가

볍게 즐기면서 그것이 타인에게 줄 수 있는 심각성을 망각한다. 아울러, 그들은 무수한 정보홍수 속에서 제대로 된 정보식별 능력을 갖지 않은 채 허위정보에도 쉽게 반응하며, 사소한 충격에도 큰 상처를 받을 만큼 의지력과 결단력이 약하다.

SNS에서는 명목상의 익명성으로 말미암아 거친 욕설과 절제되지 않은 여러 행동들이 자주 일어날 수 있다. 그들은 거친 말과 폭력적 행동을 서슴없이 시도하여 상대에게 돌이킬 수 없는 마음의 상처를 주기도 한다. 즉 그들에 의하면 별생각 없이 장난삼아 한 말이며 행동이지만 상대방에게 커다란 마음의 상처와 심각한 모욕적 사건이 될 수 있다. SNS의 이런 상황을 고려할 때 공감능력에 의한 타자성 신장은 시민교육의 중요한 지향점이 될 수 있다. 타자성에 토대한 연민과 배려의 정신에 토대할 때 그들은 불확실한 허황된 정보를 SNS에 게시하는 데 좀 더 신중할 것이며 또 타인을 바라보는 관점에서도 포용력을 가질 수 있다. 학교교육에서 감성적 공감능력에 토대한 감수성을 키웠느냐 그렇지 않느냐는 도덕적 문해력에 직결되는 시민역량의 문제라 할 수 있다. 이런 측면에서 SNS시대 시민교육은 현행의 합리적 의사결정 능력에 덧붙여, 감성적 공감을 통한 타자성 신장의 교육 프로그램 개발에 관심을 기울일 필요성에 직면한다.

셋째, 경쟁, 갈등관계를 부추기는 현행교육에서 공존, 공생적 교육으로의 전환은 SNS 시민교육의 중요한 지향점이 될 수 있다. SNS환경은 우리에게 양면의 얼굴로 다가선다. 돈 텝스콧은 "디지털 환경이 형성되면서 넷세대로 불리는 신인류가 등장하면서 그들은 선택과 자유, 개성에 따른 맞춤형 선호, 협업, 철저한 조사와 분석, 성실성, 일과 놀이의 일치, 속도, 혁신 등을 중요시하는 주도자, 창조자, 플레이어와 협력자로 활동하며 이메일, 멀티유저 비디오 게임, 온라인 파일공유 등을 통해 타고난 협력자로 활동할 수 있다"고 하였다(Tapscott, 2008; 이진원, 2009). 이런 점에서 SNS는 시공을 초월한 관계망 형성을 통해 공동체 활동을 전개할 수 있으며, 이에 의해 새로운 교육적 전망을 열 수 있다. 그렇지만 SNS는 네트워크에 의한 극단적 개인주의화에 부딪히게 되며, 따라서 공적 영역에서 제약과 구속이 없는 이상적 담화상황에 도달할 수 없는 한계를 보인다. 다시 말해, 디지털기술의 진전에 따라 공공영역은 한층 강력히 재봉건화될 수 있으며, 또 대중은 비판적 사유능력을 상실하고 획일화된 상상력을 갖게 되며, 그에 따라 그들의 생활세계는 재식민화 될 수 있다(김진경, 2007). 이는 오늘날 시민사회의 근본적 한계상황이며 동시에 시민교육이 당면한 핵심의 과제라 할 것이다.

현행의 자율과 경쟁으로 대변되는 교육정책은 개별학생 및 단위학교의 경쟁력 향상에 초점을 둔다. 이런 경쟁적 환경에서 학교교육은 명문대 진학에 전력질주하며, 그런 과정에서 시민교육은 무늬에 불과할 수 있다. 오히려 현장 차원의 교육은 개인 차원의 극단적 경쟁교육을 통해 개인욕망과 탐욕을 극대로 부추기며 시민교육 본연의 모습에서 멀어지고 있다. 이미 현장의 실태는 교사와 학생 간의 관계성이 무너졌고, 학생과 학생 간 및 교사와 교사 간의 관계망에서 심각한 균열이 발생하고 있다. 이런 관계망 붕괴의 주된 원인은 지나친 경쟁력 제고에서 비롯된 시민성 부재교육에서 찾을 수 있다. 아울러, 최근 SNS에 의한 의사소통이 일반화되면서 첨단기술의 발달에 규범과 제도가 따라가지 못하는 '윤리 지체' 현상이 발생하여 사고와 행동의 준거기준마저 무너지고 있다. 이런 윤리 지체의 상황에서 학생들은 SNS 환경에 적합한 윤리적 가치란 어떠해야 하는지에 대한 확실한 개념을 갖지 못한 채 윤리적 아노미 현상을 경험한다(배영, 2002; 황용석, 2006).

이런 사실을 염두에 시민교육은 합리성과 이성에 근거한 개인화, 개체화, 개별화의 시민성에서 한발 나아가 주변의 중요한 타자들과의 공존, 공생을 시도할 수 있는 시민육성에 관심을 가져야 한다. 아울러 SNS시민교육은 첨단기술의 사회역사적 의미, 공학적 기술이 사회에 미치는 영향, 지속가능한 사회, 공동선, 환경문제 등에 대한 윤리적 숙고를 촉진할 수 있어야 한다. 이런 공존, 공생 및 윤리적 숙고의 촉진은 협동학습의 구조와 방법에 의한 시민성 향상 교육프로그램에서 가능하다. 협동학습은 학습자 상호 간의 유기적 관계설정을 통해 학습자들끼리의 상호관계를 중심으로 공동의 학습목표를 설정하여 진행되는 학습형태를 말한다. 특히 학교구조를 개인 단위와 학교 단위에 두며 상호 간의 치열한 경쟁에 두기보다 학생과 학교, 심지어 그들을 둘러싼 지역사회 구성원 사이의 교육네트워킹 설정은 협동학습의 중요한 배경이 된다. 대면적 공동체든 사이버상의 공동체든 협동학습은 공동체 내의 중요한 요소들 간에 공유될 수 있는 학습목표를 설정하여 그것을 학습장면에서 구체화할 수 있는 실천 행위로 이어갈 수 있어야 한다. 이런 협동적 기회를 거치며 학습자들은 구성원 사이의 유대감을 쌓은 뒤 당면한 현안과 그에 관한 논의를 한층 심화시킬 수 있으며 그것을 자신의 실천적 행위로 드러낼 수 있다. 이때 교사는 학생들의 실생활과 연계되면서 핵심적 사회현안이 되는 학습 주제를 선정하고 그 주제를 심층적으로 토론할 수 있는 다양한 학습자료를 개발, 적용하여야 하며, 이를 토대로 학생들 간의 개방적 토론에 의한 논증과정을 거치며 합리적 해결책을 유도할 수 있는 교수법을 동원하여야 한다.

SNS시대 시민교육은 첨단 매체 기술의 장점과 그에 따른 부정적 측면을 동시적으로 바라보면서 우리 모두의 삶의 질을 향상시킬 수 있는 사회적(공동체적) 질서구조를 마련할 수 있느냐의 여부로 귀결될 수 있다. 이런 공동체적 질서구조는 지금처럼 개인과 집단 간의 치열한 경쟁적 관계를 유지할 것인지 아니면 협동적 공존, 공생관계에 의해 사회적 공동선을 키울 것인가의 선택문제라 할 수 있다. SNS시민교육은 학생들에게 미래사회에의 적응과정에서 다양하게 나타날 수 있는 비행의 예방을 넘어서 인간사회의 공동선을 증진시킬 수 있는 윤리적 열망을 심어줄 수 있어야 한다. 그런 윤리적 열망은 현행의 경쟁학습에 의한 갈등의 조장 내지 증폭에 의해서라기보다 협동학습에 의한 공존, 공생관계에서 가능할 것이다.

07

CHAPTER

공동체와 다문화수용성

1. 공동체의 이해
2. 공동체 의식
3. 공동체주의
4. 다문화수용성

1. 공동체의 이해

공동체 의식이란 구성원 간에 느끼는 유대감 또는 귀속의식을 말한다. 즉 공동체의 유지·발전을 위해 구성원으로서의 개인이 가져야 할 책임과 권리의식보다 구체적으로는 개인의 이익보다는 공동체의 이익을 중시하는 태도와 가치관을 의미한다(김진미, 김태균, 2012).

공동체 의식은 서로 간의 지나친 경쟁과 갈등을 완화하고, 보다 긍정적이고 공정한 경쟁을 통해 공동체의 생산적인 발전을 가져오며, 민주 사회에서는 국가나 지방 자치 단체 등 모든 조직의 활동이 구성원들의 적극적이고 자발적인 협조가 있을 때에 비로써 활성화 된다(김진미, 김태균, 2012). 각 집단들이 구성원 각자의 존엄성을 인정하여야 하듯이, 개인들도 집단의 이익과 조직의 권위를 존중할 뿐 아니라, 공동체의 조화로운 발전을 염두에 두어야 할 것이다(김진미, 김태균, 2012).

현대사회에서 공동체는 단순히 지역적이고 집합적 성격을 의미하기보다 정서적, 정신적 측면에서의 공감대를 의미하는 것이 더 적절하며, 이처럼 공동체 개념이 지역성 중심에서 사회적 관계, 상호작용, 유대 등으로 전환되면서 공동체의식도 지역적 특성을 탈피하고 있다고 하였다(고관우, 남진열, 2011). 또한 공동체 의식은 심리적 요소를 포괄하는 것으로 일반적으로 어떤 집단이나 조직, 사회의 구성원으로서 개인들이 소속감과 상호의존성, 상호헌신을 인식하는 것으로 정의하였다(박재숙, 2010).

이혜영(1997)의 연구에서 공동체 의식은 타고나는 것이 아니라 개체 성원이 성장해 가는 공동체의 생활환경 속에서 성장함으로써 서서히 획득되고 학습되는 것이라고 하였다(김진미, 김태균, 2012). 공동체의 주요개념 중 하나인 지리적 특성은 교통 및 통신망의 발달로 주요개념이 약화되었고 이에 따라 공동체에 대한 명확한 정의를 일치된 개념으로 구성하지 못함에 따라 공동체 의식에 대한 개념을 제시하기가 쉽지 않다고 한다. 그렇지만 공동체가 대부분 상호 간의 의사소통이나 정서적인 결속감, 서로에 대한 신뢰성과 의존성, 공동의 목적 및 이해 등을 주요 요소로 하고 있기 때문에 공동체 의식도 이 수준에 근거하여 규정되고 있다. Sarason(1974)은 공동체 의식을 사회 구성원들 간에 상호 지원할 수 있는 관계망의 인식으로 정의하였으며, McMillan과 Chavis(1986)는 공동체의 개념을 지리적, 지역적 특징과 사회구성원 간의 관계적 특징을 포함하는 것으로 규정하고 공동체 의식을 '구성원 간의 소속감과 결속감을 인식하고 각 성원의 욕구를 공동으로 해결할 수 있다는 믿음을 공유하는 감정'이라고 정의하였다(장유미, 강가영, 2012).

따라서 공동체 의식은 지리적 거점을 기반으로 하는 공동체 생활에서의 개인적 경험에서부터 공동체 구성원으로서 같이 지니고 있고 또한 지녀야 할 감정이나 정서, 가치관, 윤리의식 등을 포괄하는 개념까지 다양하다(장유미, 강가영, 2012).

이러한 공동체 의식은 과거보다는 현대사회로 갈수록 약화되어 왔는데 이유는 나만 잘되면 그만이라는 이기주의, 개인주의가 팽배하면서 주변 사람들과 공동체에 대한 협력 및 조화에 대한 관심이 떨어지고 있기 때문이다(한은영, 김미강, 2013). 이러한 공동체 의식의 약화나 상실은 지속적인 아노미, 소외, 외로움, 지역사회 내의 자율성 및 개별적 참여기회의 상실, 상호의존관계의 상실 등 수많은 결핍과 관련되어 있다(Glynn, 1981).

특히 서로 협력하고 연대할 때 높아지는 집단적 가치가 결여되어 이러한 공동체 의식의 결핍은 결국 각종 부도덕성을 키우고 서로에 대한 불신으로 무질서함과 더불어 범죄율이 높아지는 등 사회적 위기를 초래하게 된다.

공동체 의식이 이러한 사회적 위기를 극복할 수 있는 대안으로 인식되고, 사회구성원으로 성장해 가면서 정립해야 할 정체성 형성에 중요한 시기이기 때문에 청소년 대상 연구에서 공동체 의식 연구가 최근 활발히 진행되고 있다. 또한 청소년에게 공동체 의식은 발달적 관점에서도 중요하고, 학교라는 공동체 안에서 생활하고 있는 이들의 학교생활적응에도 영향을 미치기 때문에 더욱 중요하다(신인순, 강현주, 정평화, 2014).

공동체 의식은 타고나는 것이 아니라 개인이 성장해 가는 과정에서 서서히 형성되는 것으로 후천적으로 획득되는 것이고 학습되는 것이므로 자신에 대한 다양한 측면의 정체성을 형성하는 시기에 사회와의 많은 접촉 기회를 가지고 사회구성원으로서의 역할을 경험하며 다양한 관점과 가능성을 접해 볼 수 있다면 공동체에 대한 이해와 공동체 의식을 높이게 될 것이다(강가영, 장유미, 2013).

공동체 의식은 주로 시민성에 관해 말할 때 하위요소들의 하나로 언급된다(김위정, 2012). 청소년 시기에 있어서 시민성이라는 용어보다 공동체 의식이 강조되는 이유는 청소년이라는 위치에서 오는 사회참여의 제한으로 인해서 행위 측면보다 태도나 의식 형성이 중요하게 다루어지기 때문이다(김위정, 2012). 특히 학생이라는 시기는 성인이 되기 직전 단계에 있는 만큼 자신에 대한 인식, 정체성, 공동체 의식 수준의 정도가 앞으로 더 크게 확대될 다양한 문화를 수용하고 건강한 민주시민으로 성장하는 데 주요한 시기라고 보인다.

2. 공동체 의식

Hillary는 공동체가 지리적 영역(geographic), 사회적 상호작용(social interaction), 공동의 연대(common ties)의 세 차원으로 구성되어 있음을 발견했으며, 각각의 속성에 따라 다음과 같이 정리했다.

첫째, 지리적 영역은 사회현상의 시공간 차원의 속성으로서 사회적 활동이 이루어지는 구체적인 장소이며 사회적 상호작용을 가능케 하는 상황조건이 된다.

두 번째의 사회적 상호작용은 인간관계의 망과 조직, 그리고 사회체계 및 제도를 포괄하는 일반적 개념으로, 공동체의 시작이라 할 수 있다.

마지막 공동의 연대는 상호작용의 결과로 나타나는 심리적, 상징적, 문화적 현상을 말한다. 이런 현상 가운데 가장 중요한 것은 구성원 간의 일치감과 협동정신이다(강대기, 2004).

김현경(2015)은 개인에게 자리/장소를 마련해주고 그의 영토에 울타리를 둘러주는 것이 바로 공동체의 역할이라고 하였고, 공동체라는 현대적 이상은 어떤 자동적인 힘에 의해 앞으로 굴러감에 따라서가 아니라, 공공의 노력을 통해 실현된다고 하였다.

아파트 공동체란 아파트라는 집합적 주거공간에 함께 거주하면서 구성원들이 공동생활을 영위하는 단위를 말한다. 이 공동체의 주체는 물론 입주민이다. 이들이 서로 호응하며, 서로의 자원을 활용하여 지속가능한 활동을 도모하는 일이 공동체의 조건이다. 여기에 바람직한 공동체를 만들기 위해서는 입주민들이 소통하고 교류할 수 있는 시설 등의 물리적 환경으로써 하드웨어가 제공되어야 하고, 그곳에서 입주민들이 관심을 갖고 참여할 수 있는 프로그램 운영 활동 등의 소프트웨어가 필요하며 이를 통해 입주민들의 공동체 의식이 고취되는 휴먼웨어가 어울려야 한다(국토교통부, 2015).

공동체 의식이란 “일정한 지역사회에 거주하고 있는 주민들이 자발적 상호작용(공통의 문제해결 과정 등)을 거치면서 획득하게 되는 공동의식"이라 할 수 있다. 즉 구성원들은 지역사회의 활동에 함께 참여하면서 개인적 관계를 뛰어넘어 상호 책임감과 의무감을 지닌 사회적 유대관계를 맺으며 조직적 일체감을 느끼게 된다(Rouner, 1991: 민지선, 2001).

McMillan & Chavis(1986)는 공동체 의식을 “구성원이 소속감을 갖는 느낌, 서로와 그룹에 중요한 느낌, 그리고 함께하기로 한 약속을 통해 구성원들의 필요를 충족시킬 수 있는 공동의 믿음”이라고 정의하였다. 이들은 공동체 의식의 구성요소로 구성원 의식(membership), 상호영향의식(influence), 욕구의 통합과 충족(integration and fulfillment of needs), 정서적 연계(shared emotional connection) 4가지를 제안하였다.

구성원 의식은 공통 상징체계(common symbol system), 경계(boundary), 소속감(sense of belonging and identification), 정서적 안정(emotional safety), 개인 투자(personal investment)로 구성되어 있으며, 이 다섯 가지 속성이 서로 상호작용하여 공동체 내외 사람들의 의식에 영향을 주게 된다(박가나, 2008).

공동체 공통상징체계란 스포츠팀의 유니폼, 국기 등으로 지역사회 구성원을 식별하고 물리적 영역을 식별하기 위해 사용되는 상징이라고 할 수 있다. 경계는 누가 구성원인지 아닌지를 보여주는 무언가로 지리적 표시가 될 수도 있고, 유사한 관심사를 포함할 수도 있다.

공통상징에서 정서적 안정은 명확한 경계가 있는 공동체에서 회원들이 경험하는 것으로 진실하게 말할 수 있는 안전한 장소를 의미한다. 정서적 안정을 느끼는 구성원은 지역사회에 개인 투자를 할 가능성이 크며, 회비뿐만 아니라 그룹을 위해 감정적인 위험을 감수하는 것을 포함한다. 이는 다른 회원들에 의해 받아들여지고 환영받는 것을 느끼게 하며, 소속감을 깊게 한다(McMillan & Chavis, 1986).

상호영향의식은 공동체와 공동체 구성원이 서로에게 매우 중요하다고 느끼며, 서로를 신뢰하고 지속적인 상호작용을 통해 상대를 변화시킬 수 있다는 믿음이다. 공동체는 몇 가지 질서를 세우게 되며 이러한 질서는 공동체의 규범, 규칙, 법률의 형태로 발전되어 왔다. 이를 바탕으로 개인들은 공동체 내에서 자신의 생활을 예측하고 계획하고 실행할 수 있게 된다.

예를 들어, 공동체의 구성원은 리더를 자신이 뽑을 수 있으며, 리더의 결정에 자신의 의사가 충분히 반영되고 있다는 감정을 가질 수 있는 것처럼 상호영향의식은 자신이 획득하는 역할의 중요성 및 필요성, 영향력에 대한 인지이며 또한 사회가 자신에게 미치는 상대적인 영향력 및 신뢰를 뜻하는 것이라 할 수 있다(박가나, 2008).

욕구의 통합과 충족은 구성원 자격을 가지게 됨에 따라 공동체로부터 받게 되는 자원을 통하여 구성원으로서의 욕구가 충족되는 감정을 말하며(박가나, 2008), 공유된 가치와 공동체 경제로 이루어진다. 공유된 가치는 공동체 참여를 통해 추구할 수 있는 욕구의 공유를 의미하며, 예를 들어 교육의 질 향상은 학교와 학부모 집단의 공통된 가치일 수 있다.

공동체 경제는 그룹 내 자원의 교환을 의미하며, 구성원들은 그들의 요구가 충족되기 때문에 공동체에 참여한다(McMillan & Chavis, 1986). 정서적 연계는 공동체 구성원들이 자신들이 역사와 장소, 시간 및 경험을 공유하고 있으며 앞으로도 공유하게 될 것이라는 믿음과 헌신을 가지게 되는 것을 의미한다(박가나, 2008).

3. 공동체주의

공동체에 관한 이론 및 공동체 교육의 이론은 1980년대 일단의 사상가들이 개인, 권리, 선택적 자율을 중시하는 자유주의 사상가들을 비판하고 나서면서 시작되었다.

매킨타이어(MacIntyre)와 샌델(Sandel) 등을 들 수 있는데, 이들은 현대 사회의 여러 가지 병리·병폐적 현상은 전통적 의미의 공동체가 붕괴되면서 시작되었고, 공동체의 붕괴 원인은 개인주의적 자유주의 사상가들이 사람들로 하여금 각각 자신의 사고와 판단을 존중하라고 부추겼기 때문이라고 주장하면서 개인 중심의 자유주의적 사상을 비판하고 나선 것이다. 이러한 견해를 '공동체주의(Communitarianism)'라고 한다.

즉, 공동체주의는 자유주의와 개인주의에 대한 비판에서 출발한다. 자유주의는 자유의 주체자로서 개인을 전제로 한다. 따라서 당연히 개인주의와 밀접한 관계가 있다. 일반적으로 개인주의는 개인의 존엄성과 가치를 궁극적인 것으로 보고 이를 실현하기 위해 진력하는 사상과 운동을 가리킨다. 그런데 개인주의는 사회에 대한 개인의 우수성, 사회를 개인의 이익을 위하여 존재하는 것으로 보는 도구적 관점, 사회의 기본 관계를 단결이나 상호 협조보다는 경쟁적 자기 이익의 관계로 보는 경향 등으로 인해 수많은 문제를 일으킨다. 하지만 현대에 이르러 이러한 개인주의는 이기주의로 더욱 변질되는 것처럼 보인다. 자유주의와 개인주의, 이기주의에 대한 비판은 현대 자본주의에 대한 관점과 함께 맞물려, 심도 있게 보아야 하지만, 그렇다고 해서 자본주의를 비판하면서까지 심층적으로 들어가고자 하지는 않겠다. 다만 개인주의와 이기주의 사상에 대한 문제의식 정도를 제기하는 선에서 비판을 마치고자 한다.

먼저 공동체주의에 관하여 학자별로 간단히 정리해 보았다. 공동체주의에 관한 정당성과 공동체 의식의 이론적 토대를 밝히고자 했기에 각각의 사상가들에 대한 심층적인 연구와 비판에 대한 대응 등을 하기보다는 그들의 공동체주의적 사상을 소개하고 교육적으로 적용할 수 있는 가능성을 열거하는 데 중점을 두었다.

우선 매킨타이어는 자유주의와 개인주의가 도덕에 미치는 파괴적 결과를 우려하는 도덕철학자다. 매킨타이어가 스스로를 공동체주의자라고 칭한 적은 없지만, 그의 철학이 공동체적 삶을 지향함에 있어 그는 중요한 공동체주의자이다.

매킨타이어는 도덕적 문제 상황의 원인이 근세 이후의 도덕적 사고의 경향, 특히 계몽주의 시대 이후 도덕철학자들의 잘못된 도덕성 연구 방향에 있다고 주장하였다.

특히 칸트로 대표되는 의무론이 윤리적 상대주의를 일으켜 심각한 분열 상태에 빠지게 하였다며 강하게 비판한다. 매킨타이어는 이에 대한 대안으로 아리스토텔레스의 '덕' 윤리학을 재정립하여 새로운 도덕적 관점으로 제시한다. 도덕을 합리적으로 정당화하기 위하여 아리스토텔레스의 덕 개념을 전제로 한 덕윤리 회복을 주장한 것이다. 아리스토텔레스의 덕 윤리로의 복귀는 자유주의의 단점을 극복하는 중요한 길이 되며, 이때 인간이 추구해야 할 목적으로서의 '덕'은 바로 공동체와 그 공동체의 역사와 전통을 통해 규정되는 것으로 간주되는 것이다. 그리고 덕의 필요조건으로 '전통'을 제시한다. 전통은 개인의 삶에 있어 총체적 목적을 제시하며, 개인의 자아 구성에 중요한 역할을 한다. 한 개인의 자아구성과 삶의 목적 잡기는 전통의 틀 안에서 이루어지는 것이라 말한다.

물론 현대에 이르러 이러한 공동체주의에 대한 비판적 시각 역시 등장하게 된다. 길병휘는 다음과 같이 말한다. "오늘의 도덕적 불일치를 도덕의 위기로 보려는 공동체주의자들의 시각도 뉴턴의 절대적인 시·공간의 개념에서 사유하던 구시대의 산물로 보는 것이 진실에 가깝지 않나 생각된다. 시대마다 현자와 철인들이 등장하여 도덕과 인간성의 타락과 오염을 걱정하고 개탄해 왔으나 그럼에도 불구하고 인류의 도덕성은 진보해왔다고 보아야 하지 않을까. 매킨타이어를 비롯한 공동체주의자들이 꿈꾸는 아리스토텔레스적인 공동체의 부활은 어찌 보면 도덕의 회복이라기보다는 도덕의 과거 회귀가 아닌지 반성해볼 일이다."

다소 주제에서 벗어나, 오늘날의 시점에서 도덕성이 진보해왔다는 견해에 어느 정도는 동의하기가 힘들다. 도덕에 관한 논의와 도덕성에 관한 철학은 진보해왔으나 인간의 도덕성 자체가 발전해왔다고 그것이 사회의 전반적 공유로 이어졌다고 느껴지지 않기에, 매킨타이어의 주장은 오늘날에도 충분히 그 가치를 지닌다고 생각한다. 또한 아리스토텔레스의 사상이 비록 과거의 것이라 하지만 개인주의와 더 나아간 이기주의가 만연한 현 시대에 여전히 가치 있는 사상이라고 생각한다.

타일러 역시 현대사회의 문제 상황은 계몽주의 연장에 있는 근대적 합리주의 윤리관에서 비롯된 것이라고 주장하였다. 타일러에 따르면, 현대 자유주의 사회는 자기 파괴의 위험에 직면해 있는데, 그 원인은 바로 현대 사회가 정통성의 위기(legitimation crisis)를 맞고 있기 때문인 것으로 분석하였다.

개인은 한 사회의 구성원으로서 전체(공동체)의 목적과 공동선을 위하여 노력해야 함에도 불구하고, 현대에 이르러 세속적인 물질주의에 빠져 가치관과 정체성을 잃어버렸다는 것이다. 타일러는 자유주의로부터 발생한 이러한 문제들을 극복하기 위하여 자유주의 전통과 사회제도 안에 공동체주의 관점을 수용, 결합하는 일이 중요하다고 강조하였다.

물론 타일러가 공동체주의적 관점을 취하였다고 해서 개인을 완전히 무시하고 집단을 강조한 것은 아니었다. 그는 근대 철학의 산물인 이성과 자율성을 긍정적으로 수용하고 발전할 필요가 있다고 하였다. 즉, 이성의 발달과 공동(전통) 윤리의 회복을 함께 이루고자 한 것이라 생각된다.

샌델은 우리나라에 가장 널리 알려진 공동체주의 학자다. 한때 우리나라에서 '정의란 무엇인가?'라는 책과 강의로 선풍적인 인기를 끌게 된 샌델의 전체적인 사상은 다분히 공동체주의적 성격을 가지고 있다는 것이 학계의 공론이다. 그런데 샌델은 이러한 평론에 대하여 자신이 저서 'Liberalism and The Limits of Justice' 재판 서문을 통해 자신의 논증이 현대 자유주의의 공동체에 대한 설명의 부적절함을 보여주지만 자신은 항상 공동체주의의 입장에 서 있지 않았다며 자신이 공동체주의자로 불리기를 꺼려한다고 말하였다. 그래서인지 이러한 샌델의 사상을 '자유주의적 공동체주의'라고 표현하기도 한다. 여기서는 자유주의에 대한 비판과 그의 공화주의 사상에 대한 주장, 이에 대한 여러 연구를 바탕으로 그를 공동체주의자로 보는 관점을 따르기로 하였다.

샌델은 앞의 학자들과 마찬가지로 자유주의를 비판한다. 샌델은 자유주의 전통이 전제하는 '자유롭게 선택하는 독립적 자아'라는 시민상이 지나치게 추상적이라고 비판한다. 이러한 독립적 자아는 분명한 한계를 지닌다. 개인이 선택하는 데에는 사회·환경의 요인이 작용한다. 개인은 자신을 둘러싸고 있는 배경, 사회, 문화, 환경 등에서 완전히 자유롭게 사고하고 선택하고 행위 할 수 없다.

샌델은 롤즈 등의 자유주의에 따른 '추상적 자아' 형성 대신에 '구성적 자아'관을 제시한다. 그리고 개인의 자아는 선택에 의한 것이 아닌 발견에 의해서 목적을 지니게 된다는 것이다. 그리고 자신의 정체성은 자신이 속한 공동체와 분리해서 이해될 수 없다고 한다. 샌들은 이러한 정체성의 구성에 참여하는 공동체를 '구성적 공동체'라고 말한다. 공동체는 내가 누구인가에 대한 답을 주는 요인인 것이다. 즉, 인간은 공동체적 존재이다. 이러한 점을 토대로 샌델은 공동체의 관점에서 인간의 자아 형성과 발전에 대한 탄탄한 근거를 마련했다고 할 수 있겠다.

마지막으로, 공동체를 강조하는 샌델은 한국사회에 관하여서도 말한 적이 있다. 샌델은 한국의 철학자들과 토론하는 가운데 전통과 공동체, 권위를 중요시하는 한국 사회에서는 자유주의적 개인주의가 기운을 북돋우며 힘을 주는 해방적 이상이자 진보적인 개혁으로 요인한다는 것을 알았다고 한다. 이는 기본적으로 자유방임적 가치관이 주류를 이루었던 미국의 상황과 다르다는 것이다.

우리나라의 교육과정이 점차적으로 개인을 중심에 두고 만들어져 온 사조가 이해되었다. 우리는 현대에 들어 서양의 자유주의를 마음껏 받아들였다고 생각한다. 이는 우리를 둘러싼 수직적 관습에 대한 항거의 의미도 있었을 것이다. 오늘날에 이르러 자유주의의 맹신에 따른 문제점이 드러나며 우리의 중요성을 알고 '나'와 '우리'에 대한 정반합을 이루고자 한 노력이 계속되고 있다. 우리나라에서도 공동체주의에 관한 연구가 최근에 많이 이루어진 이유일 것이다.

4. 다문화수용성

다문화 수용성(Multicultural acceptability)은 다양한 국가 생활양식의 의미를 갖는 다문화(多文化)와 어떠한 것을 받아들인다는 수용(受容)의 개념이 더해져 새롭게 생성된 용어이며(박유리, 2018), 다문화사회로의 변화됨을 인식하고 상호 다른 인종, 문화, 배경을 지닌 집단을 사회의 구성원으로 받아들이는 정도를 일컫는다(권현오, 2018).

다문화 수용성은 다른 문화를 인정하고 존중하려는 태도이며, 우리 문화만이 옳고 가치 있다고 생각하지 않는 열린 사고, 다문화사회의 구성원인 이주민들을 경쟁자가 아니라 공존의 대상으로 인정하는 태도의 맥락에서 이해할 수 있다(윤인진, 송영호, 2009).

다문화 수용성이란 다문화사회에서 살아가는 시민으로서 자기와 다른 사회구성원이나 다른 문화에 대하여 집단별 편견(인종, 국가 등)을 갖지 않고 자신의 문화와 동등하게 인정하고, 그들과 조화로운 관계설정을 위하여 협력 및 노력하며, 외국인이나 이주민을 대할 때 출신 지역이나 경제적 수준별로 차등을 두지 않으면서 세계시민의 한 일원으로서 보편적 가치에 입각하여 이를 실천하고자 하는 총체적인 의미의 태도라고 정의할 수 있다(안상수 외, 2012).

또한, 문화 간 차이를 인정하고 편견이나 고정관념을 제거하려는 인지적 측면과 낯선 상황에서 다른 문화에 공감하며 긍정적인 정서를 유지하려는 개념이라고도 볼 수 있다(김미진, 2010).

다문화 수용성의 의미를 더 알아보면, 서로 다른 문화의 차이를 인식하고 편견 없는 태도를 나타내는 인지적 요인, 익숙하지 않은 상황에서도 긍정적인 정서를 유지하며 다른 문화를 가진 사람의 입장에 공감하는 정서적 요인, 문화적으로 다른 상황에서 적절하게 상호작용하는 행동적 요인이 모두 포함되는 것으로도 정의할 수 있으며(설은정, 2011), 공동체적인 사고를 바탕으로 다른 민족과 인종 및 문화를 자문화와 동등하게 인정 및 존중하고 조화롭게 살아가려는 태도와 능력이라고도 볼 수 있다(이현이, 2014).

한국사회의 다문화 현재 수준을 반영하여 한국인의 다문화수용성을 구성하는 축을 관계성, 다양성, 보편성이라는 세 가지 차원의 구성요인으로 고려하였으며 그 세 가지 구성요소를 살펴보면 다음과 같다.

(1) 다양성

다양성은 자기 집단의 정체성과 민족주의적 문화의 순수혈통을 고집하는 수준부터 다양한 문화적 가치를 인정하고, 이를 받아들이며 다민족의 정체성과 문화가치를 우리와 동등하게 인정하는 수준까지의 분포를 뜻한다. 다양성은 나와 다른 여러 집단의 문화나 가치를 우리 문화와 동등하게 인정하거나 혹은 그들 문화에 대한 부정적 고정관념이나 편견을 갖지 않는 것, 나아가 차별적인 행동을 하지 않는 성향을 말한다.

이러한 개념은 Berry(2002)의 다문화 수용성의 첫 번째 개념인 '자신의 원래 문화와 정체성을 유지하는 데 대한 상대적인 선호와 관련이 있다.

결국, 다양성은 다른 집단의 정체성이나 문화유산 등의 가치를 우리문화와 동등하게 인정하려는 태도에 기반을 두는 개념이라고 할 수 있다. 다양성의 하위개념은 문화개방성, 국민정체성, 고정관념과 차별이 있다.

(2) 관계성

관계성 관점은 주류집단과 비주류 집단 간의 거리감이나 관계설정에 연계되며, 이주민 집단과의 밀접한 관계를 맺고자 하는 정도와 관련된 것으로, 적극적이며 상호교류적으로 서로 통합의 관계를 맺고자 하는지에 관한 정도를 의미한다. 한국인이 가지고 있는 문화와 정체성에 대한 완고한 기준들을 그대로 가지고 이주민과 가까운 관계를 맺는 결과는 이주여성들을 한국인 가족들로 우리사회에 일방적으로 동화시키려고 하는 경향을 보이는 것처럼 상대방을 일방적으로 동화시키고자 하는 사람들이 있으리라고 보고 이를 위해 설정된 개념이다. 관계성 차원의 하위구성요소는 일방적 동화기대, 거부·회피정서, 상호교류행동의지가 있다.

(3) 보편성

보편성은 Berry의 모형과는 별개로 설정된 개념이다(안상수 외, 2012). 다문화사회가 전개됨에 따라 중요하게 고려되어야 할 측면으로 자집단과 타집단 간의 관계뿐 아니라 외부를 수용하는 데 있어서 일관된 기준으로 보편적 태도를 정립했는지가 중요하다.

따라서 보편성이란 경제발전 수준, 문화적 가치의 등급화, 차별화에 근거하지 않고 문화적, 인종적, 지역적 차이를 관대히 다루며, 모두가 공통된 세계의 구성원임을 받아들일 수 있는 인지, 정서, 행동적 자질이라고 정의할 수 있다. 문화적 가치에 대한 등급화, 차별화에 관대하게 대하며 모두가 하나되고 공통된 세계의 구성원임을 스스로 자각하고 이를 실천하고자 하는 경향을 의미한다. 보편성 차원의 하위구성요소는 이중적 평가, 세계시민행동의지가 있다.

08
CHAPTER

인권이해와 시민교육

1. 인권의 이해
3. 인권과 시민교육의 필요성
3. 인권과 시민교육의 내용

1. 인권의 이해

1) 인권의 의미

인권이란 단어 그대로 말하자면 사람의 권리(right of man)이다. 하지만 인권은 사람의 권리만을 의미하는 것이 아닌 사람답게 살 권리(human right)로 이해되어야 한다. 즉 인권은 사람다움을 실현하는 권리로서 모든 인간이 가지는 기본적이고 보편적인 권리이다(허혜경 외, 2017). 모든 인권의 중심은 사람 중심에 있으며, 인권의 가치는 인간의 존엄성을 위한 것이다.

인권은 인간이기에 갖는 천부적인 권리라는 선험적이고 절대적인 최고선으로만 기술되는 정태적 개념이 아니며, 시대 상황과 사람들 사이의 의사소통과 상호작용을 통해 구성되고 진화하는 역동적 개념이다(Ife, 2000). 그러므로 인권의 관점은 매우 다양하고 기술하는 방법에 따라 인권 의미에 차이가 있다.

인권을 인간이기 때문에 당연히 갖는 천부적인 권리로서 인간의 존엄성을 보장받을 권리로 보는 관점이 있는가 하면, 평등한 권리 또는 차별받지 않을 권리로 보고 시대와 국가의 상황에 따라 천부적인 권리로서 인권 개념이 지니는 모호함을 비판하면서, 인권 관련 헌장, 선언, 국제규약, 헌법 등에 의해 구체적으로 규정된 권리로만 보아야 한다는 관점도 있다(Sweet, 2003). 이처럼 인권 개념은 학자마다, 사회적, 문화적 맥락에 따라 다르기도 하여 그 개념을 정확하게 규정한다는 것은 쉬운 일은 아니다.

인권의 뜻을 사전에서는 '사람이라면 누구나 태어나면서부터 당연히 가지는 기본적인 권리'를 의미한다(Daum 백과사전). 그러나 세계인권선언에서는 인권의 개념을 보다 적극적으로 해석해 '인간이 지닌 권리'라는 의미를 넘어 '인간이 존엄한 존재가 되기 위해 가져야 할 당연한 권리'로 보고 있다(국가인권위원회, 2004).

세계인권선언에서는 인권을 '인간이 누구이고 무엇을 하든지 간에 하나의 존엄한 존재로서 존중받을 권리'를 규정하고 있으며, 유엔 인권센터에서는 '인간의 타고난 천성에 내재하여 있는 것으로, 이것 없이는 인간으로 살 수 없는 권리'라 정의하고 있다(UN Center Human Rights, 2005), 또한 우리나라의 「국가인권위원회법」 제2조(정의)에서는 '「대한민국헌법」 및 법률에서 보장하거나 대한민국이 가입·비준한 국제인권조약 및 국제관습법에서 인정하는 인간으로서의 존엄과 가치 및 자유와 권리'라고 규정하고 있다(국가인권위원회법, 2020).

이러한 인권에 대한 개념 정의를 종합하면, 인권을 '인간이기에 갖는 본질적이고 선천적인 권리로서, 인간이 그 자체로서 존엄성을 인정받고, 인간답게 살아가는 데 필요한 모든 권리'라고 정의할 수 있다(권중돈 외, 2016).

1948년 「세계인권선언」에 제시된 인권은 단순히 인간의 권리를 넘어 인간이 되기 위한 권리, 인간이 가져야 하는 당연한 권리를 표현한다. 이에 인권은 다음과 같이 7가지의 성격을 갖는다(이인규 외, 2016).

첫째, 인권은 인간이 갖는 기본적인 권리이다. 「세계인권선언문」 전문에 "인류 사회의 모든 구성원은 타고난 존엄성과 남에게는 넘겨줄 수 없는 권리를 가지고 있다"고 되어 있다. 내용의 '타고난 존엄성'이란 인간의 생존을 위해 최소한 필요한 것이기보다는 존엄한 인간으로서의 기본적으로 요구되는 삶이다. 즉, 존엄한 삶을 위한 기본적인 필요로서, 사회에서 인간의 삶이 어떤 수준 이하로 내려가는 것을 막아 주는 것이 인권이다. 사람의 권리(rights of man)가 아니라 사람답게 살 권리(human right)이다(전은주, 2017). 사람다움을 표현하는 권리이며, 인간으로서 존엄성과 가치를 귀중하게 해 주는 것이 바로 인권이다.

둘째, 인권은 인간이 갖는 보편적인 권리이다. 인권은 조건 없이 오직 인간이라면 모두에게 적용할 수 있어야 한다. '~ 때문에'라는 어떤 조건으로도 제한할 수 없다. 따라서 인권은 인간이 가지는 권리의 최고 가치이며, 보편적인 권리로 보아야 한다.

셋째, 인권은 약자를 위한 권리이다. 약자를 위한 권리는 보편적인 권리와 대립하는 의미는 아니다. 단, 약자들은 사회적 강자에 의해 유린당하기 쉬우므로 인간으로서 마땅히 받아야 할 최소한의 기본적인 혜택이나 조건을 지킬 수 있도록 하는 권리로서 더 강조한다.

넷째, 인권은 책임을 동반한 권리이다. 인간의 삶은 타인과 관계를 맺고 있다. 그러므로 인권적인 환경은 타인과의 상호관계 속에서 나타난다. 이러한 점에서 나의 인권뿐만 아니라 타인의 인권도 사회 제도적으로 보장되어야 한다. 그래서 한 개인이 인권과 관련하여 갖는 책임은 자신의 인권을 알고 누려야 하는 책임뿐만 아니라 타인의 권리도 존중하면서 지켜주어야 하므로 인권은 상호의존적이며, 사회적 연대를 필요로 한다.

다섯째, 인권은 개인뿐만 아니라 집단을 포괄한 권리이다. 인권침해 현상은 사회적 구조와 관련되거나 국가 간의 힘의 관계에서 발생하는 경우에 개별적으로 인권을 주장하기에는 한계가 있다. 오늘날 세계화 시대에 지구에 불평등으로 억압받는 제3세대나, 자신의 국가에서조차도 고통받는 소수집단을 고려한다면 단순히 개인의 권리로만 인권을 규정해서는 어려움이 있다. 이 점에서 개인뿐만 아니라 사회, 공동체, 국가 모두 인권의 주체가 될 수 있어야 한다.

여섯째, 인권은 정당성의 기준으로서 국가의 물리적인 힘을 제한한다. 인간은 그 국가에서 실정법으로 정해놓은 제도적 장치에 의해 제한받고 살아간다. 이러한 제도적 제한이 구체적으로 드러나는 한 국가의 제도, 법률, 관습이 정당한지를 판단할 수 있는 기준이 된다. 반면 정당성이 없다고 판단될 때 인권은 제도적 제한과 권력을 통제하는 역할을 한다. 현실적으로 인권이 보장되기 위해서는 정치적 민주주의와 기본적인 자유가 지켜져야 한다.

일곱째, 인권은 사회변화를 요구한다. 인간의 존엄한 삶이 없다면 최소의 조건을 제시하고 그 조건에 맞도록 사회가 변화할 것을 요구한다. 이러한 인권의 사회변화 요구에 기반하여 끊임없는 투쟁이 현재의 인권 상태를 가능하게 한 것이며, 인권을 점점 더 풍부하게 만들어주는 근원이 된다.

1948년 채택된 세계인권선언(UDHR) 제1조는 자유, 평등, 연대를 제시하고 있다. 시민적, 정치적 권리와 자유, 즉 사상과 양심 및 종교의 자유, 의사표현의 자유는 인권을 통해 보호된다. 동시에 인권은 평등을 보장한다. 즉 모든 형태의 차별로부터 동등하게 보호하며, 모든 인권을 향유하는 것을 보장하는 것이다(인권정책연구소, 2019).

세계인권선언문

제1조 모든 사람은 태어날 때부터 자유롭고, 존엄하며, 평등하다. 모든 사람은 이성과 양심을 가지고 있으므로 서로에게 형제애의 정신으로 대해야 한다.

인권의 영역은 정치적, 시민적, 경제적, 사회적, 문화적 인권이라는 다섯 가지 영역으로 나누어져 있다. 그리고 법적 구속력을 가지는 '세계인권선언'과 '국제 인권 장전'으로 표현된다.

표 8-1 인권의 분류와 내용

분류	내용(관련 조항)
시민적 권리	• 법 앞에 인간으로서 인정받을 권리(자유권 규약 16조) • 법의 평등한 보호를 받을 권리(자유권 규약 26조) • 고문 금지(자유권 규약 7조) • 공정한 재판에 대한 권리 · 재판 앞에 평등과 무죄 추정의 원칙(자유권 규약 12조) • 사상, 양심, 종교의 자유(자유권 규약 19조)
정치적 권리	• 평화로운 집회의 자유(자유권 규약 21조) • 결사의 자유(자유권 규약 22조) • 정치에 참여할 권리(자유권 규약 25조)
경제적 권리	• 적절한 생활수준을 획득하고 유지할 권리-배고픔으로부터 자유로울 권리(사회권 규약 11조 2항) • 식량, 의복, 주거를 포함하는 적절한 생활수준에 대한 권리(사회권 규약 1조 1항), • 노동권(사회권 규약 6조) • 공정하고 유리한 노동조건에 대한 권리(사회권 규약 7조) • 노동조합을 형성하고 가입할 권리, 파업할 권리(사회권 규약 8조)

사회적 권리	• 사회보장에 대한 권리(사회권 규약 9조) • 가족, 임산부, 아동의 권리(사회권 규약 10조) • 혼인의 자유와 가족의 보호(자유권 규약 23조) • 아동의 권리 (자유권 규약 24조) • 육체적, 정신적 건강에 대한 권리(사회권 규약 12조)
문화적 권리	• 교육권(사회권 규약 13조) • 기초 의무교육에 대한 권리(사회권 규약 14조) • 문화적 생활에 참여할 권리와 자유로운 과학적 진보로부터 이익을 향유할 권리 (사회권 규약 15조) • 소수자의 권리(자유권 규약 27조)

출처: KOICA ODA 교육원(2016), 국제개발협력(심화편): 더불어 사는 세상을 위한 소중한 첫걸음. 성남: 시공미디어.

2) 인권의 개념적 속성

인권교육은 사회적 민주화의 진전과 함께 여러 형태로 실시되어 왔기에, 맥락이나 주체에 따라 다양하게 정의되었다. 인권교육은 인권의 개념적 속성을 반영하여 인권에 관하여 알게 하는 일련의 교육적 필요성을 볼 수 있다. 이에 국가인권위원회가 연구한 인권의 개념적 속성에 대한 구체적인 내용을 알아보면 다음과 같다(아름다운학교운동본부, 2016).

첫째, 인권은 인간이 갖는 기본적인 권리이다. 사회의 모든 구성원은 타고난 존엄성과 남에게는 넘겨줄 수 없는 권리를 가지고 있다는 세계인권선언문 전문의 내용처럼, 인권은 인간의 본성에 기초하고 있다. '타고난 존엄성'은 존엄한 인간으로서의 삶을 위해 기본적으로 요구되는 것이라는 의미이다. 존엄한 삶을 위한 기본적인 필요로서, 한 인간의 삶이 어떤 수준 이하로 떨어지는 것을 막아 주는 것이 인권이다. 이런 의미에서 인권은 사람의 사람다움을 실현하는 권리이며, 인간으로서 존엄성과 가치를 존중받으며 살 수 있도록 해 주는 권리이다.

둘째, 인권은 인간이 갖는 보편적 권리이다. 인간의 권리가 되기 위해서는 본질적으로 누구에게나 적용되는 일반적이고 보편적인 성질을 가져야 한다. 이에 인권은 아무런 조건 없이 오직 인간이라는 이유로 모든 인간에게 적용할 수 있다. 국적, 종교, 시민권, 배우자의 유무, 직업, 수입 또는 다른 어떤 사회적·종교적 특성, 성별, 연령과 관계없이 인간이기 때문에 가질 수 있는 보편적 권리이어야 한다. 따라서 인권은 인간이 소유하는 가장 가치 있는 권리이며 보편적인 도덕적 권리이다.

셋째, 인권은 약자를 위한 권리이다. 인권을 '약자를 위한 권리'라고 하는 것은 약자들이 마땅히 인간으로서 누려야 할 여러 기본 조건을 누리지 못할 경우가 많기 때문이다. 인권의 역사를 살펴보면, 인권을 침해당한 수많은 사람이 인간답게 살기 위해 끊임없이 자신을 희생하면서 투쟁하여 얻어낸 것이라는 것을 알 수 있다. 이런 점에서 인권은 약자들의 희생으로 만들어 낸 것이며 약자를 위한 권리이다.

넷째, 인권은 책임을 동반한 권리이다. 다른 사람과 함께 누려야 할 권리이기 때문이다. 타인과의 관계가 중요하기에 인권적인 상황도 다른 사람과의 관계 속에서 나타난다. 그래서 한 개인이 인권을 가지고 있다는 것은 다른 사람의 인권을 존중할 책임도 동시에 가진다는 뜻이다. 자신의 권리를 알고 누려야 하는 것은 물론이고 다른 사람의 권리를 존중하면서 지켜주어야 하는 책임도 있다. 자신과 타인에 대한 두 가지 책임은 결국 전 인류가 인권을 누리는 정의롭고 평화로운 사회를 만드는 밑거름이 될 수 있다. 이런 점에서 인권은 상호의존적이며, 사회적 연대를 필요로 한다.

다섯째, 인권은 개인과 집단을 포괄한 권리이다. 인권은 단순히 한 인간의 권리로만 제한할 수 없다. 인권침해 현상이 사회적 구조와 관련되거나 국제적 힘의 관계에서 나타나는 경우에 개별적으로 인권을 주장하기엔 한계가 있다. 오늘날과 같은 세계화 시대에 국제적 불평등 구조로 억압받는 제3세계나, 한 국가 내에서의 고통받는 소수집단을 고려한다면 단순히 개인의 권리로만 인권을 규정해서는 안 된다. 개인뿐만 아니라 사회, 공동체, 국가 모두 인권의 주체가 될 수 있어야 한다. 이렇게 집단까지 포괄하는 인권 개념은 인권을 적용하는 공간을 확장시켜 인권의 기본적이고 보편적인 성향을 더 높여 줄 것이다. 이런 점에서 인권은 개인과 집단 간의 불가분성을 갖는다.

여섯째, 인권은 정당성의 기준으로서 국가권력을 제한한다. 한 국가 내 국민으로 살아가는 현실적인 삶에서 인간은 그 국가에서 실정법으로 정해놓은 제도적 장치에 의해 제한받고 살아간다. 인권은 이러한 제도적인 제한이 구체적으로 드러나는 한 국가의 제도, 법률, 관습이 정당한지를 판단할 수 있는 기준이 된다. 그뿐만 아니라 인권에 비추어 정당성이 없다고 여겨질 때, 인권은 제도적 제한과 권력을 통제하는 역할을 할 수 있다. 이런 의미에서 인권을 주장한다는 것은 인간으로서 정당한 자신의 권리를 누리는 것이 위협받거나 부정될 때이다. 그러므로 인권은 최후의 수단이어야 하고, 사용할 필요 없이 지속해서 가지고 있을 수 있는 경우가 가장 이상적인 상태이며, 인권이 보장되는 상태이다. 따라서 현실적으로 인권이 확보되기 위해서는 국가 내에서의 정치적 민주주의와 기본적 자유가 지켜져야 한다.

일곱째, 인권은 사회변화를 요구한다. 인권은 한 사회의 제도, 관습, 법률의 상위개념으로 존재하기 때문에, 인권을 보장받지 못하는 사회에서 인권을 주장하기 위해서는 사회의 변화도 함께 요구하게 된다. 인권은 인간의 존엄한 삶을 위한 최소한의 조건을 제시하고 그 조건에 적합하도록 사회가 변할 것을 요구하기 때문이다. '인권의 사회변화 요구'에 기초하여 행해진 끊임없는 도전이 현재의 인권 상태를 가능하게 한 것이며, 인권을 점점 더 풍부하게 만들었다. 이 점에서 인권은 한 사회가 정의롭고 평화로운 사회로 나아가도록 하는 원동력이 된다.

3) 기본적 인권

기본적 인권이란 인간이 사회생활을 영위하면서 절대 불가결한 권리를 말한다. 출생과 함께 가지지 되는 인간 고유의 권리, 즉 천부적(天賦的) 인권이다.

기본권 사상은 프랑스혁명과 미국의 독립으로 개인의 자유를 지키는 일이 국가의 임무라고 보는 사상인 자유주의가 보급되면서 확립되었다. "모든 사람은 태어나면서부터 남에게 물려줄 수 없는 고유한 권리를 지니고 있다. 이것이 자연권(自然權) 또는 인권이다. 국가는 그와 같은 인권을 옹호하기 위해 생긴 것이기 때문에 그들의 인권을 침해할 수 없다. 그러므로 인권은 국가에 선행하는 것이다." 프랑스나 미국의 인권선언은 이와 같은 인권을 보장하였다.

인권은 처음에는 전적으로 자유권을 뜻한다. 사상의 자유, 종교의 자유, 언론의 자유, 집회・결사의 자유, 거주・이전의 자유, 서신의 비밀, 주거의 불가침, 재산권의 불가침 등이 이에 해당한다. 참정권(參政權)은 인간으로서 가지는 권리가 아니라, 국가의 국민으로서 지니는 권리라고 하여 한때는 인권과 구별되었다(신창순, 2004).

하지만 20세기 제1・2차 세계대전을 겪으면서 국민주권이 확립되고 국가의 임무는 모든 국민의 생활을 보장하기 위해 존재한다고 보는 사상이 보급됨과 동시에 국민이 정치에 참여하는 권리(참정권)나 국민이 그 생활을 보장받는 권리(사회권)도 다 같이 인권 속에 포함되었다(김수현, 2005). 우리나라 헌법 기본권의 평등권은 사회생활을 함에 있어 불합리한 차별을 받지 아니할 권리이고, 자유권적 기본권은 적법절차에 의하지 않고 신체의 구속을 당하지 않을 권리, 주거 및 사생활 영역에서 자유, 정신적 영역에서의 기본권, 자기의 생각을 여러 가지 형태로 표현할 수 있는 언론・출판・집회・결사의 자유, 정치적인 의견을 표현할 수 있는 표현의 자유이며(이경숙, 2012), 참정권은 공무 담임권, 공무원 선거권, 국민 투표권이다. 사회적 기본권은 근로의 권리, 노동3권, 교육을 받을 권리, 쾌적한 환경에서 생활할 수 있는 권리이고, 청구권적 기본권은 청원권, 재판 청구권, 형상 보상 청구권, 국가 배상 청구권, 국가 구조 청구권이다(이인규 외, 2016).

우리나라 헌법에 열거되지 않았더라도 기본권의 내용과 범주에 해당하는 것이라면 모두 기본권으로 인정하도록 규정하고 있는데 연대권(Right to solidarity)이 해당한다. 연대권은 공동체나 사회 전체 구성원들의 단결된 권리가 강조되기도 한다.

예를 들면 개발에 대한 권리, 평화에 대한 권리, 커뮤니케이션에 대한 권리, 건강하고 쾌적한 환경에서 살 수 있는 권리, 인류 공동유산으로부터 이익을 얻을 권리, 인도적 조력을 받을 권리 등이 해당한다(김진섭, 2002). 또한, 정보통신 사회에서 새롭게 요구되는 정보에 관한 인권침해(개인정보 유출, 포르노 산업의 무차별 공략, 해커나 크래커의 불법적 행위 등)로부터 보호하려는 것도 등장하고 있다.

한편 우리 헌법에서는 국제조약도 국내법과 동일한 효력을 지닌다고 규정하고 있는데, 인권과 관련되어 주목되는 협약들은 다음과 같다.

- 세계 인권 선언(Universal Declaration of Human Rights)
- 시민적 · 정치적 권리에 관한 국제조약(International Covenant on Civil and Political Rights, 자유권조약)
- 경제 · 사회 · 문화적 권리에 관한 국제조약(International Covenant on Economic, Social and Cultural Rights, 사회권조약)
- 난민의 지위에 관한 국제조약(Convention Relating to the Status of Refugees)
- 여성차별철폐조약(Convention on the Elimination of All Forms of Discrimination against Women)
- 아동권리조약(Convention on the Rights of the Child)
- 고문방지조약(Convention against Torture and Other Cruel, Inhuman or Degrading Treatment or Punishment)
- 집단 학살죄의 방지와 처벌에 관한 국제조약(Convention on the Prevention and Punishment of the Crime of Genocide)
- 모든 형태의 인종차별 철폐에 관한 국제조약(International Convention on the Elimination of All Forms of Racial Discrimination)
- 이주노동자와 그 가족구성원의 권리 보호에 관한 국제조약(International Convention of the Protection of the Rights of All Migrant Workers and Members of Their Families)

2. 인권과 시민교육의 필요성

1) 인권 시민교육의 의미

1993년 비엔나 세계인권회의의 슬로건은 "모두를 위한 모든 인권"으로 모든 인권의 완전한 실현을 위해 사회적 변화를 추구할 권한을 개인뿐만 아니라 공동체에 부여한다. 그러나 인권의 실천은 다른 사람의 권리를 해칠 수 있기에 인권이 타인의 권리와 자유에 의해 제한되거나, 민주사회에서의 도덕, 공공질서 및 공공복리의 요구로 인해 제한될 수 있다(세계인권선언 제29조).

모든 사람은 인권을 알고, 그들의 문제를 해결하기 위한 중요한 의미가 있다. 이처럼 인권은 교육과 학습을 통해 공식적, 비공식적 또는 형식적, 무형식적인 방법으로 이루어질 수 있다. 시민교육은 인격의 완전한 발전과 인권 및 기본적인 자유에 대한 존중의 강화를 목표로 하여야 한다. 또한 인권 시민교육과 학습은 시민사회, 정부 그리고 다국적 기업 등 모든 행위자와 이해관계집단의 직무에 따른 책임이나 임무를 다하여야 한다.

1994년 UN 총회 결의안에서 UN인권교육 10년 행동계획을 선포했다. "인권교육은 단순한 정보를 제공하는 것 이상이어야 하며, 모든 사회계층의 각기 다른 발달단계에 있는 모든 사람이 타인의 존엄성에 대한 존중과 이 존중을 보장하기 위한 방법과 수단을 배울 수 있는 장기적인 평생교육과정으로 구성해야 한다."

UN인권교육 10년 행동계획에서는 다음과 같이 강조한다. "인권교육은 훈련과 정보의 확산을 통해 인권의 보편적인 문화를 조성하려는 노력으로 정의돼야 한다. 이는 지식의 전달과 역량강화, 그리고 인식형성을 담고 있으며, 아래의 목표에 맞추어져 있다."

① 인권과 기본 자유에 대한 존중 강화

② 인격의 완전한 계발과 자기 존엄성의 온전한 발휘

③ 인종, 출신국가, 출신 민족, 종교, 언어에 따른 집단 간의 이해와 관용, 성평등, 우애 증진

2004년 12월 10일 UN 총회는 '인권교육을 위한 세계프로그램'을 선포했다.

1차 행동계획(2005~2007, 2009년까지 연장)은 초중등학교 과정 내의 인권교육에 초점을 맞추고 있다.

2차 행동계획(2010~2014)은 교사, 공무원, 법집행관 및 군인을 위한 인권교육과 프로그램에 집중했다.

3차 행동계획(2015~2019)은 언론매체 노동자와 기자들을 위한 교육에 중점을 둔다.

2011년 12월 2일 열린 UN 총회에서는 UN 인권교육 및 훈련에 관한 선언을 채택했다.

이 선언은 인권 시민교육에 대한 정의를 제시함으로써, 모든 측면에서 인권 시민교육의 새로운 토대를 만들었다(전영주 외, 2014).

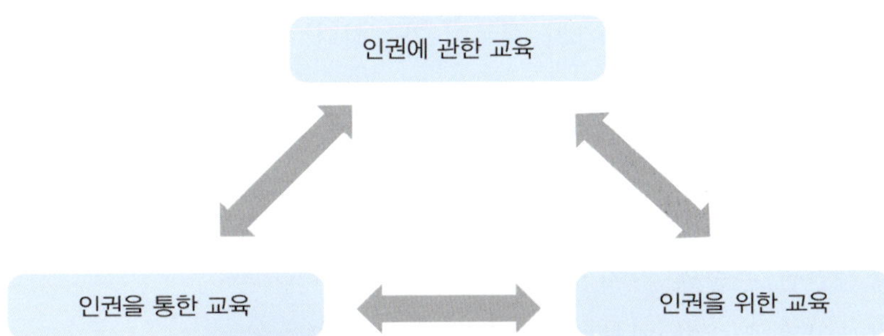

그림 8-1 **인권교육의 세 가지 측면**

출처: 경상남도교육청(2019). 교육과정으로 실천하는 인권교육: 초등편. 창원: 경상남도교육청.

첫째, '인권에 대한(about) 교육'은 인권이 무엇인지 알도록 하는 것으로, 인권에 관한 인지적인 측면을 강조한다. 내용으로는 인권의 역사, 인권을 보장받는 가운데 만들어진 역사적 문서들, 인권 관련 정책 등이다. 이러한 내용을 통해서 자신이 가진 기본적인 권리와 권리침해에 대하여 이해하며, 관

련된 인권보호 메커니즘을 담고 있다.

둘째, '인권을 위한(for) 교육'은 실제 인권을 위해 노력할 수 있도록 하는 교육을 말한다. 이를 위해 타인의 인권을 보호하려고 할 뿐 아니라, 학습자 스스로 인권을 기꺼이 받아들이고 일상생활에서 인권존중적인 관점을 적용할 수 있는 지식과 기술을 갖도록 교육하는 것을 말한다. 즉 자신의 권리를 향유하고 실천하면서, 타인의 권리를 존중하고 보호할 수 있는 개인의 역량 강화를 담고 있다.

셋째, '인권을 통한(through) 교육'은 인권에 관한 학습이 일어나는 곳에서 충분히 인권을 누리는 환경이 될 수 있도록 설계되어야 한다는 것이다. 인권교육을 할 때, 교육에 참여하는 모든 당사자는 자신의 느낌과 생각, 경험에서 자유로움을 보장받아야 하며, 참여과정에서도 모두가 동등한 기회를 보장받아야 한다. 삶의 방식과 문화의 차이로 인해 차별받지 말아야 하며, 민주적 논의와 합의를 통해 공정하고 평화로운 문제 해결 과정을 학습할 수 있어야 한다. 이렇게 될 때 인권교육은 그 자체가 인권을 완성해 가는 것이며, 인권과 관련한 다양한 가치 체득이 가능하다. 교육자와 학습자의 권리를 모두 존중하는 방식으로의 학습과 교육을 담고 있다.

이처럼 인권 시민교육의 세 가지 내용에 기초하여 국가인권위원회는 인권 시민교육의 목적을 다음과 같이 다섯 가지로 범주화하였다(구정화 외, 2009).

첫째, '인권 존중의 가치·태도' 형성이다

둘째, '인권에 대한 기본 개념'이해이다.

셋째, '인권에 관한 법·제도' 이해이다.

넷째, '인권문제의 합리적 해결능력'이다.

다섯째, '인권 친화적 현실 참여'이다.

2) 인권 시민교육의 목표

리스터(Ian Lister)가 제시한 인권 시민교육의 목표를 살펴보면, 인권 시민교육의 목표를 지식(Knowledge), 태도(Attitudes), 기능(Skills)으로 분류하였다. 지식적인 면에서는 인권의 의미, 시민적, 정치・경제적, 문화적 권리와 같은 인권의 범주와 주요개념, 사회에서 논란이 되는 쟁점을 인권침해 상황으로 인식하는 방법과 인권문제에 어떻게 대응해야 하는지에 대한 것이다. 태도 면에서는 자유와 관용, 공정성, 진리와 추론에 대한 존중과 같은 절차적 가치를 강조하였다. 마지막으로 기능적인 면에서는 학생들이 비판적으로 정보를 처리하고 인권 친화적 행동을 할 수 있는 실천 기술과 인권과 관련한 쟁점에 참여하여 변화를 이끌어낼 수 있도록 해야 한다고 주장하였다(Ian Lister, 1984).

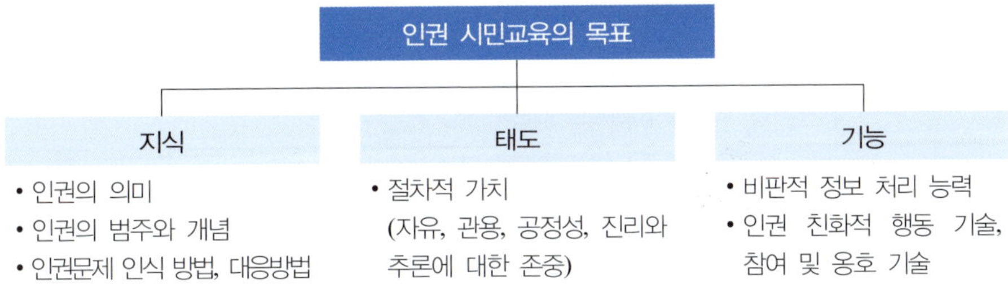

그림 8-2 Lister의 인권 시민교육 목표

출처: 경상남도교육청(2019). 교육과정으로 실천하는 인권교육: 초등편. 창원: 경상남도교육청. 재구성.

인권이 무엇인지 인식하는 지식(인권 알기), 인권 감수성을 기르는 기능(인권침해 민감하기), 자신의 인권 및 타인의 인권을 보장하는 책임감 있는 실천적인 태도(인권 친화적 행동)를 양성하는 것이 시민교육이다(심성보, 2011). 리스터의 분류 방식대로 성취기준을 구분하면 다음과 같다(경상남도교육청, 2019).

표 8-2 리스터의 인권교육 성취기준

분류	성취기준
지식	• 인권의 중요성 • 인권 신장을 위해 노력했던 옛사람들의 활동 • 생활 속에서 인권 보장이 필요한 사례 • 인권 보장 측면에서 헌법의 의미와 역할 • 헌법에서 규정하는 기본권과 의무가 일상생활에 적용된 사례 • 우리 생활 속에서 법이 적용되는 다양한 사례 • 법의 의미와 성격 • 권리 보호와 질서 유지의 측면에서의 법의 역할 • 인권 존중의 방법 • 인권의 개념
기능	• 탐구 • 설명 • 조사 • 의사결정
태도	• 인권 보호를 실천하는 태도 • 권리와 의무의 조화를 추구하는 자세 • 법을 준수하는 태도 • 타인의 입장을 이해하는 태도

출처: 경상남도교육청(2019). 교육과정으로 실천하는 인권교육: 초등편. 창원: 경상남도교육청.

3. 인권과 시민교육의 내용

1) 인권과 시민교육의 구성요소

인권은 민주주의 핵심이다. 비민주적 구조는 인권침해와 관계된다. 민주주의 제도가 운영되는 사회라고 해도 부정적인 것에 대응하지 못하면 그 사회는 부실한 민주주의라고 할 수 있다. 진정한 사회참여를 배제하거나 인권침해를 묵인, 또는 용인하는 것은 사회적·구조적 현상이다.

민주주의는 참여와 대의제를 의미하며, 사람을 배제하지 않고 포함시키는 포용을 내포하고 있다. 즉 국가, 지역 그리고 자신이 속한 공동체에서 시민사회에 적극적으로 참여할 권리를 말한다. 포용과 함께 다원주의와 관용은 민주적 통치를 둘러싼 논리에서 핵심적인 개념이다. 다원주의 사회에서는 동료 시민의 "다름"이 문제되지 않는다. 즉, 서로 다른 문화적 배경을 가진 사람들이 법치국가의 보호 속에서 존엄하게 함께 살아간다.

다양성은 문제가 아닌 창의력의 원천이자 사회적 윤택함으로 인정된다. 그 누구도 민주주의적 삶에 참여하는 것으로부터 배제되어서는 안 된다. 이것이 민주주의를 가늠하는 결정적인 기준이다(인권정책연구소, 2019). 그러므로 인권 시민교육은 그러한 가치를 지향하는 민주사회의 구성원인 시민이 곧 주체이자 대상이 되어 인권교육을 하는 것을 말한다(구정화 외, 2009; 김영인 외, 2013). 이에 인권 시민교육의 내용은 다음과 같은 구성원리를 갖는다(구정화 외, 2009; 심성보, 2011; Brabeck & Rogers, 2000; 허혜경 외, 2017).

첫째, 맥락적 요소를 이해하고 구성한다(구성력). 인권문제가 발생한 경우 그 맥락, 연결, 상호작용이 특정 대상에게 어떤 영향을 미치는지에 대해 리터러시(literacy)를 새롭게 재개념화하여야 한다. 인권문제의 여러 가지 영역을 통합적으로 고려하여 접근해야 한다.

둘째, 자신의 인권과 삶의 영향을 미치는 사회적·구조적 요소를 구성한다(탐구력). 사회에 존재하는 제도적 폭력, 빈곤의 영향, 역사와 문화에서 흐르는 인종, 성, 사회적 약자에 대한 차별 등에 의문을 제기하고 탐구하도록 한다.

셋째, 체제와 구조를 변화시키는 관여에 초점을 둔다(비판력). 인권 시민교육은 인권침해를 예방할 수 있는 체제와 구조를 변화시키는 활동을 해야 한다. 개인의 행위와 사회적 행위 간의 관계를 파악함으로써 개인의 삶뿐만 아니라 타인의 삶에 영향을 미치는 체제와 구조에 대하여 비판적으로 탐구할 필요가 있다.

넷째, 개인적 수준과 사회적 수준을 포괄한다(파급력). 인권은 개인의 문제 혹은 구조의 문제일 수 없다. 인권 시민교육은 개인적 수준을 넘어 공동체의 복지와 상호이해에 관심을 둔다. 따라서 사회적 관계 속에서 지식과 정보를 고찰, 분석, 문제해결 등의 능력을 사회적 수준으로 확산하는 파급력이 구성되어야 한다.

다섯째, 공동체 선을 위한 개인적 책임의식을 강조한다(성찰력). 문제해결을 위해 개인과 공동체에 비판적 대안을 제시하는 성찰력이 요구된다. 이때 인권 시민교육은 도덕적 성격을 형성하여 공동선, 집단적 선을 추구할 수 있기 때문에 인간의 삶을 추구하기 위한 개인적인 책임의식을 강화하도록 구성되어야 한다.

여섯째, 일상생활에서의 경험에서 출발한다(항시성). 인권문제는 일상생활에서 동떨어지거나 특수 상황에서만 발생하는 것이 아니라는 점을 강조한다. 누구나 잠재적으로 인권침해의 피해자 또는 가해자가 될 수 있다는 점을 고려해야 한다.

2) 인권 시민교육방법론

인권은 의식을 고취하는 것임과 동시에 실용적이다. 인권교육은 인권의 표준을 제시하고, 변화 또한 가져온다. 인권교육은 가치와 인식의 변화를 야기하고, 태도의 변화를 이끌고, 사회정의를 촉진하고, 다양한 이슈와 지역공동체, 국가를 아우르는 연대감을 발전시키는 데 기여하고, 지식과 분석적 기술을 향상시키고, 참여형 교육을 장려한다(인권정책연구소, 2019).

인권 시민교육에서는 일방적인 강연 방식보다는 참여를 이끌어낼 수 있는 다채로운 기법들이 활용되고 있다. 연극, 놀이, 체험, 토론, 예술 등의 기법들은 인권 시민교육에서만 만날 수 있는 고유한 방식은 아니지만, 인권 내용과 잘 융합하면 역동적인 인권 시민교육이 가능하다. 역동적 참여 없이 인권교육이 추구하는 인권 감수성과 인권의식, 실천능력은 길러질 수 없다. 그러하기에 참여적 방법론은 단지 재미나 전시를 위한 수단으로, 도구적으로 이해되어서는 안 된다. 인권 시민교육 프로그램을 통해 무엇을 남기고자 하는지를 명확히 해야 인권 시민교육이 잘못된 길로 접어들지 않을 수 있다(민진 외, 2009). 인권 시민교육방법론은 몇 가지 고려해야 할 사항이 있다. 주요결정은 내용, 방법론, 조직적 구성틀, 참여자와 교육자의 인식 네 가지로 구분된다(인권정책연구소, 2019).

첫째, 내용은 대상 집단의 관심과 필요는 물론 개인적 또는 직업적 환경을 고려해서 매개변수에 맞춰 조정할 수 있어야 한다. 또한 인권 시민교육은 항상 대상 집단의 욕구에 초점을 맞춰야 한다.

둘째. 방법론은 집단의 규모, 사회적 조직, 교육자와 참여자들의 직업, 학습단계, 매체 등의 구성요소들은 특정 조합으로 표현될 수 있다. 이러한 상호의존적인 요소를 표현하는 방법이 PIRA의 다중방법론적 접근법이다. 참여(Participation), 상호작용(Interaction), 반영(Reflection), 기대(Anticipation)라는 방법론적 기본원칙을 강조한다. 참여와 상호작용이라는 요소는 각 개인의 배경과 상관없이 모든 참여자의 경험과 능력의 진가를 인정하는 공통점을 갖는다. 반영(성찰)은 새로운 사실, 생각, 관점을 끊임없이 다양한 측면에서 살펴보고 자신의 생각과 입장을 새로운 사실과 다른 관점에서 비춰 질문을 제기할 필요성을 가리킨다. 반영(예견)은 집단의 역동성을 알아 조정할 수 있는 평가와 감정이입 능력을 의미한다.

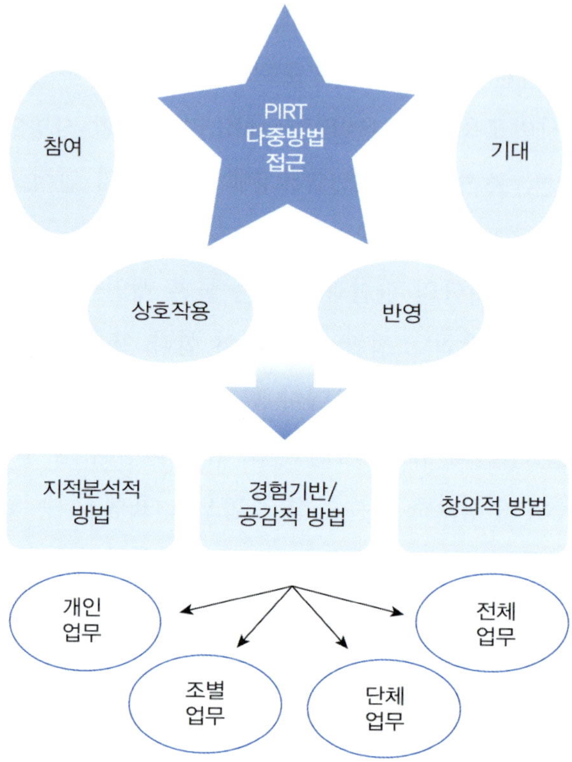

그림 8-3 PIRA의 다중방법론적 접근법 체계도

출처: Vedrana Spajić-Vrkaš. et al. (2004). Poučavanje prava i sloboda. Priručnik za učitelje osnovne škole s vježbama za razrednu nastavu. Zagreb: FFpress, 212.

셋째, 교육의 조직적 구성조건은 인권 시민교육을 기획하면서 4As를 생각해야 한다. 4As는 가용성(availability), 접근성(accessibility), 수용성(acceptability), 적응성(adaptability)을 말한다. 교육자는 가용성과 접근성에 영향을 미칠 수 없는 것과 달리 수용성과 적응성에는 일반적으로 교육자의 영역범위 안에 있어 영향을 미칠 수 있다.

넷째, 교육자와 참여자의 인식은 지식의 전달 그 이상이어야 하므로, 인권 교육자는 다수의 다채로운 역량을 갖춰야 한다.

① 전문지식(인권과 인권보호, 서로 다른 직업적·사회적 영역에서의 인권구현에 대한 지식)

② 방법론 및 교수법에 대한 전문능력(지식을 실행에 옮길 수 있는 전문적 역량과 기술)

③ 소통 능력

④ 정서적 역량과 공감능력 (사고방식을 성찰하고, 공감하며 상호작용하는 능력)

⑤ 다문화적 역량 및 젠더적 역량(문화 및 젠더와 관련하여 성찰하는 능력)

이밖에도 서로 다른 개성과 수업방식, 가령 내용중심 또는 과정중심을 가진 교육자 간의 협력으로 보다 효과적인 수업을 만들 수 있다.

인권 시민교육에는 다양한 유형의 학습자 중심의 학습모형이 광범위하게 활용된다. 인권 시민교육에서 활용할 수 있는 학습모형은 참여 지향적 모형, 체험·활동 중심 모형, 문제제기 모형, 변증모형, 분석모형, 치유모형, 전략적 사고 모형, 목표·행동 지향적 모형 등 8가지가 있다. 8가지의 학습모형은 다음과 같다(Tibbitts, 2008; 허혜경 외, 2017).

① 참여 지향적 모형은 개념을 명료화하고 주제를 분석하여 활동을 실천하는 집단적 노력을 격려하는 학습모형이다. 참여 지향적 인권 시민교육 모형은 다음 단계에 따라 진행할 수 있다(심성보, 2011).

- 구체적 사례 속에서 인권 '문제 인식하기'
- 인권 관련 '문제 분석하기'
- 인권 관련 '대책 수립하기'
- 인권 신장을 위해 '실천에 옮기기'
- 관련 활동을 '평가하기'

② 체험·활동 중심 모형은 지식 이전 학습자의 요청을 포함, 학습자의 경험과 지식을 끌어내는 활동을 제공하는 학습모형이다.

③ 문제제기 모형은 학습자의 이전 지식에 도전하여 문제를 제기하는 학습모형이다.

④ 변증모형 학생들에게 자신의 지식과 타인의 지식을 비교하도록 하는

학습모형이다.

⑤ 분석모형은 학습자에게 '왜' 일이 그렇게 되었으며, '어떻게' 해서 그 일이 그렇게 진행되었는지를 생각하도록 하는 학습모형이다.

⑥ 치유모형은 학습자에게 개인 내 그리고 인간 상호 간의 인권을 촉진하는 학습모형이다.

⑦ 전략적 사고 모형은 학습자에게 자신의 목표를 설정하도록 하고 그것을 달성하기 위한 전략적 방안을 생각하도록 하는 학습모형이다.

⑧ 목표·행동 지향적 모형은 학습자에게 그들의 목표와 관련하여 행동을 계획하고 조직하도록 하는 학습모형이다.

3) 인권과 시민교육방법 사례[1]

(1) 브레인스토밍

인권과 시민교육 방법의 사례로 브레인스토밍의 예는 다음과 같다.

표 8-3 브레인스토밍 예시

활동사례	• 사람의 각 신체기관과 인권을 연결해 보기 • 소수자들을 위한 권리 목록을 떠올려 인권 밥상 차리기 • 드라마 속 등장인물을 노동자인가 아닌가로 간략 분류해 보기
장점	• 깊이 있는 토론으로 넘어가기 전에 참여자들이 평소 갖고 있던 생각을 자유롭게 드러낼 수 있다. • 옳다 그르다는 평가가 없으므로 부담 없이 이야기를 쏟아낼 수 있다. • 참여자들이 어떤 경향을 가졌는지, 어떤 경험이 있는지 사전 파악이 가능하며, 교육이 어디에서부터 출발해야 할지 확인할 수 있다. • 간단한 활동으로 인권에 대한 풍부한 이야기와 관심을 끄집어낸다.
단점	• 쏟아져 나온 너무 다양한 생각이 자칫 교육의 무게 중심을 잃을 수 있다. • 참여자들이 이미 갖고 들어온 것을 끄집어내는 활동인 만큼, 참여자에 따라 활동 결과가 천차만별일 수 있다.

1) 민진 외(2009). 인권교육의 원칙과 방법론. 2009년 정신보건시설 인권교육 참고교재Ⅱ(강사양성 교육용). 서울: 한국정신사회재활협회. 발췌함.

꼼꼼, 챙기기	• 활동을 통해 무엇을 끄집어내고자 하는지 명확한 목표 세우기 • 부담 없이 자기 생각을 끄집어낼 수 있는 분위기 • 인권과 배치되는 생각들이 나왔을 때 그 생각들을 다룰 수 있는 적절한 후속 활동 • 다음 활동과의 명확한 관계설정

(2) 상황극, 몸짓 표현 등 연극

인권과 시민교육 방법의 사례로 상황극, 몸짓 표현 등 연극의 예는 다음과 같다.

표 8-4 상황극, 몸짓 표현 등 연극의 예시

활동사례	• 실제 상황을 재현한 스틸사진(정지 동작) 만들기 • 상황극, 이야기가 있는 창작 연극 • 실제 겪은 일들을 재현해 보는 재생연극 • 상황극 속에 다른 해결책을 가진 사람이 직접 들어가는 토론연극 • 미래의 어느 날을 재현하는 연극(보고 싶은 인권뉴스)
장점	• 재미있다, 생동감이 넘친다. • 즉흥성이 불러오는 매력이 있다. 의외의 해석 속에 새로운 교육의 소재가 튀어나온다. • 참여자들의 생각이나 문화가 자연스럽게 드러난다. • 실제 상황을 간접 체험해볼 수 있다. • 공감하는 힘을 기를 수 있다. • 보는 사람도 위로를 받는다.
단점	• 어설플 경우 집중도가 떨어지고 밋밋하다. • 형식 자체가 어떤 사람에게는 불편할 수 있다. • 솔직한 이야기, 활발한 참여를 끌어내지 못할 때는 실패 위험이 크다. • 몸짓 만들기의 경우, 표면적인 이야기 정도에만 머무를 수 있다.
꼼꼼, 챙기기	• 무대로 활용할 만한 충분한 공간의 확보 • 마음이 충분히 열려 있는지. • 참여자들이 몸으로 이야기하는 데 익숙한지(친숙하지 않을 경우 정지 동작 만들기가 그나마 시도해볼 만하다). • 참여 동기를 유발할 만한 적절한 상황, 구체적 사례 • 창의성 있는 참가자 • 몸짓 언어를 읽을 수 있는 진행자 • 피해 상황에 대한 마음 밑바닥으로부터의 공감 • 참여자들의 성, 몸 경험, 장애 등에 대해 고려

(3) 놀이

인권과 시민교육 방법의 사례로 놀이의 예는 다음과 같다.

표 8-5 놀이의 예시

활동사례	• 인권침해 상황을 헤쳐 나가는 말판 놀이 • 도전 골든벨, OX퀴즈 • 빙고 놀이 • 불평등 이어달리기 • 인권의 소리/몸짓/색깔 찾기
장점	• 호기심을 자극할 수 있고 흥미롭다. • 모두의 참여를 자연스럽게 이끌어낼 수 있다. • 재미 속에서 인권의 의미를 자연스럽게 찾아갈 수 있다. • 교육이지만 동시에 쉼이다. • 인권이 딱딱하고 어렵고 재미없는 것이라는 선입견을 깰 수 있다.
단점	• 자칫 흥미 위주로만 흐를 수 있다. • 경쟁이 가열돼 인권의 가치와 대립할 수 있다. • 전하고자 하는 핵심내용이 잘 전달되지 않을 수도 있다. • 퀴즈의 경우 정보전달에만 그칠 뿐 감수성을 깨우기에 부족하다. • 승패에 따른 보상을 둘 경우 인권의 가치를 해칠 수 있다. • 장애, 섹슈얼리티 등이 섞여 있을 때 누구나 재미있게 참여할 수 있는 놀이를 찾아내기 힘들다.
꼼꼼, 챙기기	• 교육목적에 짓눌리지 않기는 어렵지 않은 놀이의 발명 • 경쟁적이기보다 협력적인 방식의 놀이 • 마음과 머리를 동시에 움직일 수 있는 놀이 • 놀이의 재미를 살릴 수 있는 유쾌한 진행자 • 참여자들의 장애, 성별, 친밀도 등에 대해 미리 따져보기

(4) 체험

인권과 시민교육 방법의 사례로 체험의 예는 다음과 같다.

표 8-6 체험의 예시

구분	내용
활동사례	• 장애체험, 소수자들이 겪는 차별 상황 체험하기 • 차별 조건을 극대화한 차별의 방 여행하기 • 소수자들이 겪는 차별적 언어를 통해 자기가 누구인지 알아맞히기 • 현장 견학과 체험 • 특정 사건이 자기 인권에 미치는 영향을 파악해 자리를 이동해보는 체험
장점	• 백문이 불여일견! 감수성을 팍팍 키울 수 있다. • 평소 생각해보거나 경험하지 못한 새로운 세계로 초대받아 생각의 문화를 활짝 열 수 있다. • 자기가 어떤 처지에 있는지, 차별을 당할 때 어떤 느낌이 드는지를 몸이 기억한다.
단점	• 자칫 재미, 흥미 위주로 흘러 소수자들을 희화화시킬 수 있다. • 참여자 가운데 소수자들이 포함되어 있을 때 그들의 상처를 준다. • 논의를 깊이 있게 이끌어내기에는 부족하다. • 공간적 제약을 많이 받는다. • 차별 상황에 깊이 빠짐으로써 무력감으로 연결될 수도 있다. • 구조보다는 개인의 편견과 같은 문제점에만 주목하게 만들 수도 있다.
꼼꼼, 챙기기	• 실제 상황으로 다가설 수 있도록 만드는 핵심적인 대사와 연기력을 갖춘 진행자 • 체험을 놀이가 아니라 현실로 받아들일 수 있게끔 하는 단계적 접근 • 개인적인 소감에 그치지 않고 주제와 잘 연결해 주는 피드백 • 상처받은 사람들의 마음을 읽고 토닥여줄 수 있는 진행자 • 체험과정에서 드러난 편견이나 잘못된 인식을 놓치지 않는 진행자와 이를 바로 잡을 수 있는 후속 교육 • 차별에 맞서 일어선 사람의 사례와 차별을 발생시키는 구조에 관한 정리 • 너무 적지 않은 숫자의 참여자, 여러 명의 진행자 • 충분하고 안전한 공간의 확보 • 인권이 존중되는 상황, 더 자유로워진 상황 등도 체험할 수 있는 긍정적인 프로그램

(5) 음악

인권과 시민교육 방법의 사례로 음악의 예는 다음과 같다.

표 8-7 음악의 예시

활동사례	• 노래 가사 바꿔 부르기 • 랩으로 인권침해 상황 표현하기 • 인권을 주제로 한 노래 찾아 대항전 • 노래를 듣고 느낌이나 경험 나누기
장점	• 분위기를 띄우고 활력을 불어넣는 데 효과적이다. • 하고 싶었던 말을 익숙한 가락에 노랫말로 실으면, 오래오래 기억에 남을 수 있다. • 하나의 공감대를 만들 수 있다.
단점	• 참여자들의 열띤 참여와 창조성이 없으면 실패할 가능성이 높다. • 창조적이거나 재미있어야 한다는 강박감이 오히려 깊이 있는 내용을 담지 못하는 단점으로 작용할 수 있다. • 표면적인 이야기에만 그칠 수 있다. • 인권교육가도 음악에 대한 거부감이나 두려움이 없어야 가능하다. • 악기나 음향 장비가 없을 때 분위기를 띄우기 쉽지 않을 수 있다.
꼼꼼, 챙기기	• 참여자에게 친숙하거나 따라 부르기 쉬운 음악 찾기 • 주제에 꼭 맞는 음악의 발견 • 음악을 하고 놀 줄 아는 진행자 • 필요한 악기나 음향장비 • 내용을 잘 담고, 주제에 다가설 수 있도록 하는 사전 교육

(6) 이미지 해석

인권과 시민교육 방법의 사례로 이미지 해석의 예는 다음과 같다.

표 8-8 이미지 해석의 예시

활동사례	• 인권침해 상황이 숨어 있는 그림판 해석 • 주어진 그림과 인권의 의미를 연결시켜 인권포스터 만들기 • 만평, 일상에서 흔히 볼 수 있는 픽토그램(그림문자), 광고판에서 숨어 있는 인권 문제 찾기 • 주어진 상황에 대해 인권침해인지 아닌지 판단해 보기
장점	• 그림을 앞에 두고 있으니까 이야기를 이끌어내기 쉽다. • 다양한 상상력을 이끌어낼 수 있다. • 나이나 장애 등을 구애받지 않고 쉽게 주제에 접근할 수 있다.

단점	• 해석의 다양성이 열려 있다 보니, 애초 의도했던 바와 다른 방향으로 이야기가 흘러갈 수 있다. • 성별 역할 분업 등 기존의 고정관념을 오히려 강화하는 그림이 사용될 수 있다.
꼼꼼, 챙기기	• 그림을 통해 이야기하고자 하는 명확한 목표 • 다양한 상황과 반응에 적절하게 대응할 수 있는 유연한 진행자 • 다양한 해석들을 거쳐 종착점에 도달할 때까지 기다릴 줄 아는 마음 • 해석에만 머무르지 않고 변화를 꿈꿔볼 수 있는 후속 활동

(7) 콜라주, 포스터 등 만들고 그리기

인권과 시민교육 방법의 사례로 콜라주, 포스터 등 만들고 그리기의 예는 다음과 같다.

표 8-9 콜라주, 포스터 등 만들고 그리기의 예시

활동사례	• 인권을 나무에 빗대어 그리기 • 인권을 주제로 한 포스터, 피켓, 티셔츠 등 만들기 • 자아상 조각하기 • 신문, 잡지 등을 이용한 콜라주 만들기 • 이미지를 점차 확대해가면서 숨은 인권 문제 찾기
장점	• 한눈에 쏙 핵심내용을 잘 드러낼 수 있다. • 글이 아닌 다른 방식으로 표현해보는 색다른 재미가 있다. • 다양성의 힘을 직접 느낄 수 있다. • 다음 작품이 기다려져 교육이 재미있다. • 기대 이상의 창조적인 표현으로 새로운 인식의 문이 열릴 수 있다.
단점	• 만들기 소재로 활용되는 사진이 상품화되고 획일화된 이미지를 담고 있으면 편견을 강화할 수 있다. • 다양한 표현들 속에 정작 주제가 무엇인지를 놓칠 위험이 있다. • 가지고 있는 생각을 끄집어내기에는 좋으나 새로운 경험과 시야를 주기에는 부족하다.
꼼꼼, 챙기기	• 기존의 고정관념을 깨는 다양한 이미지들 • 다양한 표현 형식에서 인권 내용을 꿰뚫어 볼 수 있는 날카로운 진행자 • 이미지의 빈틈을 메워주는 후속 활동

(8) 창조적 글쓰기

인권과 시민교육 방법의 사례로 창조적 글쓰기의 예는 다음과 같다.

표 8-10 창조적 글쓰기의 예시

활동사례	• 편견을 담은 시나 동화 등을 인권적인 시나 동화로 바꿔 보기 • 소수자들을 드러내는 은유 찾기 • 인권 이야기가 담긴 글을 읽고 자기 인권 이야기 써보기 • 보고 싶은 인권 뉴스, 인권 신문 만들기 • 이야기 이어 가기
장점	• 새로운 관점을 담고 있는 글은 감동을 불러일으킬 만하다. • 다루고자 하는 주제를 간결하고 명확하게 표현할 수 있다. • 자기 구성의 기회를 제공할 수 있다. • 이야기 이어 쓰기처럼 열려 있는 결론은 다양한 경험으로의 초대 가능
단점	• 시간의 제약이 크다. • 참여자들의 인식이 무르익어야 좋은 작품이 나온다. • 주제가 제한적일 때 다양한 글쓰기가 제한될 수 있다. • 참여자 수가 많을 때는 작품 나눌 시간이 충분치 않다. • 글쓰기에 익숙하지 않은 사람들에게 큰 부담을 줄 수 있다. • 주제, 분량 등으로 적절한 작품을 구하기 쉽지 않다.
꼼꼼, 챙기기	• 글쓰기에 익숙한 참여자 • 구성에 필요한 충분한 시간 • 감동을 줄 수 있는 대안적인 사례 작품 찾기 • 창조적 글쓰기에 자질이 있는 진행자 • 참여자들이 창작한 작품을 서로 비교하지 않을 수 있는 조건 만들기

(9) 영상/사진자료 활용

인권과 시민교육 방법의 사례로 영상/사진자료 활용의 예는 다음과 같다.

표 8-11 영상/사진자료 활용의 예시

활동사례	• 영화, 드라마, 애니메이션, 사진 등을 보고 관련 인권문제 찾기 • 주인공에게 편지 쓰기와 같은 후속 활동 • 인권의 주인공들을 찾아 사진 찍기
장점	• 참여자들의 관심과 집중도를 높이는 데 효과적이다. • 감성을 건드려 울림이 크다. • 참여자의 감성에 맞게 관련 문제를 효과적으로 보여줄 수 있다. • 다양한 반응을 끌어냄으로써 풍부한 이야기가 오고 갈 수 있다. • 참여자 수가 많을 때도 활용하기 좋다.

단점	• 구경이나 대리만족에 머무를 수 있다. • 강연과 마찬가지로 일방적인 전달에 머무를 수 있다. • 자칫 시간 보내기로 전락할 수 있다. • 영상물 자체가 너무 완결적이고 계몽적인 내용이라 다양한 생각과 반응을 가로막을 수도 있다. • 참여자들끼리 경험과 지혜를 나누고 서로에게 배울 기회가 없다.
꼼꼼, 챙기기	• 감성을 깨우고 상영시간도 알맞은 적합한 영상 • 상영이나 사진 전시를 지원할 수 있는 물리적 조건 • 다양한 감상을 경청하면서도 교육 주제를 놓치지 않는 노련한 진행자 • 참여자들이 자칫 놓칠 수 있는 장면에 대한 예리하고도 풍부한 분석 • 참여자들 상호 간에도 배울 수 있는 사전, 후속 활동

(10) 모둠별 토론과 발표

인권과 시민교육 방법의 사례로 모둠별 토론과 발표의 예는 다음과 같다.

표 8-12 모둠별 토론과 발표의 예시

활동사례	• 사례를 주고 사례 속에 숨어 있는 인권 문제나 해결책 찾아보기 • 모둠별로 질문이나 쟁점을 던져주고 입장 정리해보기
장점	• 짧은 시간 안에 정해진 주제를 충분히 다루고 해답을 찾기에 효과적 • 다양한 사례나 쟁점을 살펴보기에 좋다 • 인권의 의미와 원칙을 구체적인 쟁점 속에 대입해 보고 구체화하는 연습 • 입장을 모아내는 데 효과적이다
단점	• 너무 어려운 문제를 받게 되면 오히려 관련 주제에 질릴 수 있다. • 모둠 안에서만 토론을 진행하기 때문에 다양한 생각과 만날 가능성이 줄어든다. • 정해진 시간 안에 과제를 해결하려다 보니 자칫 논의가 말이 많은 사람의 주도로 흘러갈 수 있다. • 모둠별로 다른 쟁점이 주어질 경우, 그 쟁점에 대해서는 충분히 생각해볼 여유를 갖지 못한 채 다른 모둠의 논의 결과만 일방적으로 들어야 한다.
꼼꼼, 챙기기	• 주제에 맞고 참여자의 흥미를 불러일으킬 만한 쟁점이나 과제 선정 • 다양한 의견에 대한 발견인지, 공통의 합의인지, 단순한 현실 분석인지 모둠 토론에서 이루고자 하는 명확한 목표 세우기 • 토론하고자 하는 동기부여를 위한 사전 활동 • 쟁점이 다른 데로 옮겨붙지 않도록 하는 적절한 질문의 배치 • 모둠 안에서 지켜야 할 토론 규칙

(11) 모의 활동

인권과 시민교육 방법의 사례로 모의 활동의 예는 다음과 같다.

표 8-13 모의 활동의 예시

활동사례	• 관련 사건을 주고 모의 법정 열기 • 노동위원회, 국가인권위원회 등 권리 회복 기관의 결정 재현하기
장점	• 관련 주제에 관한 찬반의 논리, 구체적으로 입장이 부딪히는 지점에 대한 이해를 높일 수 있다. • 단시간 안에 쟁점을 압축적으로 정리하고 구체적 사례에 대한 명확한 입장을 세우는 데 효과적이다. • 자기와 다른 입장에 서 봄으로써 그 입장에 대한 이해를 높일 수 있다.
단점	• 해당 기관에 대한 참여자의 사전 이해가 없을 때 시작하기 어렵다. • 법정이나 위원회에 세울 수 있는 주제가 한정적일 수 있다. • 관련 주제에 대한 충분한 정보 제공이나 사전 교육이 이루어지지 않았을 때 접점이 명확히 형성되지 않을 수 있다. • 자칫 경쟁적인 분위기가 형성될 수 있다. • 다른 입장을 이해하는 데만 그칠 뿐 인권의 원칙을 정확히 이해하는 데 실패할 위험이 있다. • 인권의 문제를 합의나 다수결의 문제로 이해할 우려가 있다. • 인권교육가의 역할이 중립자, 심판자, 관람자에 머무를 수 있다. • 법이나 권위주의적 사법체계, 권리회복기관 등에 대한 비판적 안목을 형성하는 데 방해가 될 수 있다.
꼼꼼, 챙기기	• 모의활동으로 경험해보고자 하는 기관의 성격과 결정 절차에 대한 선명한 이해와 관련 정보 • 사법부 등 권위주의적 구조를 지닌 기관, 심판자의 존재에 대한 비판적 문제의식과 다른 구조에 대한 상상력 • 인권 감수성과 의식을 높일 수 있는 충분한 사전 교육 • 모의활동에 활용하기 적합하고 교육 주제에 핵심적으로 접근할 수 있는 구체적이고 흥미로운 사례 • 모의활동에 대한 참여자의 몰입을 도울 수 있는 소품과 연기력

(12) 강연

인권과 시민교육 방법의 사례로 강연의 예는 다음과 같다.

표 8-14 강연의 예시

활동사례	• 특정 주제의 전문가를 모신 강연 • 여러 이야기 손님들이 등장하는 생생한 토크 • 당사자와의 만남과 대화
장점	• 짧은 시간 안에 충분한 정보 습득이 가능하다. • 가슴에 남을 만한 정신을 명확하게 전달할 수 있다. • 당사자의 만남은 그 주제에 관한 관심을 키우고 경계심을 늦출 수 있다.
단점	• 일방적인 정보나 가치 전달에 머무를 수 있다. • 참여자들이 무엇을 느꼈는지, 생각이 어떻게 변화되었는지 피드백을 받기 힘들다. • 지루해지기 쉽다. • 참여자들끼리 경험과 지혜를 나누고 서로에게 배울 기회가 없다. • 참여자들이 다양한 연령대이거나 사회적 위치나 경험이 천차만별일 경우, 강연의 초점을 누구에게 맞추어야 할지 대상을 정하기가 쉽지 않다.
꼼꼼, 챙기기	• 들을 만한 이야기를 하러 온 사람이라는 확신 주기 • 이목을 집중시키는 숏이 들어가는 한순간이 담긴 내용 • 수백 명의 적 앞에 선 느낌을 극복할 수 있는 강연자 • 참여자가 듣고 싶어 하는 내용에 대한 사전 파악 • 강연 주제에 참여자들이 다가설 수 있도록 하는 도입 활동(질문 던지기, 게시판 토론과 같은 간단한 참여활동 등) • 참여자의 눈높이와 경험에 맞는 생생한 사례와 귀에 착착 감기는 언어 • 사람들 사이에 서 있는 마이크, 돌아다니는 마이크 • 참여자들의 마음을 끌고 나가는 내용과 힘(적재적소에 배치된 질문, 공감대를 이끌어내는 추임새, 주의를 환기할 수 있는 장치, 적합한 시각자료나 소품 등) • 적절한 쉬는 시간

09

CHAPTER

인권감수성과 인권교육

1. 인권감수성의 이해
2. 인권교육의 정의
3. 인권교육의 목적

1. 인권감수성의 이해

1) 인권감수성의 개념

인권감수성은 도덕적 민감성을 바탕으로 구성된 새로운 개념으로 체계화되었다(방주현, 2008). Smith(1953)는 도덕성에 대한 핵심적인 문제는 각자가 해야 할 일과 관련이 있다는 것이다. 즉, 선택은 어떠한 질문에 대답해야 할 때 마주하게 되며 선택되는 것은 곧 행동이기 때문에 도덕성은 행동 지향적인 것으로 보았다. Kekes(1984)도 도덕적 민감성은 행동주의적이고 사회적인 것으로 간주하면서 이것은 다른 사람의 복지에 기여하는 행동에 있어 가장 중요한 요인이라고 하였다.

'인권감수성'이란 인권문제가 제기되어 있는 상황에서 그 상황을 인권에 관한 상황으로 지각하고 해석하며, 그 상황에서 가능한 행동이 다른 관련된 당사자들에게 어떠한 영향을 미칠지를 상상해보며, 그 상황을 해결하기 위한 책임이 자신에게 있다고 인식하는 심리적인 과정을 말한다(박정선, 2007). 한편, 전통적으로 인권의 개념은 주로 법적 차원에서 논의되어 왔으며, 최근에 교육학, 심리학 관점에서의 논의가 대두되었다. Gets(1985)는 인권에 대한 태도를 도덕성의 발달단계와 연결 지어 설명하고자 하였다.

인권에 대한 태도를 측정하기 위하여 인권태도 질문지(Attitudes toward Human Rights Inventory)를 제작하였으며 연구결과를 통해 사람들의 도덕추론 수준에 따라 인권 지지의 일관성에 차이가 있으며, 원리적 도덕추론을 하는 사람들일수록 일관되게 인권을 옹호한다는 사실을 보여주었다. 특히 인권의식을 도덕성의 발달과 관련시켜 인권인식 또한 발달하는 심리적 요인, 특히 인지적 요인임을 알 수 있다. 또한 Diaz-Veizards et al(1995)은 인권태도의 구인을 연구하였는데, 이들은 세계인권선언문을 중심으로 한 인권검사지를 개발하여 인권태도의 구인을 밝히고자 하였다. 또한 인권문제에 대한 인식을 가진다는 것은 인권 옹호행동을 하나의 중요한 역할로 해야 하는 인권 담당자들에게 매우 중요한 차원의 과정이라고 볼 수 있다. 예를 들어 사회복지사는 클라이언트의 인권을 보장하고자 노력해야 한다는 것에는 원칙적으로 동의하지만, 실제로 그것을 제대로 지켜내고 있는가를 평가하는 것은 다른 문제일 것이다. 인권인식이 현실적인 인권문제 상황에 적용되지 못하기 때문이고, 실제로 적용하지 못하는 것은 문제 상황을 인권문제로 인식하지 못하는 데서 기인하는 것이라 유추해 볼 수 있을 것이다.

2) 인권감수성 이론

인권감수성은 도덕민감성을 바탕으로 구성된 새로운 개념으로 체계화된 것은 최근의 일이고, 아직은 생소한 개념으로 그 이론적 배경은 도덕민감성과 관련한 연구에서 찾을 수 있다(방주현, 2008). Smith(1953)는 도덕성에 대한 핵심적인 문제는 각자가 해야 할 일과 관련이 있으며 이것은 선택에 있어서 중추적인 역할을 하게 만든다. 그에 따르면 선택은 어떠한 질문에 대답해야 할 때 마주하게 되며 선택되는 것은 곧 행동이기 때문에 도덕성은 행동 지향적인 것으로 보았다. Kekes(1984)도 도덕적 민감성은 행동주의적이고 사회적인 것으로 간주하면서 이것은 다른 사람의 복지에 기여하는 행동에 있어 가장 중요한 요인이라고 하였다.

이처럼 인권의식 및 인권행동과 관련된 연구는 도덕성에 대한 연구에서 출발하였다고 볼 수 있다. 김도균(2009)과 김민경(2015)은 인권의식에 있어서 핵심요소는 도덕성으로 인권의식과 도덕성을 구분하여 보는 것은 어렵다고 보았다. 인권의식과 관련하여 심리적 요인이나 발달 양상에 따른 행동이나 태도위주로 바라보는 관점은 최근에 등장하였다. 대표적인 학자로 Getz(1985)를 들 수 있는데, 그는 인권에 대한 태도를 Kohlberg(1975)의 도덕성 발달단계와 관련시켜 살펴보았다(국가인권위원회, 2002).

인권감수성과 관련된 이론적 배경은 도덕성이론을 바탕으로 설명될 수 있다. Rest(1983)는 Kohlberg식 인지중심의 도덕성 단계에서 나아가 통합적 접근을 제안한 대표적인 학자이다. 도덕심리 학자인 Rest(1983)에 의하면 한 사람의 도덕적 행동이 일어나기 위해서는 네 가지 심리적 과정을 거친다고 하였다.

첫 번째는 상황을 해석하는 도덕적 민감성이다. 도덕적 상황에 대한 인지와 해석단계로 인식, 평가, 해석이라는 인지적 처리과정을 포함한다. 특히 도덕적 민감성은 인권상황이 발생했을 때 자신의 행동이 다른 사람의 복지에 어떻게 영향을 줄 것인지를 인식하는 과정(Rest, 1983; 국가인권위원회, 2002)으로 보았다.

두 번째는 어떤 행동이 도덕적으로 옳고 그른지를 판단하는 도덕적 판단력이다. 도덕적 판단력은 주어진 상황에서 도덕적으로 바람직한 행동을 판단하고 도덕적 행동에 대해 추론하는 것이며 그 행동의 경로들이 정당하고 정의로운지 판단하는 능력이다. 1958년 Kohlberg의 인지 중심 도덕성연구가 발표된 이후로 도덕심리학 영역은 체계적으로 연구되어왔다(Narvaez & Vaydich, 2008). 인지발달 이론가들은 사람들이 가지고 있는 이상적인 추리 능력인 도덕적 판단력에 따라 도덕적 행동이 달라질 수 있다고 본다(Lapsley, 2000).

세 번째는 다른 가치와 비교하여 도덕적 가치를 우선시하는 도덕적 동기화이다. 김민경(2014)은 이상적 도덕적 행동에 대한 추리 능력인 도덕적 판단이 도덕적 행동을 유발시키는 데 영향을 주지만, 이 추론만으로는 도덕적 행동을 유발시키기까지 어려우며 도덕적 행동 추리가 바르게 되어있더라도 다양한 가치가 있고, 다양한 가치 또는 갈등 속에 이상적인 도덕적 추리에 따른 가치를 선택해야 가능하다고 언급하였다. Fowler et al.(2009)은 도덕적 판단력이 발달한 사람은 윤리적 문제 상황에서 도덕적으로 최선의 행동을 결정하고 그 이유에 대한 정당한 근거를 제시할 수 있으며, 비판적 사고를 통해 자신의 입장을 방어할 수 있다고 보았다.

마지막으로 네 번째는 용기를 가지고 인내하며 산만함을 극복하고 기술을 실천하는 도덕적 품성, 성격이다(김민경, 2004). Rest(1983)는 네 번째 단계를 네 가지 구성요소가 상호작용하여 결정된 도덕적 행동을 실행에 옮기게 된다고 보았다. 도덕적 행동의 실천은 문제 상황을 파악하고 그 상황과 관련된 도덕적 요소를 규명하며, 도덕적 가치에 따르는 행동을 결정하여 결정한 행동이 수행되어야 한다는 동기화가 되었다 하더라도, 도덕적 행동이 실행되기까지 용기와 강한 의지로 선택한 가치를 실행해나갈 때 가능하다고 보았다(Lapsley, 2000). 이상과 같이 Rest의 도덕성이론은 도덕적 행동에 영향을 주는 변인들이 어떤 과정을 통해 도덕적 행동을 이끌어 내는지 관심을 가지고 연구하였다.

한편 Getz(1985)는 인권에 대한 태도를 측정하기 위하여 인권태도질문지(Attitudes toward Human Rights Inventory)를 제작하였다(국가인권위원회, 2002; 김충희, 2004). 이 질문지는 미국의 헌법과 세계인권선언문(Universal Declaration of Human Rights, UN, 1954)에 기초하여 기본적인 인권에 대한 내용으로 구성되었다. 세계인권선언에서의 인권항목은 <표 9 – 1>과 같다.

표 9-1 세계인권선언 인권항목

구분	권리내용	인권항목
자유권	존엄성과 자기결정	1조 존엄성, 천부인권
	차별금지	2조 인간의 평등
	생명권과 신체보존	3조 생명, 신체의 자유와 안전에 대한 권리
		4조 노예제도 금지
		5조 고문, 가혹행위 금지
	시민, 정치적 권리	6조 법 앞의 평등
		7조 법률에 의한 균등한 대우
		8조 권리침해에서 구제받을 권리
		9조 체포, 감금, 추방의 제한
		10조 공정한 재판을 받을 권리
		11조 형사피의자의 무죄추정의 원칙, 형벌 불소급의 원칙
		12조 개인 사생활에 대한 권리
		13조 이동과 거주의 자유에 대한 권리
		14조 망명의 권리
		15조 국적 취득의 자유

		16조 혼인의 자유, 가족이 보호받을 권리
		17조 개인의 재산 소유권
		18조 사상, 양심, 종교의 자유
		19조 의사표현의 자유
		20조 평화적 집회, 결사의 자유
		21조 참정권
사회권	경제, 사회적 권리	22조 사회보장을 받을 권리
		23조 노동에 대한 권리와 실업으로부터 보호받을 권리
		24조 유급휴가 등 휴식과 여가를 가질 권리
		25조 건강 및 생활보장을 받을 권리
		26조 교육받을 권리
연대권	문화적 권리	27조 문화생활을 향유할 권리
	인권실현을 위한 질서와 공동체	28조 국제사회 질서에 대한 권리
		29조 공동체에 대한 의무
		30조 권리와 자유를 파괴하는 활동의 제한 및 금지

출처: 국가인권위원회(2002)

대부분 인권 관련 문항은 세계인권선언문의 내용을 바탕으로 연구되었다. 그 내용을 살펴보면 인권은 크게 세 가지 범주로 구분된다(방주현, 2008; 이관식, 2014). 첫째, 자유권 혹은 시민, 정치적 권리영역은 1세대 인권으로 분류되며, 세계인권선언의 조문 1조에서 21조까지의 내용이 여기에 해당된다. 둘째, 사회권 혹은 경제 · 사회 · 정치 · 문화적인 권리영역인 2세대 인권은 조문 22조에서 27조에 해당하는 권리내용이며 셋째, 집단적 권리 혹은 연대의 권리인 3세대 인권 관련 내용은 조문 28조에서 30조에 그 내용을 담고 있다.

인권감수성 척도에서 Volker는 Schwartz(1977)의 이타적 행동 모델의 핵심적 요소들, 즉 상황의 중요한 사실들을 정확하게 지각할 필요성, 다른 사람의 복지를 위하여 자신의 행동 결과를 고려해보는 것, 돕는 상황에 직면했을 때 개인적 책임감을 경험하는 것 등을 포함시켜 도덕민감성을 조작적으로 정의하였다(문용린 외, 2002). 앞에서도 언급하였듯이 Volker(1984)는 사람들이 어떤 행동을 할 때는 각자의 책임에 대한 지각없이 단지 관련된 사람들 간의 상호관계를 확인하고 그 결과를 고려할 뿐 상황을 해결할 행동을 적극적으로 하지 않는다고 보았다(이관식, 2014). 그는 도덕적으로 가장 민감한 사람은 사례의 중요한 사실들을 도덕적으로 지각할 수 있고, 그것이 다른 사람에게 미치는 결과를 지각할 수 있으며 딜레마를 해결하는 행동을 취할 책임이 자신에게 있다고 보았다(국가인권위원회, 2002). 인권감수성을 측정하기 위한 도구는 Volker(1984)의 도덕민감성 척도를 바탕으로 개발된 국가인권위원회(2002)의 '인권감수성' 척도이다.

인권감수성 척도는 세계인권선언과 유네스코 인권교육 내용분류표를 기준으로 한국 상황에서 의미 있는 딜레마로 구성되어 있다. 인권감수성을 측정하는 내용은 10개의 에피소드로 되어있으며, 한국 상황에서 의미 있는 딜레마 상황이 제시되어 있다. 인권 관련 항목 살펴보면 평등권, 불구속권, 장애인의 교육받을 권리(사회권), 환경권, 자유권, 장애인(자유권), 노동권, 사생활보호권, 신체자유권, 행복추구권과 관련된 총 10개의 인권항목을 위한 10개의 에피소드로 구성되어 있다.

2. 인권교육의 정의

인권교육에 대한 다양한 정의들을 살펴보면 인권에 대한 지식적인 이해, 인권을 존중하는 태도 형성, 책임 있는 행위를 할 수 있는 수단과 방법을 배우는 것 등이 중요하다는 것을 공통점으로 추출할 수 있다. 결론적으로 인권교육은 자신의 인권 존중은 물론, 다른 사람의 권리를 보장하기 위한 올바른 지식, 태도, 기능에 대한 교육으로 볼 수 있다. 인권 관련 기관들의 정의와 인권 관련 학자들의 정의로 분류하여 다음과 같이 정리하였다(박윤정, 2017).

표 9-2 인권 관련 기관들이 제시한 인권교육의 정의

기관	인권교육에 대한 개념적 정의
UN	• 인권과 기본적 자유를 존중하는 가치와 태도를 습득하여 개개인의 인성과 존엄성이 충분히 습득되도록 하는 교육활동
유럽이사회	• 모든 청소년이 '학교 교과목을 통해' 인권에 대해 학습하는 것으로 청소년들이 인권교육을 통해 비폭력적인 방법으로 갈등을 해결하는 기술을 습득할 수 있도록 하는 것
정부국가인권정책 기본계획	• 인간의 기본적이고 보편적인 권리에 대한 이해, 인권을 존중하는 태도, 인권을 보호하기 위한 행동양식과 기술의 형성을 추구하는 일체의 교육적 노력
유네스코 한국위원회	• 자신을 삶의 주체로 세워나가기 위한 것으로 사람들의 삶과 경험을 이해하고 변화시키는 데 목적 • 학생들에게 인간 존엄성의 존중을 발전시키고 인권의 기본적 원리를 주장하는 데 적극적으로 참여케 하여 결과적으로 공정하고 인간적인 사회를 건설하게 하는 것 • 교육 중에서도 인권과 관련된 모든 것들이 인권교육을 구성
인권운동사랑방	• 학습자의 인권이 존중되는 과정을 통해 인권에 대한 지식을 획득하고 인권을 존중하는 태도를 형성하며 인권을 옹호하고 방어할 수 있는 행동능력을 길러냄으로써, 인간이 잠재된 능력을 개발하고 현실에 존재하는 다양한 사회적 억압과 착취적 현실로부터 스스로를 해방시킬 수 있는 힘을 길러내기 위해 의도적으로 설계된 교수-학습의 과정
UN인권교육 10년	• 인권과 기본적 자유를 존중하는 가치와 태도를 습득하여 개개인의 인성과 존엄성이 충분히 습득되도록 하는 교육활동이며, 동시에 이러한 변화를 통하여 인종이나 성별, 국적, 종교나 문화 및 기타 구분에 의한 사람들 간의 차별과 편견이 종식되고 평등한 관계와 관용, 이해와 우호 및 평화가 증진되는 사회 형성에 기여하는 활동

출처: 경상남도교육청(2019). 교육과정으로 실천하는 인권교육: 초등편. 창원: 경상남도교육청. 재구성.

표 9-3 학자들이 제시한 인권교육의 정의

학자	인권교육에 대한 개념적 정의
Lister(1984)	• 인권이 갖는 의미와 특징에 비추어 다른 교육에 비해 인권교육은 단순히 인권 내용을 강조하는 인권에 관한 교육으로 그쳐서는 안 되며, 동시에 인권을 위한 교육, 인권을 통한 교육이 되어야 한다.
Tarrow(1989)	• 인권교육은 교육의 특별한 내용과 특별한 과정을 통해서 학습자들이 그들의 권리와 의무에 대한 의식을 발달시키고 다른 사람들의 권리에 대한 열린 태도를 갖추며, 모든 사람들의 권리를 보장하기 위하여 책임 있는 행위를 할 수 있도록 격려해 주는 의식적인 노력이다.
Reardon(1995)	• 인권교육의 틀은 도덕적 선택, 쟁점에 대하여 원칙적인 차원의 의견 제시, 시민행동의 민주적 과정을 행하도록 하는 능력을 갖도록 하는 표준에 기반하고 있어야 한다.

Tibbits(2003)	• 인권교육은 전 사회의 모든 계층에 속한, 그리고 모든 발달단계에 있는 사람들이 타인의 존엄성 존중과 모든 사회에서 그것을 지킬 수 있는 수단과 방법을 배우는 포괄적이면서 전 생애에 걸친 과정이다.
강순원(2000)	• 인권교육은 자신의 개인적 존엄을 억압하는 조건을 밝혀내고 이를 극복하게 만드는 것으로서, 특히 사회적으로 힘이 없고 주변화된 약자뿐만 아니라 이를 보호하고 함께 지켜야 하는 힘 있는 자들에게도 필요한 과정이다.
한홍구 등(2003)	• 인권교육은 인권에 대한 교육이면서 그러한 인권이 보장되고 인권침해가 예방되도록 하는 목적을 지닌 실천지향적인 교육이다. 인권교육은 인권을 보호, 신장하는 데 요청되는 지식, 태도, 기술을 함께 습득하는 것을 목표로 하고 인권교육을 받을 수 있는 권리가 곧 인권의 하나이다
문용린 등(2003)	• 인권교육은 첫째 그 대상이 되는 학생들로 하여금 인권을 개념적으로 파악하도록 하고, 둘째 인권과 관련된 서술적 내용 곧 인권 관련 사회적·역사적 사실들을 이해하게 하며, 셋째 그들의 태도 혹은 일체의 교육적 노력을 가리키는 것이다.

출처: 경상남도교육청(2019). 교육과정으로 실천하는 인권교육: 초등편. 창원: 경상남도교육청. 재구성.

3. 인권교육의 목적

인권교육의 근본적인 목적은 인권을 실현하는 데 있다. 인권교육은 모든 이들이 각 공동체와 사회에서 인권을 실현하는 데 공동의 책임이 있음을 이해하도록 하는 데 목적이 있다. 이 점에서 장기적으로 인권침해와 폭력적인 갈등을 방지하고, 평등성과 지속가능한 개발을 증진하며, 사람들이 민주적 제도 안에서 의사결정 과정에 참여하도록 돕는 데에 기여한다. 또한, 인권의 목표는 「세계인권선언문」 제1조에서 "모든 사람은 태어날 때부터 자유롭고 그 존엄하며 동등하다. 인간은 이성과 양심이 있음으로 서로에게 형제애의 정신으로 대해야 한다."에 명시하듯이 다음과 같다(전영주, 2014).

첫째, 기본적 자유에 대한 존중을 강화하는 데 있다. 모든 사람은 태어날 때부터 자유롭고 동등한 존엄과 권리를 가지므로, 인권교육은 인간으로서 자신의 존엄성을 파악하고 자존감을 갖도록 하는 것이다.

둘째, 인간의 존엄성에 대한 이해와 감수성이 최대한 발달하도록 해야 한다. 이는 자신의 권리뿐만 아니라 타인의 인권에 대해 책임감을 느끼도록 한다.

셋째, 다양한 인간과 집단에의 이해와 관용, 평등과 우정이 증진되도록 해야 한다. 오늘날 글로벌한 사회에서 다양성은 갈등의 원인이 될 수도 있으나, 다름과 차이를 인정하고 평등과 우정이 이루어질 때 인류의 진정한 성숙이 이루어질 수 있다.

넷째, 모든 사람들이 자유로운 사회에서 사회적 참여를 행할 수 있도록 해야 한다. 즉, 인권을 누리지 못하는 사람들의 인권을 찾아주기 위한 사회적 연대가 이루어져 인권이 완성되면 인권교육은 불필요해질 것이다.

인권과 가치교육, 세계화교육, 다문화교육, 평화교육, 지속가능한 개발을 위한 교육을 학교 제도 내에 인권교육의 교육적 요소들을 내용과 방법론에 포함해야 한다. 그리고 인권에 관한 지식과 기술을 제공하고 인권에 대한 가치관과 태도를 이해하여 인권 친화적인 행동의 발달을 통하여 인권침해와 학대를 예방하고 보편적인 인권문화를 구축하고 증진할 수 있도록 역량 강화에 공헌해야 한다. 또한 「유엔인권교육훈련선언」 제2조에 의하면 인권교육 훈련의 3대 구성요소를 다음과 같이 제시하였다(도회근, 2015).

첫째, 인권에 대한 교육(Education about Human Right)이다. 인권에 대한 지식 제공, 인권의 기준 및 원칙의 이해, 인권 보호의 기반이 되는 가치관과 인권 보호 체계에 관한 사항을 의미한다.

둘째, 인권을 통한 교육(Education through Human Right)이다. 상호 존중의 교육과 학습에 관한 사항으로, 교수방법 자체에서 교육자와 학습자 양자 모두의 권리를 존중해야 한다는 것이다.

셋째, 인권을 위한 교육(Education for Human Right)이다. 모든 인권교육 훈련의 궁극적 목적은 인권을 위한 것으로 인권 지향적이어야 한다. 다시 말해 인권교육은 자신의 권리를 실천하고 향유해야 하며 타인의 권리를 존중하고 보호할 수 있어야 하며 역량 강화를 지향해야 한다.

10
CHAPTER

다문화시민교육의 실태와 실천

1. 다문화시민교육의 현황
2. 다문화시민교육의 방향
3. 다문화시민교육의 실천

1. 다문화시민교육의 현황

현재 가속화되고 있는 지구화는 1980년대 이후 서구사회에서 전 지구적 자본의 흐름에 의한 경제적, 구조적 결과에 의해 시작되어 문화, 사회, 교육, 정치 등 사회적・문화적 변화를 촉발시키고 있다(Appadurai, 1996; Giddens, 2003; 조상식, 2009). 2000년대 이후 다양한 배경을 지닌 이주자의 급증으로 인해 한국사회에서 진행되어 왔던 다문화사회로의 진전은 이러한 지구촌 사회의 형성과 밀접한 연관이 있다.

전 세계적으로, 국제적 이주 노동자는 정착지에서 기층, 계층으로 구조적으로 편입되고 있고, 한국 사회도 이러한 흐름과 무관하지 않다. 한국 사회의 주요한 이주 집단인 결혼이주자, 이주노동자, 북한이탈 주민들 역시 지구적 차원에서 이루어지고 있는 경제적, 사회적, 문화적 변화를 반영하고 있다.

그동안 한국 사회에서는 '세계화', '다문화사회' 혹은 '다문화 현상'을 문화적 관점에서만 주로 사유하고 접근하는 이른바 '문화기반 담론(cultural-based discourse)'이나 세계화 시대의 글로벌 경쟁력을 강조하는 '신자유주의적 담론(neoliberal discourse)'이 주류를 이루어 왔다(이민경, 2010). 이러한 현상은 이미 많은 논쟁자들이 비판하고 있는 것처럼 따뜻하고 세련된 언어에 의해 포장되고 유통되면서 지구화 혹은 다문화사회 안에 내재된 구조적 문제는 상대적으로 간과되어 왔다는 한계를 지니고 있다(이민경, 2010; 조상식, 2009).

Foucault(1971)가 지적한 대로 한 사회에서 통용되는 특정한 담론은 선별과 통제, 배제의 과정이 명시적, 암묵적으로 행해진 결과라고 본다면, 한국 사회의 다문화 담론은 빈곤과 불균형, 사회적 부정 등 구조적 담론이 통제 혹은 배제된 결과로 읽을 수 있다(이민경, 2010). 이러한 현상은 지금의 지구화 혹은 세계화가 구조적 격차에 의해 진행되고 있다는 점을 은폐할 위험성이 있다는 점에서 문제적이다.

문화적 격차는 시간의 흐름과 함께 좁혀질 수 있는 가능성이 크지만, 구조적 격차는 오히려 더 벌어질 가능성이 크기 때문이다(조상식, 2009). 이러한 점에서 한국사회에서 그동안 진행되어 왔던 다문화사회의 진전에 따른 교육적 대응의 양상을 검토하고 재구조화할 필요가 있다.

지난 10여 년간 다문화가 한국사회의 지배적인 화두가 되면서 새롭게 재편되고 있는 국제적 환경과 질서를 이해하고 다름과 공존의 가치를 익히기 위한 다양한 차원의 다문화교육 담론과 실질적인 프로그램 개발, 현장에서의 적용 등이 시민사회와 학교 안팎에서 매우 활발하게 이루어져 왔다(이민경, 2010). 서로 다른 사상적 배경을 기초로 한 다문화교육의 지향과 비전 등에 대한 이론적 논의에서부터 이에 따른 다양한 시범적 교육프로그램 개발과 시행 등 이론적 실천적 노력들은 한국사회의 다문화 교육의 저변을 확장시키기도 하였다(박선웅 외, 2010; 이민경, 2010). 이처럼 다양한 영역과 차원에서의 관심과 노력에 힘입어 다문화교육이 이주자나 소수자를 위한 '특별한 교육'이거나 '문화접촉을 통한 타문화 이해' 수준을 넘어 사회구성원들이 지녀야 할 다문화사회에서의 가치와 태도, 실천의 의미로 확장되어 온 것은 매우 긍정적인 변화라고 할 수 있다.

그러나, 다문화교육을 둘러싼 이론적, 실천적 확장에도 불구하고, 지금의 지구화와 다문화사회를 어떻게 이해해야 하며, 이에 따른 교육적 대응은 어떠해야 하는가에 대한 논의는 여전히 분분하다(구정화 · 박선웅, 2011). 또한, 한국사회에서 이루어져 온 교육적 대응이 실질적으로 친다문화적 사회조성과 교육현장의 변화에 얼마나 기여했는지 혹은 할 수 있는지에 대한 평가도 엇갈리고 있다(조영달 외, 2010; 이민경, 2010).

'다문화주의(multiculturalism)'를 전제로 하는 다문화교육에 대한 비판 역시 같은 맥락에서 읽을 수 있다(조상식, 2009). 다문화주의가 후기 자본주의 축적 과정에서 요구되는 '문화적 이데올로기'라는 비판은 이러한 배경에 기인하고 있다(최병두, 2008).

한편, 한국사회에서 다문화교육은 매우 모호하고 추상적으로 사용되어 왔다는 점을 지적할 필요가 있다. 다문화사회는 다양한 인종과 민족적 배경을 지닌 사람들이 함께 존재하는 현상적 의미로만 정의되지 않는다. 오히려 다양한 사회적, 문화적 배경과 관계없이 평등하게 더불어 살아가는 사회라는 가치 지향적인 개념을 담고 있다고 할 수 있다(이민경, 2008). 따라서 지구화, 다문화 시대의 교육적 노력은 사회적, 교육적 환경과 구조를 친다문화적으로 만드는 하드웨어적인 측면과 교육을 통해 인식의 개선과 공감이라는 사회적 합의를 만들어 나간다는 소프트웨어적인 측면을 동시에 포함한다고 할 수 있다.

전자가 이주자들의 교육권을 보장하고 교육의 장에서 소외 혹은 배제되지 않게 하려는 적극적 의미의 평등을 지향하는 친다문화적인 교육 환경구축을 의미한다면, 후자는 교육을 통해 평등한 공존을 위한 가치와 태도의 형성, 그리고 정의로운 사회를 위한 방법을 모색하는 실천을 의미한다. 따라서 이 두 가지는 현실 속에서 혹은 궁극적으로 매우 밀접하게 상호보완적인 관계를 형성한다.

포괄적인 의미에서 교육의 사회적 기능과 역할은 사회구성원으로 살아가기 위한 지식영역과 바람직한 신념과 태도를 아우르는 가치 영역, 사회개혁을 위한 시민을 양성하기 위한 실천적 영역을 포함한다. 다문화교육도 마찬가지다. '세계화' 혹은 '다문화사회'라는 새로운 변화는 단순히 문화와 가치의 충돌이나 갈등의 문제를 넘어서는 사회, 정치, 경제적 영역에서부터 문화, 사회심리, 정서 등 다양한 영역과 연관되어 있는 복합적인 성격을 지닌다(이민경, 2008). 교육의 장에서 이러한 변화를 어떻게 해석하여 다루어야 하는지, 어떤 교육적 비전과 목표를 설정해야 하는지, 그리고 이를 위해서는 어떤 내용을 포괄해야 하는지, 어떤 가치와 실천적 태도를 독려해야 하는지 등 복합적인 과제가 주어진다.

또한, 세계화 혹은 지구화(globalisation)는 개인과 사회, 정부와 여타 조직들이 어떠한 영향을 주고받는지, 이로 인한 국지적, 국제적 변화는 어떠한지 등 국가 경계를 넘어서는 전 지구적 이슈에 관한 문제를 제기한다(Giddens, 2003).

지구화는 기존의 국가 경계를 토대로 구성된 근대국가의 국민을 넘어서는 세계시민(global citizen)으로의 확장을 동반할 수밖에 없다. 한편, 국내적 차원에서 보면, 세계화의 진전에 의한 이주자의 급증은 궁극적으로 이들을 어떻게 받아들일 것인지, 그리고 이들에게 어떤 권리를 부여하고 더불어 살아갈 것인가의 문제, 즉 '환대(hospitality)'의 문제를 전제로 한다. 이처럼 지구화와 다문화사회의 형성은 '문화적 시민권(cultural citizenship)'을 넘어 전 지구적 정의와 공존, 그리고 사회적, 정치적 시민권 등 매우 중층적인 문제를 던져준다.

지구화와 다문화사회의 구조와 특성에 주목하면서 지구화 시대의 다문화 시민성 교육으로서 교육의 지향과 내용, 그리고 방법에 대해 고찰이 필요하다. 다문화 시민성교육이란 다문화사회에서의 시민성을 기르는 교육이다. 세계화의 진전과 더불어 형성된 다문화사회에서의 바람직한 시민성교육은 어떤 비전과 방향성을 가져야 하는지, 그리고 그 실천방법은 무엇인지를 탐구하는 것이다. 지구화 시대의 다문화 시민성교육의 방향성과 방법은 '세계시민성'과 '환대'의 개념을 기반으로 한 원리와 구체적인 실행이어야 한다.

1) 다문화이주자에 비친 시민교육의 현황

(1) 교육관의 차이

다문화이주자들은 학교교육을 바라보는 시각, 곧 교육관에서 우리와 큰 간극을 보였다. 그들은 우리의 교육문화로 일상화된 학력제일주의 경향을 잘 이해할 수 없었다. 특히 한국 어머니들의 극성스러운 자녀교육방식을 놀라운 것으로 바라보았고, 그에 대한 대처방법을 잘 몰라 몹시 당황했다. 그들이 바라보고 추구하는 학교교육과 우리가 지향하는 학교교육은 상당한 격차를 보였다.

대부분의 다문화이주자들은 학교교육의 근거를 민주시민성 향상에 두었다. 곧 아이들은 학교공부를 통해 친구들과 친해질 수 있으며, 또 다양한 동호회 활동을 통한 공동체적 삶을 경험하며 그리하여 미래 삶을 기획할 수 있어야 한다. 이를 위해 학교는 마땅히 함께 어울리며 아이의 미래 삶에 도움이 되는 교육적 역할을 다해야 한다. 그들은 부모의 역할에 대해서도 학생의 소질과 능력에 맞게 공부시키고 또 아이들이 좋아하는 영역으로 진출하는 데 안내자이며 도움을 주는 후견인 역할에 그쳐야 하는 것으로 보았다. 여기에 비해 우리의 경우는 아이들의 일거수일투족에 대해 간섭하면서 어떻게든 공부 잘하는 모범생을 키워 명문대에 진학하도록 하며, 또 그런 명문대 합격을 위해 잠재력의 계발과 친구와의 협력에 의한 좋은 관계의 형성이라기보다 경쟁에서 승자가 되도록 하는 데 교육의 초점을 맞춘다. 그런 의미에서 자신들은 한국 어머니들의 상대가 될 수 없음을 느끼고 상당한 위축감을 갖게 되었다.

일본 출신 다문화이주자는 일본에도 명문대 중심의 학력주의 현상이 있지만 우리의 경우와 비교될 수 없다고 했다. 우리사회에 정착해 살면서 일본과 비슷한 교육제도로 일본교육과 유사할 것으로 생각했지만 현실에서 겪는 우리의 교육은 자신들의 경우와 상당히 달랐다고 하였다. 그들은 주어진 학교교육의 틀 내에서 그리고 커리큘럼 상에 주어진 대로 공부시키며 나름의 분명한 원칙을 지키며 무엇보다 명문대 합격을 크게 강조하지 않는 데 비해, 우리의 경우는 수단 방법을 가리지 않고 서울 소재 명문대 합격에 학교교육의 최종 목표를 두며 국영수 중심의 시험대비 학과공부에 전념한다고 했다. 이런 치열한 경쟁교육은 잠재력 계발과 사회적 조화라기보다 오히려 개인 간의 극명한 교육적 격차를 부추기며 사회적 위화감을 유발시킬 가능성이 많다. 나아가 학교교육은 시민성을 키워 살기 좋은 공동체의 건설이라기보다 경쟁에서 살아남느냐 도태되느냐의 승자 독식을 낳으며, 그 결과 다수의 패배자를 양산하여 패자 부활의 의미를 살려낼 수 없다고 하였다.

"일본과 한국의 교육제도는 유사한 측면이 있지만, 실질적 운영에서 차이

가 커요. 학교운영위원회는 일본에도 있는데 실제 운영이 한국과 크게 달라요. 일본의 경우 이지메(イジメ), 공금유용, 교사근무상태 등에 대해 관리 감독하는 기능을 수행하는 데 비해 한국의 경우 학부모와 학교 간의 대화창구로 보였어요. 일본에서도 입시교육이 중요하지만, 한국과 비교될 수 없고요. 학부모의 자녀에 대한 과잉관심이 잘 이해될 수 없고, 몇몇 명문대 중심의 교육열도 이해가 잘 안 돼요. 그 밖에도 학부모의 자녀에 대한 과잉관심, 얼굴도장 찍기, 치맛바람, 선생님께 가깝게 다가서기, 소풍 때 도시락 챙기지, 명절 때 선물 주기, 촌지 등의 학부모문화를 이해할 수 없었어요. 한국학부모들을 보면 한편에서 안 됐다는 생각이 들면서도 다른 한편에서 그렇게 해주지 못하는 데 따르는 소외감과 허탈감이 밀려와요."(참여자2, 2010.4.17. 면담)

필리핀의 경우 미국의 식민통치로 인한 미국식 교육이 정착되어 있다. 필리핀 학교교육은 서구식과 동양식이 절충된 모습을 보이며 아시아 국가 중에서 서구적 형태에 가장 가까운 것으로 평가된다. 미국 지배 동안 형성된 미국식 교육은 필리핀 학교교육에 결정적 영향을 미쳤으며, 동양권 문화에 미국식 교육이 적용된 사례로 볼 수 있다. 실제 필리핀 사회과교육은 "사회과교육의 실제적 적용에 있어서 상당한 수준까지 이르렀으며, 그들 스스로 사회과의 나선형 교육과정 조직에 있어서는 미국의 그것보다 잘 되어있다고 자부할 만큼 서구적 형태에 가까운 것으로 평가된다."(김태영, 1977). 필리핀 출신의 다문화이주자는 자녀교육에서 우리와 커다란 관점의 차이를 보이며 교육적 적응에 어려움을 겪었다. 그들의 관점에서 우리의 학력제일주의 경향을 잘 받아들일 수 없었다.

"필리핀의 경우 경제 사정이 여의치 않아 자녀 공부를 그렇게 크게 강조하지 않아요. 한국에 생활하면서 한국 엄마들은 자녀를 위해 온갖 일을 다 하는 것이 정말 이해되지 않아요. 또 필리핀에서는 아이들을 일찍 직장이나 그 밖의 곳에서 일하게 하고 돈 벌어 오는 것을 중요시해요. 물론 그것은 필리핀 사람들의 일에 대한 가치관에서도 기인하는데 필리핀인들은 젊어서 일을 해야 한다는 사고를 갖고 있어 자녀들이 공부에 열성적이지 않아요. 또 공부를 시키는 경우도 누나와 아들 동생이 같이 공부하면 집안의 경제 사정에 영향을 줄 수 있어 번갈아 시켜요. 이때도 아들/딸의 구분은 있을 수 없고요. 이런 필리핀의 자녀교육관에 비추어 볼 때 처음 한국에 와서 한국부모의 자녀에 대한 과잉교육관을 잘 이해할 수 없었어요."(참가자11, 2010.5.24. 면담).

우리의 경우 국영수로 대변되는 교과목에서 치열하게 공부하여 경쟁에서 승리하는 데 최종목표를 두는 학교교육 형태에 비해, 다문화이주자들은 학교공부를 인간능력의 다원적 가능성을 계발하며 더불어 살아가는 좋은 관계성을 형성하는 데 두었다. 그들의 경우 점수와 성적을 두고 우리처럼 심하게 닦달하지 않으며, 또 명문대 합격을 위해 갖가지 교묘한 형태의 편법적, 탈법적(?) 수단을 잘 동원하지 않는다. 우리의 학교현장에서는 비정상이 정상으로 둔갑하여 각종 비정상적 교육행위들이 일상의 형태로 이루어진다. 이즈음에서 우리의 학교교육은 품격 있는 인간과 공동선을 지향하는 민주시민의 육성에 관심을 두기보다 경쟁에서 살아남을 수 있는 전투적, 투쟁적 인간 양성에 초점을 두어 상대보다 앞서며 또 그를 이길 수 있는 승자독식의 일방적 교육에 익숙하다. 이런 승자독식의 교육형태는 국가의 교육 당국이 앞장서 부추기며, 현장학교가 체계화하여 실천적으로 주도하며, 학부모와 학생은 싫든 좋든 그런 구조를 수용하며 과열된 경쟁교육을 조장한다.

(2) 획일주의 학교문화

다문화이주자들은 우리사회 적응과정에서 자녀교육의 중요성을 깨닫고 자녀의 교육적 성공에 관심이 많았으며, 또 자녀교육의 어려움을 온몸으로 경험하였다. 우리 사회의 초기정착에 비교적 성공하였던 다문화이주자들이었지만 우리의 특이한 교육현실에서 많은 좌절을 겪었고, 특히 자녀교육은 중후반기의 성공적 적응에서 가장 큰 걸림돌이 되는 것으로 바라보았다. 적응 시간에 비례하여 사회구성원으로서의 역할을 무난히 잘 수행할 수 있었지만 자녀교육은 그 성격이 완전히 다른 것으로 자신들의 노력 여부로 해결될 수 없는 복잡한 양상을 띤다는 것이었다. 그들에게 가장 힘든 것은 우리의 학교교육이 점수와 성적 위주의 획일성에 의해 이루어지며 그것만이 최고의 교육적 가치로 여겨진다는 점이었다. 좋은 학교의 기준은 명문대 합격자 수로 등치되며, 우수교사는 시험점수에서 좋은 점수를 받도록 해야 하며, 또 모범생은 수단방법 가리지 않고 고득점을 받아야 하며, 심지어 좋은 부모의 조건도 자녀의 명문대 합격 여부로 가려지는 교육문화에서 어려움을 토로하였다.

그들은 학교에서 배우는 국영수 중심의 교과 내용들이 출신국에 비해 너무 어려워 학생들에게 학습부담이 과중될 수밖에 없으며 그에 따라 다문화자녀들은 학업성취의 측면에서 불이익을 받을 수밖에 없다고 보았다. 공부의 방식에서도 자신들 나라와 다른 객관식 선다형이어서 고득점에 유리한 기계적 방식으로 공부를 가르치고 그에 따라 학생들을 일률적으로 평가한다는 것이었다. 학생들이 갖는 다양한 특성과 개성, 각자의 잠재력을 키울 수 있는 교육방식이라기보다 시험에서 고득점을 받는 데 초점을 두어 다양한 교육방식을 살리지 못한다. 이런 현장의 학교교육에서 자신들의 자녀들이 적응하는 데 구조적 한계를 가질 수밖에 없다는 것이었다. 우리의 학교교육은 전형적으로 이중적 형태로 진행된다고 지적하였다. 겉으로는 민주시민육성에 필요한 교과목표와 내용을 갖고 있으며, 또 학교운영에서 예체능 교과와 그 밖의 몇몇 학생활동 교과목이 개설되어 있지만 실질적 측면에서는 시험용 교육에 전념하며, 교과의 운영에서도 시험에서 실적을 낼 수 있는 교과목에 집중한다. 왜 교과로 개설해놓고도 이름뿐으로 운영하는지 이해할 수 없으며, 동아리와 같은 활동중심의 교육도 유명무실하게 이루어지는지에 대해 의아하게 생각하였다.

다문화이주자들은 자녀들이 중등 고학년으로 올라가면서 입시위주의 교육이 한층 강화되며 사생활까지 잘 보장되지 않는 학교문화를 신기한 시선으로 바라보았다. 그들에게 학교는 입시를 위해 아침 일찍부터 밤늦게까지 공부하는 역할을 해야 하는 곳이 아닌 또래 아이들이 함께 어울리며 공동체성을 키우면서 각자의 재능과 잠재능력을 키우는 곳을 의미했다. 즉 그들에게 학교는 우리처럼 특정 교과학습을 통해 치열한 경쟁을 부추기며 수량화된 점수로 성과를 내도록 해야 하는 곳이 아닌 공존적 삶의 방식을 배우는 품성육성의 도장으로 여겨졌다. 입시와 시험 위주의 성과산출을 위해 전력추구하며 경쟁을 극대화해야 하는 곳으로 바라보지 않았다.

다문화이주자들은 획일적인 우리의 학교문화에 대해 강한 거부감을 드러냈다. 특히 동남아 출신 이주자녀들은 피부색과 그 밖의 몇 가지가 다르다는 이유로 아이들로부터 놀림과 야유의 대상이 되었고, 심지어 왕따를 종종 겪었다고 했다. 생김새가 다르고, 말이 어눌하다는 것도 원만한 학교적응에서 어려움으로 작용했다. 외모 차이를 인식하기 시작한 사춘기에 접어들면서 자녀들은 어머니의 정체성을 알게 되며 그것이 스트레스의 요인으로 작용했다. 동남아 출신 이주 자녀들은 학교생활에의 적응이 더욱 어렵고, 아이들 사이에서도 왕따를 비롯한 각종 차별요인에 노출된 가능성이 그만큼 크다. 대체로 출신국의 자녀들이 한국보다 잘 사느냐 그렇지 않으냐에 따라 차별적 환경에 노출될 가능성이 크다고 하였다.

학과공부 위주의 획일주의적 교육환경에서 다문화 시민교육은 근원적 한계에 직면할 수밖에 없다. 출신국의 교육문화에 익숙한 다문화이주자들은 성적지상주의 형태의 학교교육에 잘 적응할 수 없었고, 무엇보다 이런 형태의 학교교육에서 자신들의 자녀들이 희생될 수밖에 없다는 피해의식을 갖고 있었다. 시험과 성적 위주의 교육풍토에서는 다문화사회에 걸맞은 상호 공존할 수 있는 관용의 덕을 갖춘 시민역량을 키울 수 없으며, 대신 치열한 경쟁에서 승리하여 타인을 압도하는 자기중심적 인간을 키울 수밖에 없다고 보았다. 다문화이주자들은 우리의 교육환경에 쉽게 적응할 수 없는 구조적 한계, 곧 겉으로 드러나는 다문화사회의 이상에 비해 실제 모습에서는 극복할 수 없는 거대한 구조적 장벽에 직면하고 있었다.

2) 학교교육의 시장화 현상

다문화이주자들은 자녀교육의 어려움을 우리의 유별난 점수화 교육경향에서 찾았다. 그들은 특별히 중등교육을 명문대 합격을 위한 통과수단으로밖에 구실할 수 없는 것으로 보았다. 그들은 명문대 입시에 왜 그렇게 중요한지를 이해하지 못했다. 출신국에서도 명문대 합격이 중요하고 자랑스러운 것이지만 우리 경우처럼 과열된 형태를 띠지 않는다고 하였다. 자녀가 공부를 잘하고 그런 자질을 갖출 때 당연히 좋은 대학에 진학하여 공부하면 되는 것이지 우리처럼 모두가 명문대 합격을 위해 총력을 기울이는 현상을 잘 받아들이지 못했다. 학생의 능력과 자질을 고려하지 않은 채 극소수의 자리밖에 보장되지 않는 명문대 합격에 왜 그렇게 몰두하는지를 이해하지 못했다. 이런 명문대 지향의 교육상황에서는 교육의 시장화 현상이 불가치할 것으로 보았다. 학교에서도 숫자로 측정되는 점수화교육이 불가피하며, 또 학원으로 대표되는 사교육의 과열현상도 필연적일 수밖에 없다고 보았다. 그에 따라 학부모들은 엄청난 사교육비 부담을 질 수밖에 없고, 또 학생들의 심성도 거칠어지고 메말라질 수밖에 없다. 이런 소수 명문대를 지향한 학력주의 상황에서 사교육을 통한 경쟁은 치열할 수밖에 없고, 그런 경쟁교육은 자기준거적 형태로 거듭 발전할 것으로 보았다.

이런 상황에서는 교육의 양극화 현상이 불가피할 것이다. 학교교육의 시장화 경향은 기득권층으로 대변되는 사회 주류 계층에게 더욱 유리할 것이며, 자신들을 포함한 중하류의 비주류의 계층에게는 한층 불리하게 작용할 것으로 보았다. 자신들은 한국 학부모들의 극성스러운 자녀교육방식을 따라갈 수 없으며, 또 그런 시도를 한다 해도 몇 단계를 거치며 명문대 진학에의 통로에서 배제될 수밖에 없다고 본다. 한국 학부모들은 자녀의 명문대 합격을 위해 수단 방법을 가리지 않고 고급정보를 확보하여 공부시키는 데 비해, 자신들은 그런 정보에서 원천적으로 배제되며, 또 그렇게 할 수 있는 경제적 토대를 갖지도 못했다. 그들은 한국학부모들의 고액 사교육비 지출에서 상대적 박탈감을 느낀다고 하였다. 자신들에게는 그림의 떡처럼 잘 다가갈 수 없는 현상이지만 소수의 한국 학부모들은 자녀의 명문대 진학을 위해 어려서부터 각종 사교육을 통해 선행학습을 실시하며 그 효과를 선정해간다. 정규교육기관에서 정규교육밖에 시킬 수 없는 자신들의 자녀들은 손해를 볼 수밖에 없다고 하였다.

한국 어머니들은 자녀교육에 관련된 정보를 잘 알려주지 않고 독점하는 경향이 있다고 부러워하였다. 그들은 그들끼리의 네트워크를 형성해 자녀교육 관련 고급정보를 습득하며 그것을 외부에 잘 알리지 않는다. 그런 정보가 유출되어 다른 아이들이 공부를 잘 하면 자신의 아이에게 경쟁상대가 되어 명문대 진학에 걸림돌이 되는 것으로 바라본다. 이런 폐쇄적 교육문화에서 자신들이 할 수 있는 것이란 별로 없으며, 이등 혹은 삼등국민으로 시혜대상처럼 취급될 수밖에 없다고 하였다. 특히 다문화자녀를 선입견적 시각에서 바라보고 편가름 하여 접근하는 교육정책에 대해서도 문제를 제기하였다. 자신들의 자녀를 시혜대상으로 발라볼 것이 아니라 다문화사회의 동등한 주체로서 보편적 관점으로 바라보고 대우해주길 원했다. 이런 상황에서 학교교육은 보편적 민주시민성 육성을 통한 좋은 사회를 만들기에 기여하기보다 소수의 특권층 진입에 유리한 통로를 확보하여 사회적 양극화로 대변되는 계층현상의 공고화에 기여하는 방향으로 전개되는 점이 없지 않다.

사교육기관에 의한 사교육의 원리와 가치는 공교육의 형태인 학교교육에도 직접적인 영향을 미치며 '학교교육의 학원화' 현상을 가속화한다. 이미 학교는 인격도야와 품성육성에 필요한 교육기관으로서의 역할을 포기한 채 명문대 진학에 필요한 기능적 지식 쌓기에 전념한다. 시험점수로 측정되는 수량화된 점수인간 내지 앞뒤 가리지 않고 오로지 전진을 거듭하는 기계인간을 키우는 데 몰두한다. 물론 슬로건적 교육목표는 여전히 민주시민 육성이 빠지지 않지만 실제적 측면에서 명문대 진학은 학교교육의 지상목표이다. 이런 상황에서 공교육 기관으로서의 학교교육과 사교육기관에서 실시하는 사교육 사이에서 어떤 차이성을 찾을 수 없다. 오히려 명문대 입시지향의 교육적 측면에서 사교육기관은 학교보다 훨씬 유연성과 순발력을 보이며 학교교육을 능가할 정도이다. 다문화이주자들의 입장에서 사교육화 현상은 잘 이해될 수 없는 우리의 독특한 교육현상이며, 그것은 그들의 사회적응에 가장 큰 걸림돌 중의 하나로 보였다. 그것은 다양성의 축복으로 대변되는 우리 사회의 다문화주의 흐름에서 핵심적 걸림돌이 될 것이며, 다문화 세계시민의 육성에도 많은 문제를 제기한다. 다문화이주자들에게 우리 학교교육의 독특성은 극복하기 힘든 난제였으며, 이에 러시아 출신으로 미국유학 경험을 했던 다문화이주자는 우리의 학교교육을 다음과 같이 비판적으로 바라보았다.

> "러시아에서의 경험에서 볼 때 한국의 학교교육은 이해가 가지 않아요. 러시아의 경우 학급당 20~30여 명으로 미국과의 경쟁을 염두에 두고 수학, 과학에 집중적으로 투자하고 있어요. 고교는 학급당 19명, 대학은 6~10명 수준으로 강좌를 개설하여 토론과 발표, 프로젝트 작성 중심으로 수업하며, 나도 그런 교육환경에서 공부했어요. 그런데 한국의 학교교육 현실은 이런 조건과는 거리가 멀었으며, 특히 시험과 입시 위주로 똑같은 형태의 공부를 시키는 것 같아 러시아의 기준과 많이 달랐어요. 한국 엄마들처럼 딸아이(중1)의 교육에 크게 관심 두지 않으며, 스스로 해결하도록 맡겨놓고 있어요. 지금까지 딸아이는 엄마의 도움 없이 학교생활에 잘 적응하며, 특히 친구 관계와 학교생활의 측면에도 별 신경 쓰지 않고 딸에게 맡기고 있어요. 한국 엄마들처럼 성적에 특별히 관심 두지 않고 본인이 잘해주길 바랄 뿐이어요."(참가자8, 2010.6.5. 면담)

2. 다문화시민교육의 방향

1) 다문화 시민성교육의 비전과 목표

한국사회 교육의 장에서 1990년대 중후반에 이미 세계화 담론의 증가와 더불어 세계 시민성을 고려한 교육목표 논의가 있어 왔다(구정화 · 박선웅, 2011). 국제화, 세계화 담론이 한국사회의 지배적인 화두로 대두되면서 교육의 장에서도 이를 수용하기 위한 노력의 하나로 시작되었던 것이다. 지역, 국가, 세계를 교차하는 다중 시민성의 정체성 갈등을 해결하고 세계시민을 길러내기 위한 교육적 노력이 필요하게 되었기 때문이다(구정화 · 박선웅, 2011). 그러나 그 이면에는 인류 문명의 위기를 보여주는 지구환경 파괴의 문제, 국지적 전쟁, 자본주의의 세계적 확산 및 심화에 따른 전 지구적 불평등 문제들에 대한 문화적, 정치적 대항이념으로서 세계시민주의의 부활이 존재한다(박휴용, 2010). 따라서 세계시민교육은 이러한 지구화 문제를 함께 고민하고 상생의 삶을 위한 공동체적 노력을 필요로 하게 되었고, 교육을 통한 세계시민성 함양을 위한 필요성이 대두되게 되었던 것이다.

그러나 교육목표로서 세계시민성이 지니는 한계에 대한 우려와 비판의 목소리도 크다. 우리 사회가 다문화사회로 이행하는 과정에서 나타나는 문제들은 세계시민성이라는 목표로 바라보기엔 부분적이고 특수한 현상인 경우가 많다는 지적이 그것이다(구정화 · 박선웅, 2011).

나 - 지역 - 국가 - 세계'라는 삶의 다층적인 구도에서 인류의 보편적인 가치를 강조하는 세계시민성 논의 자체는 타당성을 갖지만, 특정 국가 내에서 주류집단과 소수집단 간 빚어지는 문화적, 경제적, 정치적 마찰을 어떻게 합리적으로 해결하며 서로 공존할 것인가 하는 다문화적 문제를 다루기에는 세계시민성 논의가 추상적이어서 공허해질 수 있다는 것이다(구정화 · 박선웅, 2011) 이러한 추상성을 극복하기 위해서는 구체성과 일상성을 다문화 시민성

교육을 기본 방향성으로 들여올 필요가 있다.

일반적으로, 다문화 시민성 교육은 다문화사회에서의 시민성 교육이라고 할 수 있다. 즉, 다문화사회를 살아가는 개인들에게 요구되는 시민성으로서 다문화 시민성을 기르기 위한 교육이다. 다문화 시민성 교육은 단순히 문화적 다양성을 지지하는 것을 넘어 다문화사회가 요구하는 시민의 자질을 함양할 필요가 있다. 다양한 배경을 지닌 사람들이 평등하고 정의로운 사회를 구현하기 위한 가치와 태도를 기르고 실천으로 연결되는 교육이라고 할 수 있다.

환대는 다문화사회의 진전을 가져온 세계화 시대의 가치, 즉 세계시민성을 형성하는 일종의 일상적, 실천적 태도로 이해할 수 있다. 타자에 대한 무한책임(Levinas, 1996), 공동체적 성원의식, 상호호혜성에 기반한 환대는 다문화 시민성 교육의 구체적이고 실천적인 윤리의 핵심일 가능성이 높다. 따라서 환대의 윤리를 다문화 시민성 교육에서 가르쳐야 할 태도(Attitude)와 이에 기반한 실천(Action)을 주요한 교육목표로 다루는 것이 필요하다.

주목할 것은 다문화 시민성 교육은 전 지구적 차원에서의 의사결정 과정에 영향력을 행사할 수 있게 한다는 점에서 평화, 평등, 민주주의, 인권교육을 아우르는 교육모델이 될 수 있다는 점이다. 따라서 다문화 시민성 교육은 인권교육, 평화교육, 반인종주의 교육과 다문화교육, 개발교육을 포함하는 개념으로 확장이 가능하다(이민경, 2008; 이태주, 2007).

서구학자들의 논의(Banks, 2004; 2008)에서도 다문화교육을 포괄적으로 정의하고 있다. 다문화 시민성 교육을 인종, 문화, 언어, 사회계층, 젠더 및 장애를 모두 포함하는 개념으로 정의하고 있다.

한편, 시민사회가 견고하게 작동하고 있는 유럽의 경우 다문화교육을 시민성 교육적 차원에서 접근하고 있음을 간접적으로 보여주고 있다(이민경, 2008).

세계시민성과 환대를 기초로 하는 다문화 시민성 교육은 지구촌 차원에서 자신의 존재를 자각하고 이를 실천으로 연결시키는 세계시민 양성을 목표로 하는 교육이라고 할 수 있다.

다문화 시민성 교육이란 세계시민적 가치와 윤리를 교육하는 것이며, 전 지구적 관점에서 사유하고 실천하는 것을 의미한다. 이 점에서 지구화 시대의 시민은 환대의 윤리를 기본적인 가치와 태도로 가져가는 것이며, 세계시민으로서의 행동방식을 내면화하는 것이기도 하다.

3. 다문화시민교육의 실천

지구화 시대의 다문화 시민성 교육은 정의롭지 않은 현실에 대한 비판적 안목을 기르고, 타자에 대한 개방적이고 열린 태도를 지향하며 궁극적으로 지구촌 사회의 정의를 위한 실천을 추구한다고 할 수 있다. 이러한 다문화 시민성 교육방법은 지구촌 차원의 정의 문제를 다루는 세계시민교육과 국내적 차원에서 개방적이고 열린 태도를 지향하는 다문화사회의 기본윤리라고 할 수 있는 환대를 그 핵심요소로 할 수밖에 없다.

많은 국내외 논쟁자들이 그동안 한국사회에서 주류를 이루어 왔던 문화의 다양성 인식이나 문화 상대주의적 인식을 뛰어넘어 문화 간의 불평등한 관계를 인식할 수 있는 다문화 시민성 형성을 다문화교육의 핵심요소로 언급(박선웅 외, 2010; 박선웅·구정화, 2011)하고 있는 것은 이 때문이다. 이 점에서 다문화 시민성 교육은 현실적으로 작동하는 차별과 불평등 완화를 위한 사회적 연대와 참여 등이 그 주요한 요소들이라고 할 수 있다. 한 사회 혹은 지구촌 차원에서 존재하는 불평등을 인식하고 이에 대한 사회구조적 원인을 파악하며, 이를 개선하기 위한 참여와 연대는 그 실천적 전략이 될 수 있다.

세계시민성과 환대에 바탕을 둔 다문화 시민성 교육의 차원을 인지적, 정서적, 실천적 차원으로 나누어 그 방법론을 기술하면 다음과 같다.

첫째, 인지(cognition)는 앎에 해당되는 영역으로 태도 대상에 대하여 갖고 있는 모든 상념과 지식을 말한다(Bennett, 1986).

인지적 영역에서의 다문화 시민성 교육은 사회정의와 평등, 평화와 갈등, 다양성, 지속가능한 발전, 세계화와 상호의존성을 중심으로 하여 지구화와 다문화사회의 구조적 특징과 문화에 대한 이해를 중심으로 하는 교육과정이 가능하다. 이는 지구화, 세계화의 구조와 이로 인한 변화를 이해하는 것이다. 인지적 차원의 교육은 지구촌 차원의 불균형을 인식할 수 있게 되고 이를 정의의 관점에서 해결하려는 가치와 실천의 문제로 확장될 수 있게 한다. 이러한 세계시민으로서의 의식은 다문화사회의 시민의식으로 구체적으로 연결될 수 있다. 세계시민으로서의 개인을 이해하게 되면 다문화사회를 살아가는 시민의식을 자연스럽게 형성하게 되는 토대가 될 수 있게 되기 때문이다.

예를 들면, 지구화에 대한 구체적인 이해를 위한 교육방법으로 Saito(2010)는 지구촌 사회의 연결망을 구체적인 일상에서 알고 이해할 수 있는 내용을 다룰 수 있다고 기술하고 있다.

Satio(2010)가 제안하는 학교교실 상황에서 적용할 수 있는 구체적 사례는 다음과 같다.

학생들에게 자신이 입고 있는 옷과 물건에 대한 생산지 표시를 확인하게 하여 일상적 삶 속에 지구화가 이미 들어왔음을 직접적으로 인지하게 하는 교육방법이다.

의류 상표에 새겨진 다양한 국적의 제조사 확인해 보기를 통해 세계적 차원의 경제적 연결망을 이해하게 되면, 우리의 의식주의 핵심에 지구촌 차원의 노동과 산업적 연계가 존재하고 있음을 이해할 수 있기 때문에 매우 구체적으로 지구화에 대한 이해가 가능해진다. 이러한 방법론은 사물을 통해 국지적인 것(local)을 세계 지역적인 것(glocal)으로 재개념화하는 것을 가능하게 해줄 수 있다는 점에서 매우 효과적인 방법론이 될 수 있다.

이러한 교육방법은 학생들이 일상의 삶에서 지구촌 차원의 초국적 연결망을 이해하여, 세계를 구성하는 개인, 즉 세계시민으로서의 자신의 존재를 자각할 수 있는 기회를 제공해 줄 수 있다.

세계시민으로서의 개인 정체성의 자각은 다문화사회에서 자신의 가치와 신념, 행동방식을 결정하는 핵심적인 역할을 할 수 있게 되기 때문이다. 지구적 연결망을 이해하게 되면 자연스럽게 국가 간의 경계에 의해서만 자신의 삶과 다른 사람과의 관계를 한정 짓는 방식에서 벗어날 수 있는 길이 열린다. 타인에 대한 열린 태도와 적극적으로 받아들이는 것이 왜 지구촌 사회의 새로운 윤리인지를 자연스럽게 이해하게 된다.

둘째, 정서(affection)는 특정한 대상에 대한 정서와 감정을 의미한다(Bennett, 1986). 이를 구체적으로 기술하면 다음과 같다.

정서의 특징으로는 두 가지를 들 수 있는데, 하나는 '단순성'이다(이민경 · 양계민, 2011).

태도 대상에 대하여 알고 있는 인지요소는 좋은 면과 나쁜 면을 모두 포함하는 복잡성을 띨 가능성이 크지만, 사람들이 느끼는 좋은 감정과 싫은 감정은 한마디로 표현될 수 있다는 점에서 매우 단순하다는 것이다. 이러한 단순성은 인지적 차원 이전에 특정 대상에 대하여 무의식적인 태도를 결정할 수 있다는 점에서 그 영향력이 매우 막강하다고 할 수 있다. 정서적 차원이 인지와 행동을 결정하는 매우 핵심적인 요소로 보고 깊은 관련이 있다고 한다(이민경 · 양계민, 2011).

다른 하나는 '지속성'인데, 인지요소가 망각된 후에도 영향력을 발휘하는 특성을 지니고 있다는 점에서 그 효과성에 주목하고 있다(이민경, 양계민, 2011). 이러한 특성은 후광효과를 가지기 때문인데, 후광효과는 하나의 정서가 형성되면 태도 대상의 다른 특성에 까지도 영향을 주어서 다른 특성이 발견되어도 정서가 변화하지 않게 되는 특성을 지니고 있다(이민경 · 양계민, 2011).

이처럼, 정서는 태도 변화에서 가장 변화시키기 어려운 부분이지만 가장 중요한 부분이라고 할 수 있다. 특히, 정서적인 애착은 무의식적으로 형성될 가능성이 많기 때문에 더 근본적일 수 있다고 본다(Satio, 2010).

예를 들면, 어렸을 때부터 다양한 배경을 지닌 사람들과 문화를 자연스럽게 접한 아이들은 타인과 타문화에 대한 이질감이 전혀 없고, 다양성에 대한 이해와 타인과 타문화에 대한 개방성이 매우 높게 나타난다는 것이다. 긍정적인 접촉과 경험은 다문화 시민의식을 결정하는 전체이자 토대가 될 수 있다고 본다.

이는 접촉가설에서 논의하고 있는 것처럼 접촉의 조건과 상호작용에 따라 달라질 수 있지만(추병완, 2011), 자연스러운 접촉은 공감 능력이 형성될 기회가 많기 때문이며, 타자와 다문화에 대한 친밀감을 느낄 수 있게 할 가능성이 큰 것이 그 원인으로 제기되고 있다. 일상생활에서 다양한 문화와 사람에 대한 접촉을 통해 다양성과 공존, 협력에 대한 긍정적인 경험의 중요성을 역설하는 것은 이 때문이다. 이처럼 타자와 타문화에 대한 개방감과 정서적 차원의 수용은 환대의 개념으로 이해가 가능하다. 타자와 타문화에 대한 거리감은 위계적 가치와 이방인에 대한 이질감에서 비롯될 수 있는데, 정서적 차원에서의 접근은 이러한 거리감과 이질감을 줄여줌으로써 '무조건적 의미에서의 환대'(Derrida, 2004)를 하게 되는 토대가 될 수 있다.

예를 들어, 교실 환경에서 역할극 놀이 등을 통해 학교와 가정 등 일상생활에서 다양한 상황에 의해 소외되거나 배척당하는 경험을 하게 하는 놀이를 통해 환대의 의미를 스스로 깨닫게 하는 방법을 사용해 볼 수 있다(이민경·양계민, 2011).

셋째, 행동(behavior)은 태도 대상과 관련된 실천적 태도를 의미한다(이민경·양계민, 2011).

기술 영역은 비판적 사고, 효과적인 논쟁 능력, 협력과 분쟁 해결, 불평등과 부정의에 대한 도전 능력을 가르치는 실천적 영역이다. 사회정의와 평등에 대한 헌신, 다양성의 존중, 측은지심, 인간이 변화를 만들 수 있다는 신념, 환경과 지속가능성에 대한 관심 등은 이러한 실천적 영역이 강조하고 있는 것들이다(이태주, 2007).

행동의 영역은 세계시민성과 환대가 궁극적으로 발현되는 것이기도 하고, 그 자체로 세계시민성과 환대를 체험하는 방식이기도 하다. 특히, 행동 영역에서 지구촌 시대의 시민성 교육은 교육의 일차 목표를 시민적 삶을 영위하는 데 필요한 기술과 가치를 학습하도록 하는 데 있다고 본다.

학교에서의 시민성 교육이 고양되면 다음 단계에서는 시민단체를 통한 참여 활동인 봉사학습(service learning)으로 발전할 수 있고 이는 그 자체로 교육의 목표인 실천으로 연결될 수 있다(이태주, 2007). 따라서 행동영역에서 다문화 시민성 교육을 효과적으로 시행하기 위해서는 시민사회와 다문화 교육과정을 연계시키는 것은 매우 유용한 교육방법이 될 수 있다고 본다.

시민사회는 학교 교육의 깊이와 폭을 확장하는 데 기여하며 실제로 생생한 일상의 문제들을 고찰할 수 있는 구체적인 교육 자료를 제공해주기 때문이다. 이 점에서 일상과 교육을 연계하는 '문화 정치학으로서의 교육'(Giroux, 2000)을 주창하고 있는 비판적 교육학과도 연계점을 찾을 수 있다.

비판적 교육학에서 강조하는 민주적인 시민성교육은 지역, 국가, 세계 차원의 공간에서 능동적인 시민이 된다는 것의 의미를 아는 것임을 역설하고 있다. 지구화 시대의 다문화 시민성 교육은 실천적 교육과 봉사를 통한 교육프로그램이어야 함을 역설하고 있는 것도 이와 맥락을 같이한다(이태주, 2007).

예를 들면, 지역 이주 아동 센터에서 또래 상담이나 교육 등 자신이 할 수 있는 멘토링이나 봉사활동 등으로 참여하게 되면 환대를 직접 실천하는 동시에 지구촌 시민으로서 함께 하는 협력 활동을 자연스럽게 연결할 수 있는 좋은 체험의 기회가 된다.

이처럼 다문화 시민성 교육은 학교 교실에서가 아니라 시민사회 단체들의 현장형, 참여형 프로그램을 통해 효과적으로 수행될 수 있다. 이를 위해서는 현장과 학교 지역사회의 네트워크의 필요성은 아무리 강조해도 지나치지 않다.

주목할 것은 Saito(2010)는 실천은 정서와 인지교육을 바탕으로 한 결과이기도 하지만, 실천이 다시 정서와 인식을 재구성한다는 점에서 행동의 실행과정은 매우 중요한 영역임을 암시하고 있다. 이론과 실천이 분리되는 개념이 아니라 서로를 재구성하는 관계라는 사실에 주목한 것이다.

예를 들면, 내가 타인에 대해 어떤 태도와 행동을 취했을 때, 거기서 끝나지 않고, 내가 하는 행동에 대해 그들은 어떻게 생각하는가, 그들의 필요와 상황 욕구를 제대로 이해했는가에 대한 질문과 반성적 성찰의 중요성을 강조한다. 의도하지 않은 방식으로 이주자들을 낙인화하거나 약자에 대한 배려를 일종의 '불우이웃 돕기'식으로 접근하는 것은 상호평등에 기반한 관계 형성에 매우 부정적인 영향을 줄 가능성이 높기 때문이다.

인지와 정서, 실천영역을 아우르는 교육적 방법은 서로 분리된다기보다 매우 밀접하게 연결되어 있을 가능성이 높다. 따라서 구체적인 프로그램 구성과 실행에 있어서 특정한 영역을 중심으로 이루어질 수 있지만 궁극적으로는 다른 요소들이 부가적 혹은 궁극적으로 포괄되는 방식으로 이루어질 수밖에 없다(이민경 · 양계민, 2011).

무엇보다, 가치와 태도의 변화를 목표로 하는 다문화 시민성 교육에서 가장 중요하게 언급되고 있는 것은 나와 마주 선 타자와 타문화에 대한 구체성이다. 다시 말하면, 국경을 넘는 이주자들은 보편적 인간으로 국경을 넘는다기보다 특별한 사람들과 사물들과 연결하면서 가로지른다는 것을 염두에 두어야 한다는 것이다(Benhabib, 2004). 이러한 구체성은 이주자들을 얼굴을 가진 특별한 구체적인 타자로 느낄 수 있고, 행동할 수 있게 해주기 때문이다.

초국적 연결에 대한 이해와 타자에 대한 태도가 우리 스스로의 윤리적 책임감과 대화할 때 우리는 고통받는 타자 앞에서 제대로 행동할 수 있다고 보는 것은 이 때문이다(Benhabib, 2004; Satio, 2010).

11
CHAPTER

놀이문화와 문화예술교육

1. 놀이의 의미
2. 놀이의 효과
3. 놀이문화
4. 문화와 예술교육

1. 놀이의 의미

놀이란 무엇인가? 우리는 흔히 '논다'라는 표현을 쓴다. 이때 논다는 것은 우리에게 어떤 의미로 다가오는가? 흔히 사람들은 놀이가 소비적인 느낌이 든다고 말한다. 재미있는 활동을 하며 시간을 보내는 것, 즐거움이 남는 것 등 놀이란 우리에게 매우 여유로운 의미로 다가온다.

카이와(Roger Caillois)에 따르면 사람들이 놀이에 대하여 대수롭지 않은 것을 생각한 것은 놀이의 '무상성' 때문이라고 한다. 놀이는 항상 자유로움, 위험 또는 능란함이라는 관념을 불러일으키며 우리에게 휴식이나 즐거움의 분위기를 가져다준다.

놀이는 우리를 쉬게 하고 즐겁게 해준다. 무엇보다 놀이는 어떤 것에 구속받지 않을 뿐만 아니라 현실생활에 영향력이 없는 활동을 상기시킨다. 따라서 경박한 것으로 취급받는다. 놀이는 아무것도 생산하지 않으며 업적을 낳지도 않는다. 카이와는 이러한 놀이의 특성 때문에 아주 오랜 과거에 놀이가 단순한 기분 전환 이상의 의미를 가지지 못했다고 말한다.

놀이와 반대되는 개념으로 가장 좋은 예가 '일'이다. 일이란 인간이 살아가며 반드시 해야 하는 것이다. 일이라는 것은 다분히 생산적인 의미를 지닌다. Dattner에 따르면 일은 우리의 생계를 유지하기 위해 강제적으로 요구되나, 놀이는 자발적으로 표출되는 행동이라는 것, 일은 생산과 관련되는 반면 놀이는 그 자체가 목적이라는 것, 일은 외부에서 강요된 규칙에 따르지만 놀이의 규칙은 자발적이라는 것, 일은 현실 세계에서만 이루어지지만 놀이는 현실을 초월할 수 있다는 점을 들어 일과 놀이를 비교하였다.

과거에, 사람들은 일은 중요한 것이지만 놀이는 그다지 필요한 것이 아니라고 생각하기도 하였다. 어떻게 보면 분명 인간이라는 존재에게는 일이 놀이보다 훨씬 중요해 보인다. 그리고 놀이는 일하다 지친 사람이 휴식할 수 있는, 즐기는 정도의 역할밖에는 없어 보인다.

그러나 놀이는 그렇게 미미한 의미를 지니지 않는다. 현대까지 놀이에 관한 많은 선행연구가 있었고, 놀이가 인간에게 단순한, '있어도 되고 없으면 그만'의 의미가 아님이 증명되었다. 놀이는 일 만큼이나 우리에게 중요한 의미를 지니는 행위다. 놀이는 우리에게 꼭 필요한 개념이자 과정으로 이해될 수 있다. 오늘날 놀이는 전 연령층에 대한 교육, 심리, 치료 등 여러 분야에서 폭넓게 쓰이고 있고 그 효과 또한 입증되고 있다. 특히 교육과 관련되어, 놀이의 효과는 많은 연구를 통해 소개되었다.

엘킨드(D. Elkind)는 놀이란 인간의 필수요소라고 말한다. 프로이트는 행복하고 생산적인 삶을 위한 필수 요소가 '사랑'과 '일'이라고 하였는데, 엘킨드는 이에 동의하며 여기에 놀이를 덧붙여야 한다고 말한다. 즉, 그는 인간의 삶에 필수적인 요소로 사랑, 일, 그리고 동등하게 놀이를 제시하며 이 세 가지가 인간의 사고와 행동을 강화시키는 선천적 원동력이라고 말한다. 그중 놀이는 스스로 세계에 적응하고 새로운 학습경험을 창조하고자 하는 욕구라고 주장하였다.

포스터(R. G. Foser)는 과거, 현재를 통하여 구체적인 훈련 인격 형성 및 문화적 발달 면에서 바라볼 때 매우 강력한 교육적 영향력이 있다고 말하였다. 또한 허록(E. B. Hurlock)은 아동들의 놀이가 치료적인 가치를 지니며 내적 감정을 자연스럽게 표현하는 것을 가능하도록 하며 욕구를 놀이를 통해 채워지게 할 수 있다고 말하였다.

또한 하위징아(Huizinga)는 놀이가 그 자체에 유일한 기쁨을 두는 정신적, 육체적 활동 그리고 규칙에 의해 진행되는 활동이며, 모든 문화는 놀이에서 발생한다고 말하였다.

실러(Schiller)는 놀이란 잉여에너지의 발산 과정이라 말하였고, 프뢰벨(Fröbel)은 인간의 가장 순수한 정신적 활동이 바로 놀이라고 정의하였다. 아이작(Issacs)은 아동기 놀이란 삶 자체인 동시에 세상을 이해하는 수단이라고 정의하였고, 듀이(Dewey)는 놀이가 영유아의 신체, 정서, 인지, 사회 발달을 도모하는 수단이라고 하였다.

브루너(Bruner)는 놀이의 역할에 대해 말하였다. 그는 "놀이란 문제 해결의 유용한 수단이 될 수 있는 행동의 반복 연습을 가능하게 하며, 무엇인가를 성취하는 데서 오는 긴장과 압박감을 감소 또는 완화시킴으로써 아동이 그들이 필요한 기술을 보다 쉽게 습득할 수 있게 해준다."고 말하였다.

방은령은 놀이의 특징, 성격을 다음과 같이 정리한다. "생존활동과 일에 해당되는 활동은 놀이가 아니다. 놀이는 비일상적인 활동이다. 놀이는 비생산적이며 무 목적적 활동이다. 놀이는 자유롭고 즐거움을 동반한다. 놀이는 허구세계이다. 놀이는 일상에서 분리된 시공간에서만 가능하다." 놀이는 그 자체가 목적이고 선택에 의해 하는 것이며, 즐거움이 동반되는 활동이라는 것이다.

이 밖에도 많은 사상가들이 놀이에 관한 나름의 의미를 정의하였다. 정리하자면 놀이란 단순한 '시간 때우기'의 의미가 아니라 나름의 생산적 의미가 있다고 할 수 있겠다. 놀이를 전혀 하지 않는 인간은 없다고 본다. 놀이는 역사적으로도 우리 삶에 밀접한 관계가 있으며, 보다 풍요롭고 질적으로 우수한 삶을 위해 앞으로도 계속되고 발전되어야 할 것이다

2. 놀이의 효과

인간은 놀이를 통하여 어떤 효과를 얻을 수 있는가? 첫째, 놀이는 즐거움을 주는 활동이다. 놀이의 가장 큰 효과는 물론 '즐거움과 재미'라고 생각한다. 앞서 말한 놀이의 비생산적이며 무 목적적인 특성 덕분에, 인간은 다양한 놀이를 하며 재미(Fun), 즐거움 등을 느낀다. 만일 다른 아무런 효과가 없이 단지 즐거움만 준다 하더라도, 그렇더라도 놀이의 필요성은 충분하지 않

을까 한다. 특별히, 일에 지친 현대의 인간들에게, 특히 일에 미쳐 살아간다고 평가받는 우리나라의 사람들에게는, 즐거움을 준다는 것이 매우 큰 힘이 될 것이라 생각한다.

둘째, 놀이는 심리적 안녕을 주는 활동이다. 놀이의 즐거움과 재미는 인간의 스트레스를 해소하는 효과가 있으며 이는 심리적 안정을 줄 수 있다. '심리적 안녕'의 효과가 있는 것이다. 심리적 안녕은 정신건강, 생활만족감, 행복 등과 관련이 있는데, 스트레스를 적절한 상태로 유지해 삶을 보다 건강하고 의욕적으로 지탱할 수 있게 해준다. 놀이는 이러한 스트레스의 적정선 유지와 심리적 안녕에 기여할 수 있는 것이다.

셋째, 놀이는 치료적 효과를 주는 활동이다. 심리 상담과 치료에서 놀이는 다방면에서 활용된다. 다양한 놀이 도구나 놀이 방법은 어떠한 진단을 하는데 유용한 상징성을 지니며, 이러한 놀이의 진단기능과 치료기능은 전 연령층에서, 다양한 치료와 예방에서 활용될 수 있다.

넷째, 놀이는 교육적 효과를 주는 활동이다. 놀이는 학생들의 집중력을 향상하는 데 매우 뛰어난 활동이다. 놀이에 완전히 몰입하며 탐색하고, 새로운 수준의 능력을 발달할 수 있다.

놀이는 그 자체의 활동에 몰입하게 하는 힘이 있다. 따라서 놀이를 통한 학습은 그 학습목표 달성이 매우 수월하며 학습자 또한 즐겁게 활동에 임한다. 학습자가 만족감을 느끼며 활동에 집중할 때, 교육적 효과 또한 뛰어나다. 교육활동에 놀이를 활용했을 때, 바로 이러한 강점이 있는 것이다.

다섯째, 놀이는 사회성 향상에 매우 뛰어난 효과가 있다. 놀이는 사회 안에서, 다양한 측면에서 사회적 존재로서 공존하며 소속감과 유대감을 형성할 유용한 기회를 제공한다. 즉, 놀이를 통해 공동체 의식을 형성할 수 있는 것이다.

또한 놀이의 사회성과 공동체에 관하여 살펴볼 수 있다. 모든 놀이가 해당되는 것은 아니지만 참여자가 함께하는 놀이를 통해 공동체 내의 어떠한 문화를 공유하고, 소속유대감을 형성하며 '공동체 의식'을 기를 수 있는 것이다.

이밖에도 놀이의 효과는 무궁무진할 것이다. 정리하자면, 과거에는 '일'과 상반되는 의미로 비생산적이며 인간 생존의 측면에서 필요성을 느끼지 못했을 '놀이'가 이제 많은 연구를 통해 그 의미와 효과가 증명된 것이다. 앞으로 더 많은 연구를 통해 놀이의 효과가 계속해서 증명될 것이고, 어떠한 목적을 지닌 놀이 방안 역시 계속해서 만들어질 것이다. 덧붙이자면, 연구를 하며 유아(유치원 학령기)를 대상으로 한 놀이 연구는 많이 찾을 수 있었지만, 초등학교 학령기의 아동을 대상으로 한 놀이 연구는 그렇게 많이 찾을 수 없었다. 초등학생들은 유아와 마찬가지로 놀이를 통한 교육이 매우 잘 어울리는 대상이다. 앞으로 초등학생들을 대상으로 한 놀이에 대한 연구가 많이 이루어지길 소원한다.

아동은 놀이를 통해 규칙을 익혀간다. 놀이에 참여하기 위하여 요구되는 사회적 능력 중 가장 기본적인 능력이 바로 놀이 규칙에 대한 이해이며, 모든 집단놀이에는 규칙이 있다.

아동은 규칙을 습득해가며 사회적 관계에 대한 기술 또한 익혀간다. 이러한 규칙을 익히는 가운데 일상 사회적 생활에서의 갈등 해결과 협력 등의 가치도 배울 수 있는 것이다.

또한 놀이를 통해 조망수용 능력을 기를 수 있다. 조망수용 능력에는 타인의 관점에서 상황을 볼 수 있는 능력으로 타인을 어떻게 보는지에 대한 시각적 조망수용, 타인에 대하여 어떻게 생각하는지에 대한 인지적 조망수용, 타인에 대하여 어떻게 느끼는지에 대한 정서적 조망수용이 있는데 이는 사회성 발달에 매우 중요하다.

이 조망수용 능력은 앞서 말한 배려윤리와도 깊은 관계가 있다. 타인에 대한 배려의 능력을 길러 아동의 자기중심적 사고를 변화시킬 수 있는 것이다. 그리고 이는 사회적 관계에서의 행동, 사회성 발달로 이어진다.

다시 말하여, 어린이는 다른 어린이와 함께 놀이하면서 타인과의 사회적 관계를 형성하게 되고, 그 관계에서 초래되는 문제점들에 대해 대처하고 해결하는 방안은 배우게 된다. 그리고 협동적인 놀이를 통하여 타인과의 교재관계도 학습할 수 있다.

이러한 사회적 관계 형성과 사회성의 발달은 공동체로 나아가는 구심점이 된다. 배려의 능력 등을 길러줄 수 있는 놀이를 구상해 교육적으로 활용한다면 인간관계를 습득하고 올바른 사회성을 기르며 공동체 의식을 기르는 데 필요할 것이다.

하지만 모든 종류의 놀이가 사회성과 공동체 의식을 함양시켜 준다는 것은 아니다. 놀이에는 많은 형태와 종류가 있다. 카이와는 놀이를 분류하는 것이 어려움을 우선 말하였다. 사용되는 도구의 유무에 따라 분류할 수도 있고, 도박의 성격을 가진 우연놀이와 이기기 위해 노력하는 경쟁놀이로 구분할 수도 있다.

놀이는 종류도 많으며 이를 정확히 분류하기란 매우 어려운 일이다. 여러 가지를 검토한 연구 후에, 카이와는 놀이를 네 개의 항목으로 구분하였는데, 아곤(Agon, 경쟁), 알레아(Alea, 우연), 미미크리(Mimicry, 모방), 일링크스(Illinx, 혼돈) 등이다. 그리고 규칙성의 정도에 따라 파이디아와 루두스로 나누어 이를 토대로 놀이를 분류해 정리하였다.

카이와가 연구하던 시대를 지나 오늘날에는 더욱 많은 놀이가 있고 형태 또한 다양하다.

놀이를 확실한 기준으로 나누어 공동체 의식을 함양할 수 있는 놀이와 그렇지 않은 놀이를 나누기란 쉽지 않다. 그러한 기준은 피상적인 수준에 머물 것이다. 따라서 공동체 의식을 함양하기 위한 놀이를 구상할 때 단체의 활동에 많은 의미를 두고자 한다. 공동체 의식을 함양하기 위하여 '아곤'의 요소를 없애버릴 수도 없고, '알레아'의 요소를 없애버릴 수도 없는 일이다.

3. 놀이문화

하위징아(Huizinga)의 '호모 루덴스' 인간만이 가진 특징은 무엇일까? 이에 네덜란드 역사학자인 하위징아(Huizinga)는 인간의 삶은 노동뿐만 아니라 놀이 또한 중요하다고 강조하며 인간은 본질적으로 '놀이하는 인간'임을 밝히고 1938년 『호모 루덴스(Homo Ludens)』라는 책을 출간한다. '호모 사피엔스(Homo Sapiens)'는 인간은 합리적으로 생각하는 종족이라는 뜻이고, '호모 파베르(Homo Faber)'는 도구를 만들어 사용하는 인간을 의미한다. 하지만 모든 인간이 합리적인 생각을 하는 것은 아니고, 인간뿐만 아니라 동물도 도구를 사용한다는 사실이 밝혀졌다. 그러므로 '호모 사피엔스(Homo Sapiens)'와 '호모 파베르(Homo Faber)'를 인간만의 특징으로 보는 데 한계가 있다. 하위징아(1938/2010)는 기존의 견해들이 부적절하다고 판단하고, 사람의 특성과 본질을 잘 나타낼 수 있는 단어를 찾기 위해 여러 문화를 살펴본 후 새로운 사람의 유형을 규정한다. 인간과 동물에게 동시에 적용되고, 호모 사피엔스와 호모 파베르를 아우르는 동시에 넘어설 수 있는 인간의 특징을 '놀이(유희)'로 파악하며 '호모 루덴스(Homo Ludens)', 즉 '놀이하는 인간'의 개념을 제시했다.

놀이란 광범위한 문화 현상들을 아우르는 개념으로 사전적 의미는 '신체적·정신적 활동 중에서 식사·수면·호흡·배설 등 직접 생존에 관계되는 활동을 제외하고 '일'과 대립하는 개념을 가진 활동'이다. 하위징아(1938/2010)는 놀이정신으로부터 다양한 사회적 제도와 문화를 설명하고, 놀이 개념을 문화의 개념과 통합시키려 했다. 일반적으로 문화가 경작이나 가공과 연관된 노동으로부터 기원했을 것으로 생각하는데, 하위징아(1938/2010)는 시, 철학 예술뿐만 아니라 법, 학문, 전쟁에 이르기까지 모든 문화의 기원을 '놀이'에 둔다. 하위징아(1938/2010)에 따르면 문화가 놀이에서 분리되는 것이 아니지만 문화는 놀이에서, 놀이로써 발전하는 것이고, 놀이와 뗄 수 없는 관계에 있다. 따라서 문화에 대한 논의를 위해서는 놀이를 아는 것이 우선이다.

놀이의 본질 혹은 원초적 특징이라 할 수 있는 것은 열광, 몰두, 광분 등이며 여기에 '재미'는 놀이의 본질을 규정하는 요소라 할 수 있다(Huizinga, 1938/2010). 놀이는 '무엇'을 하는 것이 아니라 '어떤' 일을 할 때 취하는 특정한 태도이다. 무엇이든 그 자체로 즐기는 태도는 인간이 가진 가장 탁월한 능력 중 하나이고, 이를 통하여 생각하고 느끼고 반성하고 배울 수 있으며, 이를 위해서는 교육이 필수적이다. 때문에 그리스어로 '무언가를 그 자체로 즐기는 것'의 의미인 '스콜레(Skholé)'가 '학교(School)'의 어원이기도 하다(한경애, 2007). 또한, 일반적으로 놀이는 진지함과 대립하는 개념이 될 것이다. 하지만 하위징아(1938/2010)는 축구, 체스 등은 아주 진지하게 진행되는 놀이이며, 아이들이 블록을 쌓거나 조립을 할 때 아주 진지하며 집중력을 발휘한다는 사실을 알게 되었다.

하위징아(1938/2010)에 따르면 모든 놀이는 '자발적인 행위'이다. 놀이는 자유로운 행위이며 자유 그 자체이기에 강제적인 행동이나 명령에 수반된 놀이는 더는 놀이가 아니다. '명령에 따른 놀이는 기껏해야 놀이를 모방한 것'에 지나지 않는다. 가령 요리가 직업인 사람에게 요리는 자발적인 행동이 아니고, 프로 축구 선수에게 축구는 놀이일 수 없다. 또한, 컴퓨터 게임을 잘하지 못하는 사람에게 이 게임은 놀이가 아니다. 어떤 외압으로 인해 놀이하는 것은 더는 놀이가 아닌 노동이 되는 것이고 자유를 상실하게 된다. 다시 말해 놀이는 물리적 욕구나 도덕적 의무로부터 자유로워야 하며 자유시간에 행해지는 것이다. 이와 같은 자유는 본능에 의해 행동하는 것과 다른데, 하위징아는 아이들이나 동물들의 놀이를 본능에 따른 행동으로 보지 않고 '즐거움'이 동반된다고 하였다. 즉, 놀이에는 육체적, 경제적 등의 목적이 있는 것이 아니라 '즐거움'이 따르기 때문에 그 안에 자유가 전제된다는 것이다. 따라서 놀이에는 신체적, 물리적, 도덕적 의무가 부가되어서는 안 된다. 놀이하는 사람은 언제든 원할 때 놀이를 중단할 수 있다.

모든 놀이는 놀이가 벌어지는 공간인 놀이터를 따로 가지고 있는데, 바둑판, 테니스 코트, 법정 그리고 컴퓨터와 스마트폰의 온라인 세상까지 그 형태와 기능에서 모두 놀이터가 될 수 있다. 즉 고립되고 울타리가 처진 신성한 장소로써 그 구역 내에서는 특정한 규칙이 통용된다. 이는 일상생활에 존재하는 일시적 세계이고, 현실과 분리된 특정 행위만이 이루어지는 공간이다.

숨바꼭질하기 위해서는 인원수에 따라 술래를 정하고, 장소는 동네 주변 혹은 놀이터 근처로 제한을 두고 술래가 숨은 사람들을 찾아낸다. 혹은 술래가 숨은 사람을 찾지 못했을 때는 '못 찾겠다. 꾀꼬리!'라고 외치기도 한다. 이렇게 놀이를 하는 데에도 질서와 규칙이 있다. '법'이라는 단어와 놀이는 어울리지 않는 것처럼 보이지만 놀이와 법률 사이에 연결고리가 있다(Huizinga, 1938/2010).

법은 엄격하고 진지하여 지키지 않으면 안 될 것 같다고 사람들은 생각하는데, 놀이도 법과 같은 절대적인 질서를 요구한다. 친구들과 축구를 하는 사람들은 아무도 축구의 규칙을 깨뜨리려 하거나 무시하지 않는다. 암묵적으로 그렇게 하기로 되어있는 것이기 때문이다. 물론 놀이의 규칙은 항상 고정된 것이 아니라 변화할 수 있다는 점에서 현실의 법과 차이가 있다. 현실에서 법의 강화는 억압으로 느껴지지만, 놀이에서 규칙이 강화되는 것은 긴장과 재미가 한층 더 강화되는 것으로 느껴지는데, 그것이 바로 놀이에 매혹되는 이유이다.

놀이를 하면서 생기는 집중력은 긴장이라는 독특한 정서를 발휘하는데, 바로 이것에서 놀이의 에너지가 솟아 나온다(노명우, 2011). 때문에 놀이에서 긴장은 매우 중요한 구실을 하는 요소이다. 만약 놀이의 규칙을 지키지 않는 사람은 '놀이 파괴자'가 되는 것이고, 이는 놀이 자체를 파괴하는 것으로 놀이를 잘하지 못하는 사람이나 속임수를 쓰는 사람보다 더 나쁜 사람이 된다.

하위징아(1938/2010)는 기꺼이 자신을 신비로 둘러싸거나 아니면 가장놀이를 통해 평상시의 세계와는 무관하다는 것을 강조하는 집단관계를 생활 속에 생기게 한다는 시각을 가지고 있다. 놀이라는 세계의 특수한 지위를 가장 잘 예측할 수 있는 것은 놀이가 가진 비밀스러운 분위기와 환경을 만들 수도 있다.

일본의 대표적 놀이인 코스프레는 자신이 좋아하는 캐릭터의 분장과 복장을 갖추고 그 캐릭터가 되어보는 것이다. 코스프레를 통해 한 가지가 아닌 다양한 캐릭터가 될 수 있는데, 이러한 과정이 놀이의 탈 일상성과 가상성을 강화한다.

형식이라는 각도로 놀이를 보았을 때, 놀이는 허구적(Fictive)이고 일상생활의 바깥에서 벌어진다. 그런데도 놀이는 놀이하는 사람을 완전히 사로잡을 수 있는 자발적이고 자유로운 행위라고 할 수 있다. 이 행위는 어떠한 물질적 이득과 효용을 제공하지 않고, 명확히 제약된 시간과 공간 내에서 이루어지며 정해진 규칙에 따라 진행된다. 또한, 집단관계를 생활 속에 생기게 하고, 자신을 은밀함과 신비로움 속에 감추거나 가장놀이를 통해 평범한 세상과 무관한 것을 강조하였다(Huizinga, 1938/2010). 즉 놀이는 즐거움을 동반한 공간과 분위기, 지위와 규칙 등을 자유롭게 넘나들 수 있다는 장점을 지니고 있다.

4. 문화와 예술교육

1) 문화의 이해

문화(culture)라는 말은 경작이나 재배 등을 뜻하는 라틴어(cultus)에서 유래했다. 자연 상태의 사물에 인간의 작용을 가하여 그것을 변화시키거나 새롭게 창조해 낸 것을 의미한다. 여기에는 정치나 경제, 법과 제도, 문학과 예술, 도덕, 종교, 풍속 등 모든 인간의 산물이 포함되며, 이는 인간이 속한 집단에 의해 공유된다. 인류적인 관점에서 보는 문화란 인간이 살아오면서 굳어진 생활양식을 의미한다(이광규, 1980).

문화를 인간 집단의 생활양식이라고 정의하는 인류학의 관점이 이런 문화의 본래 의미를 가장 폭넓게 담은 것이라 할 수 있다. 사회학이나 인류학에서는 흔히 문화를 인간의 상징체계, 혹은 생활양식으로 정의한다.

인간은 상징체계를 통해 사회를 경험하고 인식하며 다른 인간과 더불어 상호작용과 의사소통을 한다. 인간이 한 사회의 구성원이 된다는 것은 그 사회에 이미 존재하는 상징체계를 습득하여 사용할 수 있게 된다는 의미이며, 그 상징체계가 반영하고 있는 사회의 질서와 규범, 즉 생활양식을 따르게 된다는 것을 의미한다. 그렇게 보면 사회에서 의미질서, 혹은 상징체계 속에서 이루어지는 의사소통 그 자체가 문화임을 알 수 있다(박창균, 2019).

문화를 상호작용과 의사소통, 혹은 그것의 기반이 되는 상징체계라 할 때, 그것은 단순히 정신적 작용의 산물이 아니라 한 사회의 관습, 가치, 규범, 제도, 전통 등을 포괄하는 총체적인 생활양식을 의미하게 되는 것이다(한국민족문화대백과, 2020).

김은영(2014)은 문화란 인간의 삶 속에서 형성되고 인간에게 독특한 흔적을 남기며 인간이 문화를 통해 자신과 사회를 바라보고 이해하도록 돕는 특성을 지닌다고 하였다.

그런 의미에서 미국의 인류학자인 코탁(Kottak, 1994)은 문화란 사회구성원들에 의해 학습되고(learned), 상징성을 지니며 공유되는(shared), 가운데 모든 것을 아우르고, 통합적이며 양식화되면서(patterned), 다음 세대로 이어지는 특성을 보인다고 하였다(김은영, 2014). 또한 문화는 전통이나 관습, 가치 신념의 한 형태로 사회 안에서 다른 구성원들과 공유하고, 한 세대에서 다음 세대로 전승되며, 하나의 의사소통 수단으로서 역할을 한다. 나아가 새로운 문화들은 연속적으로 축적되고, 다양한 부분들은 융합되어 끊임없는 변화를 거쳐 독특한 문화와 행동양식으로 인류 사회에 존재하게 된다. 문화는 오랜 시간에 걸쳐 생겨난 개념으로 시대에 따라 그 의미가 조금씩 다르고, 학자들에 따라 다양하게 정의를 제시하기 때문에 하나의 문장으로 정리하기는 매우 어렵다. 하지만 문화에 대한 보편적인 관점은 모두 인간의 삶과 매우 밀접한 관계를 맺고 있다(한수정 외, 2020).

2) 예술교육

예술교육은 음악교육, 미술교육, 연극교육 등 개별 예술 장르들에 관한 교육을 통칭하는 개념이다. 예술교육은 우수한 예술가와 예술작품을 직접 접할 수 있도록 도와주고 한편으로는 예술의 역사와 개념에 대한 이해를 제고함으로써 모든 시민의 경험과 인식력, 창의력, 의사소통 능력을 계발하는 것이다(한국문화관광연구원, 2004). 예술교육은 개개인의 특성을 고려하여 잠재능력을 개발시키고 창조적 통찰력을 표현하게 함으로써 통합적 인격을 형성하고자 하며, 나아가 일정한 훈련과정을 통해 사회와 개인 간의 유기적인 통일과 조화를 이루는 데 그 목적이 있다(한국문화관광연구원, 2000). 근본적으로 예술교육은 '예술을 위한 교육'과 '예술을 통한 교육'의 두 가지 관점으로 이야기할 수 있다.

예술을 위한 교육은 인간이 가지고 있는 예술적 능력을 연마하는 전문가 교육이다(김민영, 2008). 다시 말해 예술을 위한 교육은 인간이 가지고 있는 예술적 능력을 개발해 주고 길러주는 교육, 즉 창조적 가능성을 개발하고 미적 경험을 갖게 하며 예술적 표현과 감상의 즐거움을 알게 하는 교육이 예술교육이다.

예술을 통한 교육은 예술적 감수성(문화적 감수성)을 기르는 것이다. 예술교육을 통하여 교양인이 되기 위한 기초 지식을 습득하여 미래의 공연 예술을 즐기는 향유자로 발전시킬 수 있는 동기를 제공하기도 한다(탁은정, 2007). 예술적 창조성, 미적 경험을 하는 예민한 감수성, 즐거움을 느끼는 감성적 가능성 같은 것은 이성적이고 논리적인 경험 세계에 속하는 것이 아니다. 그러므로 예술을 통한 교육은 단순히 예술을 가르치는 것이라고 할 수 없다(한국문화관광연구원, 2000).

또한, 교육은 인간의 소질 가운데 아직 발견되지 못한 내면의 잠재적 능력을 찾아서 발전시켜 주는 가능성(可能性, potentiality)과 도야성(陶冶性, educability)을 바깥으로 이끌어낸다는 양면성을 지닌다. 다시 말하면 교육이란 잠재적 능력을 발견하여 소질을 계발해 줌과 동시에 꿈과 끼를 키워 행복한 도덕적인 인간을 도모한다는 뜻을 가진다(민경훈, 2018).

교육은 역사이며 사회문화이다. 교육은 단순한 가르침이 아닌 가르치다의 교(敎)와 기를 육(育)이 만난 단어이다. 교육은 바람직한 인격을 형성하기 위해 지식 또는 기술을 가르치고 배우는 과정 혹은 행동의 결과이다.

교육이란 인간이 가진 내면의 잠재된 소질과 능력의 가능성을 계발 및 발전하게 하며, 윤리적인 인간 발달을 도모하는 데 중요한 의미가 있다. 바람직한 인격 형성이라는 교육의 목적이 세월이 흘러도 변하지 않은 것처럼 보이지만, 교육의 방향과 방법은 시대에 따라 많이 변화하였다. 특히, 인공지능, 로봇, 사물 인터넷 등 미래 사회에서 교육은 방향과 방법적인 면에서 많은 변화를 가져다줄 것으로 예견하고 있다(한수정 외, 2020). 미래교육의 변화는 인간존중을 지향하면서 아이들의 삶이 중심이 될 수 있도록 역량과 인성이 강조되는 교육과정 재구성을 통해 학습자 중심의 교수-학습이 그 핵심이라고 할 수 있으며, 이러한 변화가 개별 교실이 아닌 공동체를 중심으로 하여 교육적 공공성이 확보되도록 교육의 공공성이 강조되는 방향으로 교육은 변화하고 있다(최경민 외, 2018).

일반적으로 문화교육은 '문화에 의한 교육'과 '문화에 대한 교육'으로 구분할 수 있다(윤애숙, 2005).

첫째, '문화에 의한 교육'은 전인교육의 측면에서 한 문화권 속에서 발생하는 문제를 스스로 해결해 나갈 수 있는 능동적이고 자발적인 능력을 지닐 수 있도록 하는 것이다. 특히 일종의 자아 교육으로서 사회의 변화 속에서 결여된 것을 보완하도록 도와주는 의미가 강하며, 교육의 주체가 능동적으로 임하는 것이 매우 중요하다.

둘째, '문화에 대한 교육'은 서로 다른 나라, 민족이 지닌 문화를 어떻게 해석하고 행동할 것인지에 대해 가르치는 교육이다. 즉 세계의 여러 문화를 바르게 이해하며 서로 다른 문화권에서 문화적 차이에 의한 문제가 부딪혔을 때 해결할 방법을 제공하는 문화교육이다. 서로 다른 문화를 구분하고 경계 짓는 것보다는 각자의 문화를 이해하고 수용할 수 있는 공동체성을 지녀야 한다는 면을 중요시한다(문화예술교육론, 2021).

12
CHAPTER

환경과 환경교육

1. 환경의 이해
2. 환경감수성
3. 환경교육

1. 환경의 이해

환경이란 생물의 세계를 둘러싸고 있는 바깥의 둘레 가운데 생물의 생활에 영향을 미치는 모든 것을 의미하고, 이는 인간 자신과 자연과의 관계, 인간을 둘러싼 모든 환경과의 관계를 포함하는 것이다(김영래 외, 2007). 이에 인간과 환경과의 관계를 살펴볼 때, 자연에 대한 올바른 인식 없이 자연을 인간에게 필요한 자원의 창고로만 여겨 결국 산업화는 이루어지고 인간에게 물질적 풍요와 생활의 편리를 제공하게 되었지만, 인간 자신뿐만 아니라 모든 생명의 터전인 자연생태계는 자원의 고갈과 환경오염, 이상기후 현상 등의 환경에 대한 문제를 발생시켜 우리에게 생존의 위협과 후손들이 자연의 풍요로움을 누릴 동등한 기회를 가질 수 없는 결과를 가져왔다(박지영, 2017).

환경이란 생물에게 직접, 간접으로 영향을 주는 자연적 조건이나 사회적 상황을 의미한다(국립국어원, 2019). 환경이란 생물의 세계를 둘러싸고 있는 바깥의 둘레 가운데 생물의 생황에 영향을 미치는 모든 것을 의미하고, 이는 인간 자신과 자연과의 관계, 인간을 둘러싼 모든 환경과의 관계를 포함하는 것이다(김영래 외, 2007). 환경 속에서 살고 있는 인간들은 환경을 다양한 방법으로 개발함으로써 풍족하고 편리한 삶을 누리게 되었으나 환경파괴와 오염으로 인한 문제들을 겪게 되었고, 지구온난화, 사막화, 대기오염, 토양오염, 수질오염, 동식물의 멸종 등의 환경문제로 지구는 몸살을 앓고 있다(김숙자・우신욱, 2014).

레이첼 카슨(Rachel L. Carson, 2011)이 1962년에 『침묵의 봄(Silent Spring)』이라는 책을 통해 경고하였듯이 환경문제와 위기에 대해 문제의식을 갖지 않는다면 지구는 낯선 정적이 감도는 침묵하는 봄, 죽어가는 봄과 같이 될 것이다.

침묵의 봄 이전에는 자원으로서의 이용가치나 사람들의 필요성에 의한 이유로 자연을 보존하기 위한 자연보호운동이 환경운동의 주류를 이루었다. 침묵의 봄 이후인 1960년대부터 환경운동이 발생하였는데 그로 인해 과학과 기술의 발달, 도시화, 산업화 때문에 발생한 환경파괴와 오염물질의 배출로부터 인간을 보호하고, 환경재해로부터 인간을 구하기 위한 노력이 증가하게 되었다.

지구의 벗(Friends of the Earth, FOEI), 그린피스(Greenpeace), 자연보호기금(Worldwide Fund for Nature)은 현재까지도 전 세계적으로 가장 활발하게 활동하고 있는 환경운동단체들로 각각 추구하는 목적과 성격들은 조금씩 다를지라도, 이들은 모두 카슨의 '침묵의 봄'이 출간된 이후 높아진 환경의식을 바탕으로 새롭게 조직되었다(박정연, 2012). 이후 환경문제가 세계적 차원에서 부각되어 환경교육의 중요성이 강조되면서 1972년 스톡홀름에서 '하나뿐인 지구(Only one Earth)'라는 주제로 유엔인간환경회의(UNCHE, United Nations Conference of the Human Environment)에서 환경 위기에 처한 지구를 보전하는데 전 지구인이 협력하고 노력해야 한다는 '인간환경선언'이 발표되었다(박희재, 2019).

21세기 인류가 안고 있는 총체적 환경문제를 근원적으로 해결하기 위해 우리가 할 수 있는 일은 무엇이며, 우리가 해야 할 일은 무엇인지 스스로 자문해 볼 때, 환경에 대한 인식과 태도와 가치관의 변화가 절실히 요구되고 있다(곽은복, 2005). 이러한 변화의 요구를 실현시키기 위해서 장기적인 환경교육이 필요하다.

2. 환경감수성

감수성(sensitivity)은 유기체가 내·외계의 자극을 수용하는 능력을 말한다. 유기체가 내·외계의 자극변화에 대응하여 반응의 변화를 나타낼 때, 반응의 변화가 일어나는 데 필요한 자극변화의 정도는 감수성에 대응한다. 감수성의 넓은 의미로는 감각의 예민성을 뜻함으로써 감각적 반응뿐만 아니라 감정적 내지는 정서적 반응의 예민도까지 포함하며, 좁은 의미로는 오직 물리·화학적 자극에 대한 감각기관의 반응에 한해서 쓰인다(남상준 외, 1999).

환경에 대한 감수성은 긍정적이든 부정적이든 환경에 대한 태도를 형성하는 데 필요한 기본적인 요소라고 볼 수 있으며, 환경교육의 논의에 있어서 감수성이란 환경의 아름다움이나 환경문제에 대해서 무관심하지 않고 알아차리거나 이해하며 혹은 환경의 상황에 대해 공감하며 감정이입이 되는 능력이라고 볼 수 있다(우석규, 2007).

학습자가 단지 머리로 아는 데서 그치는 것이 아니라, 마음으로 느끼고 행동으로 이어질 수 있도록 하기 위해서는 정의적 영역이 강조된다. 정의적 요인은 교육의 목표 달성을 위한 수단적 기능으로서 작용할 뿐만 아니라 그 자체로도 중요성을 지니고 있다. Bloom은 '감수'를 정의적 영역에 진입하는 출발점으로 보았고, 학습을 위한 첫 단계이자 결정적인 단계로 보았다. 독일의 헤센(Hessen)주는 초등학교 고학년에서부터 중등학교까지의 환경교육의 네 가지 목표 가운데 하나로서 환경문제를 민감하게 받아들이는 감수성 훈련을 제일 먼저 명시하고 있다. 환경에 대한 감수성은 환경에 대한 태도를 형성하는 데 필요한 기본적인 요소이며 관심의 대상이 지식일 경우에는 학습자에게 환경에 대한 지식 획득의 동기를 부여해주는 계기가 되므로 이에 대한 관심과 이해가 반드시 선행되어야 한다(박진희·장남기, 1996).

환경감수성이라는 개념을 환경교육과 관련하여 연구한 최초의 연구자인 피터슨(Peterson, 1982)은 '환경감수성'을 개인으로 하여금 자연환경을 공감적 관점에서 바라보게 해주는 일군의 정의적 특성으로 정의하였다. 또한 기대감·분노·거부감과 같이 긍정적 느낌과 부정적 느낌을 모두 포함하는 개념으로 보았다(정미라, 2013). 더불어 헝거퍼드와 볼크(Hungerford & Volk, 1990)는 '환경감수성'을 자연환경에 감정 이입할 수 있는 정의적 능력으로 인식뿐 아니라 감정적인 부분까지 포함하는 것으로 보았다. 또한 공감적 시각으로 자연환경을 보며 애착을 갖는 개인의 정서적 반응 및 정의적 소양으로 정의하였다. 또한 환경부(2007)는 '환경감수성'을 자연에 대한 심미적 감각을 기르고 환경의 중요성을 인식하며 생명체의 존귀함을 느끼고 소중히 여기는 자세로 정의하였다. 요약하면 자신의 경험을 기초로 자연환경에 관심을 갖고, 환경 관련 학습에 흥미를 갖으며 환경보존 행동을 실천하고자 하는 경향성이라 할 수 있다(Chawla, 1998).

메츠거와 매큐언(Metzger & McEwen, 1999)는 환경감수성 검사 도구를 개발하며 '환경감수성'을 환경에 대한 관심인 '민감성', 환경 자극에 대한 자극에 대한 반응인 '정서안정', 환경에 대한 평가로서의 정서인 '감정이입' 세 가지 항목으로 구분하였다. 한은주(2006)는 환경 관련 서적과 기존 조사 및 연구를 통한 문항 수집을 통해 '자연에 대한 관심', '자연에서의 심미적 체험', '정서안정', '자연에 대한 동정과 연민', '오염된 환경에 노출' 5가지 범주로 구분하였다.

강용갑(2004)과 배효선(2008)은 '자연에 대한 관심', '야외 활동', '오염된 환경의 노출', '자연 고갈'로 김지윤(2008)은 '환경수용', '기대감', '거부감', '분노'로 하위 영역을 구분하였다. 배성기(2009)는 '자연과 조형의 조화와 아름다움', '환경과 생명의 소중함', '환경에 대한 감정이입', '환경의 창조적 재구성'으로 이상덕(2011)은 '자연에 대한 관심', '자연과의 접촉', '감정이입', '자연이나 사람과의 상호작용', '환경 보존하려는 실천의지'로 구분하였다. 학자들이 구분한 환경감수성 하위요소를 정리하면 <표 12-1>과 같다.

표 12-1 환경감수성 하위요소

학자	환경감수성 구성요소				
Metzger & McEwen (1999)	민감성	정서안정	감정이입		

한은주(2006)	자연에 대한 관심	자연에서의 심미적 체험	정서안정	자연에 대한 동정과 연민	오염된 환경에 노출
강용갑(2004) 배효선(2008)	자연에 대한 관심	야외 활동	오염된 환경의	자연 고갈	
배성기(2009)	자연과 조형의 조화와 아름다움	환경과 생명의 소중함	환경에 대한 감정이입	환경문제와 보존	환경의 창조적 재구성
이상덕(2011)	자연에 대한 관심	자연과의 접촉	자연이나 사람과의 상호작용	감정이입	환경 보존하려는 실천의지

이상을 종합해 보면 '환경감수성' 구성요소로 '아름다운 자연에 대한 관심, 야외활동, 생명의 소중함, 자연과 사람의 상호작용, 환경오염, 환경보존 등의 내용을 포함하는 공통점을 보인다.

3. 환경교육

우리나라에서 환경교육이 본격적으로 논의된 것은 사회의 급격한 변화로 인해 심각해진 다양한 환경문제를 해결하기 위해 제도적 법률적인 조치가 강화된 시기인 1980년대부터였다.

환경교육이라는 용어는 1948년 '자연 및 천연자원보존연맹(International Union for the Conservation of Nature and Natural Resources)'설립 총회에서 Thomas Pritchard가 처음으로 언급하였고, 이후 미국의 닉슨 대통령(Richard Nixon, 미국 37대 대통령)이 1970년 의회에 제출한 백서에서 구체적으로 서술되기 시작하였다(환경부, 2015).

환경교육이란 자기를 둘러싸고 있는 모든 사물을 가르치는 것이고 환경과 인간과의 관계를 바르게 이해하는 것으로 자연, 인간 및 문화 환경의 상호관련성을 이해하고 존중할 줄 아는 데 필요한 기능과 태도를 갖도록 하는 가치관을 기르는 교육적 과정이라고 정의할 수 있으며 인간으로 하여금 환경교육을 통해 인간과 그를 둘러싼 환경과의 관계를 포괄적으로 이해시키려는 것이라고 할 수 있다(황만익, 1990).

「환경교육진흥법」 제2조는 '환경교육'을 '국가와 지역사회의 지속가능발전을 목표로 국민이 환경을 보전하고 개선하는 데 필요한 지식 · 기능 · 태도 · 가치관 등을 배양하고 이를 실천하도록 하는 교육'이라고 정의하고 있다. 이는 환경교육이 생물학적, 물리적 환경의 측면만을 강조하던 초기와 달리 점차 사회 · 문화적 측면의 환경까지 중요하게 고려하고 있으며, 교육의 방향도 환경 및 환경문제에 대한 과학적 지식의 획득에 중점을 두기보다 가치관과 태도의 함양을 중시하는 방향으로 가고 있음을 알 수 있다(환경부, 2015).

윤오섭(1998)은 환경교육을 자연환경과 인간 환경 사이에서 상호관계를 이해하고, 환경과 관련된 문제에 대하여 관심을 가지며, 환경에 대한 인간의 책임과 역할을 인지하여 환경보전에 적극 참여하는 태도와 환경문제를 해결하는 능력을 기르는 것이라고 하였다.

또한 인류로 하여금 생물학적, 지리적, 사회적, 경제적 및 문화적 요소 간의 복잡한 상호관련성을 이해하게 하고, 동시에 환경문제를 발견하고 해결하며 환경을 관리할 수 있는 지식, 가치관, 태도 및 기능을 습득하는 것이며(UNESCO, 2005), 생활 주변의 문제를 통해 자신과 환경과의 관련성을 알고 인식하게 함으로써 환경을 보호하는 생활습관과 실천능력을 기르는 교육이다(환경부, 2002).

즉, 환경교육은 학습자가 환경에 대한 올바른 인식을 갖게 함으로써 환경과인간의 상호관련성을 이해하고 존중하며, 이를 바탕으로 환경문제를 해결할 수 있는 올바른 지식을 습득하고 실천으로 옮겨 현재의 환경문제 해결과 미래의 환경문제까지 예방할 수 있도록 이끄는 교육이

환경교육의 궁극적인 목적은 환경소양을 갖춘 환경소양인을 개발하여 환경 행동을 늘리는 데 있다. 그렇다면 환경소양은 어떤 요소를 갖추어야 하는지 환경소양의 구성요소 및 영역에 대하여 정리하였다. 지금까지 여러 학자

가 환경소양을 여러 영역으로 나눠 연구하였는데 디신저(Disinger, 1983)는 6개로 분류하였는데, 환경적 감수성, 지식, 기능, 태도와 가치, 책임감, 행동이 그것이다. 시아 등(Sia et. al., 1986)이 개발한 환경소양 모형은 책임감 있는 환경행동과 연관성 있는 변인들을 비교 고찰하여 8개의 변인으로 정리하였다. 추출된 변인은 생태학적 개념, 쟁점에 대한 지식, 쟁점에 대한 기능, 가치, 태도, 신념, 감수성, 통제의 위치 요소이다(진옥화 · 최돈형, 2005). 단편적인 지식의 전달이 아닌 건전한 환경적 결정을 하고 그에 따라 행동할 용의와 능력을 갖춘 사람의 양성으로 설명하고자 하였으며 모델 중앙의 '환경소양'은 모델 내의 다른 변인이 지향하는 최종목표이며 다음 연구에서는 환경 책무성 행동으로 대체되었다(정현희 · 서우석, 2008).

1978년의 트빌리시 선언에서 각국은 환경교육의 개념, 영역, 역할을 분명히 하였다. 또한, 환경교육을 환경문제의 일환으로서의 인구문제, 식량문제, 에너지 자원 문제, 남북문제, 핵과 군비의 축소 문제와 같이 인류의 당면과제로서 강력히 추진할 것을 합의하였으며 국가 수준과 국제 수준에서 적용할 수 있는 환경교육의 지침을 제공하였다(박태윤 외, 2003).

환경교육의 목적은 인류가 생물학적, 물리적, 사회적, 경제적 및 문화적 측면들 간의 복잡한 관련성을 이해하고, 환경을 보전하고 환경의 질을 증진시키는 데 요구되는 지식, 태도, 기술을 습득하게 하는 것이다(UNESCO, 1980).

한국교육개발원(1997)은 환경교육의 목적을 환경문제의 심각성을 인식함으로써 환경적으로 올바른 가치, 신념, 태도, 윤리를 갖게 하고, 환경적으로 바람직한 의사결정과실천적 활동을 추구하는 것으로 나타내었으며, 환경부(2006)는 환경을 소중히 여기는 마음을 기르고 생활 속에서 환경보전을 실천하여 현재 직면한 환경문제를 해결하고 미래의 환경문제를 예방할 수 있는 능력을 증진하는 것으로 보았다.

윤오섭(1998)은 자연환경과 인간 환경 사이에서 상호관계를 이해하고, 환경과 관련된 문제에 대하여 관심을 가지며, 환경에 대한 인간의 책임과 역할을 인지하여 환경보전에 적극 참여하는 태도와 환경문제를 해결하는 능력을 기르는 것으로 인식하였으며, 박희재(2019)는 학습자가 환경에 대한 올바른 인식을 갖게 함으로써 환경과 인간의 상호관련성을 이해하고 존중하며, 이를 바탕으로 환경문제를 해결할 수 있는 올바른 지식을 습득하고 실천으로 옮겨 현재의 환경문제 해결과 미래의 환경문제까지 예방할 수 있도록 이끄는 교육으로 나타내었다.

인류가 직면한 환경문제는 과학, 기술, 정치, 법적인 측면에서의 개선만으로는 해결할 수 없으며 환경문제를 야기한 주체인 인류의 환경 인식 및 태도 변화가 동반되어야 가능하다는 인식으로 확대되고 있다(서윤희 외, 2014). 환경 인식 및 태도와 같은 가치관의 변화는 교육적 접근을 통해 이루어져야 한다는 점이 부각되며 환경문제를 해결함에 있어 교육의 역할이 강조되어(유네스코한국위원회, 2008), 환경교육이 생물학적, 물리적 환경의 측면만을 강조하던 초기와 달리 점차 사회, 문화적 측면의 환경까지 중요하게 고려하고 있으며, 교육의 방향도 환경 및 환경문제에 대한 과학적 지식의 획득에 중점을 두기보다 가치관과 태도의 함양을 중시하는 방향으로 가고 있다(환경부, 2015).

13

CHAPTER

세계평화와 평화교육

1. 평화의 의미
2. 평화교육의 시작

1. 평화의 의미

평화라는 말은 여러 가지 생활 현상에 대하여 널리 사용되고 있는데, 가장 중대한 의의를 갖는 것은 국가 간의 전쟁과 평화의 대립에 관한 문제에 있다. 이런 의미에서의 평화는 국가의 정책 수행을 위해 무력 수단이 사용되지 않고, 여러 민족 여러 국가 사이에 전쟁이 없는 상태이다. 평화에 대한 바람은 이미 먼 고대로부터 표현되어 왔고 이는 사람들이 서로 생활을 즐기고, 무력 항쟁이 없는 상태를 묘사한 '낙원', '도원경'이라는 표현에서도 보인다[1](철학사전, 2009).

R.아롱에 의하면 '정치적 단위 간의 대립적 폭력형태가 어느 정도 계속적으로 정지되고 있는 상태'이다. 6·25전쟁의 휴전기간이 전시냐 평시냐는 학설상 대립이 있으나, 전통적 국제법상으로는 전시로 본다.

사실 우리는 전시인지 평시인지 분명치 않은 시대의 박명(薄明) 속에 살고 있다. 현대 국제관계는 190이 넘는 게임(game)의 주체인 각국이 지니고 있는 목적과 수단의 불확실성, 그 냉혹한 행동, 심각한 이념의 대립, 강렬한 적대감, 이 모든 것들로 상징되는 혁명시대 또는 종교전쟁을 방불케 한다. 전쟁과 평화는 서로 대(對)가 되는 개념이지만, 명확히 구별되는 별개의 영역이 아니라 게임의 각각 다른 측면이다.

인류 역사는 전쟁상태의 기간이 평화의 그것보다 길다는 것이 상식이지만, 그 평화 기간이라는 것도 어찌 보면 전쟁준비의 기간에 불과하다. 제2차 세계대전 이후의 평화는 전체적으로 볼 때 전쟁도 평화도 아닌, 역시 아롱의 표현을 빌면 '전쟁에 대신하는 위기라는 대체물'이 지배하는 평화라고 할 수 있다. 국가가 무력을 독점함에 따라 전쟁과 평화는 국가 간의 그것을 의미하게 되어, 국가 내부에서 일어난 무력충돌은 내란·내전·시민전쟁 등의 이름으로 일단 국가 간의 전쟁과는 구별되고 있다. 그러나 오늘날의 긴밀한 국제관계하

1) 임석진 외(2009). 철학사전

에서는 지구의 일각에서 일어나는 자그마한 내란도 곧 국제적 전쟁으로 발전하는 일이 허다하다. 내전의 국제화 또는 국제적 내전이라고 말하는 이 현상은 금세기의 특유한 전쟁형태이며, 평화문제를 생각할 때 간과할 수 없다.

평화에 대한 약간의 역사적 고찰을 해 보면 고대 그리스에서의 전쟁은 대부분 제한적 · 부분적 전쟁이었고, 직접적인 전쟁피해자의 평화요구에 대한 발언권도 강하지 못하였다. 오히려 플라톤 · 아리스토텔레스와 같은 선철(先哲)들은 전쟁을 가리켜 '도시국가(都市國家)의 생명력을 시험하는 건강한 시련' 또는 '인간사회에서의 자연적 현상'이라고 표현하였다. 유럽에서 인류평화에 대한 요구를 최초로 강력히 제기한 것은 원시 그리스도교였는데, 절대평화주의의 입장에 서서 전쟁 자체를 부인하였다. 현재에도 이 입장을 양보하지 않는 퀘이커교도 등의 일파가 건재하다.

그리스도교가 로마의 국교로 되면서 국가체제에 순응하여 전쟁을 긍정적으로 평가하기에 이르렀지만, 당시 아우구스티누스와 같이 '도덕적 율법(律法)'의 침범자를 제재하는 전쟁 이외에는 모든 전쟁에 반대하였다. 여기서 전쟁을 '정의의 전쟁'과 '불의의 전쟁'으로 구별함으로써 전쟁을 정전(正戰)에만 한정시키려는 최초의 시도가 나타났다. 그러나 여기서 말하는 도덕적 율법이란 그리스도교적 교리를 의미하는 것이므로, 이러한 정전론은 비 그리스도교 국가에 대한 전쟁에는 적용되지 않는다. 십자군(十字軍)은 이교도(異教徒)에 대하여 철두철미 정전이라는 명분으로 수차에 걸친 비평화적 전쟁을 감행하였으며, 모든 그리스도교 국민의 전쟁 참가를 촉구하였다. 이러한 메시아 사상적(思想的) 사고는 전쟁을 제한하려는 본래의 목적을 상실하고 전인류를 그리스도교에 교화(教化)시킬 때까지 정전을 계속하여야 한다는 도의적 의무를 고취함으로써 도리어 도착적(倒錯的) 호전주의로 전락하였다. 오늘날의 국제관계에서도 이미 종교화된 이념 간의 적대적 대립은 어느 진영에서나 왕년의 십자군적 · 광신적 이미지를 찾아보기에 어렵지 않다.

데 흐로트는 선구자들의 정전론을 계승하면서도 정전 여부를 구별하는 기준으로써 그리스도교의 교리가 아니라 자연법(自然法)이라는 만인에 공통되는 이성(理性)을 근거로 하였기 때문에, 평화론의 발전을 한 걸음 더 진전시켰다. 그의 이러한 정전론은 '야만인도 부끄러워할' 살육행위가 그리스도교의 이름으로 자행된 '30년 전쟁'에 대한 심각한 반성에서 나온 것이며, 후세에 학문적·실제적으로 큰 영향을 끼쳤다. 그러나 정전론에는 여전히 고유의 치명적 약점이 내재해 있었다. 그것은 첫째 정전을 정전으로서 정당화할 수 있는 정당한 원인은 무엇인가, 둘째 누가 정당한 원인의 존재를 인정하는가의 2가지인데, 이 문제에 대하여 객관성 있는 대답을 할 수 있는 자는 아무도 없다. 전쟁 당사자가 스스로 이를 인정한다는 것은 자기모순이며, 제3자에 의한 인정이라 하더라도 복수의 문명체계를 기반으로 하는 오늘의 현실에서는 더더욱 가망이 없다. 따라서 정전론은 인간의 '극복할 수 없는 무지'의 이론에 의하여 쌍방을 다 같이 정당한 전쟁으로 보지 않을 수 없다는 '무차별 전쟁관'에 그 자리를 양보하게 된다. '전쟁 자체의 정당성에 관한 법(jus ad bellum)'은 적용불능이며, 고작 '전쟁행위의 적법성에 관한 법(jus in bello)'만을 적용할 수 있다고 하는 것이다.

평화의 실현을 위한 구체적 방안으로서는 A.생피에르의 국제연맹계획이 그 최초이다. 이것은 J.J.루소에게 계승되어 I. 칸트에 이르러 한 걸음 더 발전하였다. 칸트는 각국은 자신의 막중한 주권의 일부를 양도함으로써 국제조직을 만들어 전쟁을 방지하여야 한다고 강조하였다. 그리고 그는 인류 본래의 도덕적 소질에 의한 전쟁폐지의 요망으로부터 자신이 제창한 평화연맹이 창설되리라고 확신하였다. 또 칸트가 '영구평화'의 조건으로 '공화정체(共和政體)'를 든 것은 그것이 평화적인 서민의 의사를 정치에 반영시킬 수 있는 최상의 제도라고 보았기 때문이다. 그는 또한 일방적 침략보다 상호무역을 유리하다고 보는 이성의 판단과 일체의 비밀조약을 비판하는 공개적 저널리즘을 강조하였다. 현대의 국제연맹이나 국제연합이 칸트가 제창한 국제평화기구의 현대판이긴 하지만, 그 목적이 전쟁을 제한 내지 방지하는 데 있으면서도 일단 전쟁이 발발하면 제한 없는 전쟁으로 발전하더라도 속수무책이라는 데 문제가 있다. 여기에는 '자위(自衛)의 전쟁'은 '정전'이라는 신념이 깔려 있다. 현대의 핵시대에 있어서 '예방전쟁'의 정당화에로 유도하는 위험사상이 바로 이러한 신념인 것이다.

국제연합의 전쟁금지 조항은 전쟁을 금지하기는커녕 오히려 침략자의 낙인을 회피하려는 '선전포고 없는 전쟁'만을 증대시킬 뿐이다. 근래에 세계정부 이론이 등장하였는데, 대국이 각각 상대방을 신뢰하고 자국의 주권을 세계정부에 양도할 결의를 가지지 않는 한 세계정부는 하나의 이상은 될 수 있으나 현실은 될 수 없다. 금일의 평화주의자들은 평화문제가 단순히 핵무기의 폐지 내지는 군비축소의 문제가 아니라, 그것을 사용하는 인간의 야심·이익·경쟁심·불안·공포 등, 요컨대 신뢰의 문제이며 정치의 문제임을 도외시한다. 한때 유럽을 휩쓴 공산주의라는 유령은 20세기에 하나의 실존(實存)으로서 전 세계를 이념상으로 분열시켜 화해할 수 없는 심연(深淵)으로까지 몰고 갔던 장본인이다. K.마르크스는 자본주의 분석을 통하여 계급투쟁과 전쟁과의 관계를 밝히면서 민족국가 내부에 잠재한 계급적 대립이 전쟁을 일으키는 최대의 원인임을 지적하였다[2].

"평화는 '소극적 평화'와 '적극적 평화'로 구분할 수 있다. 소극적 평화는 전쟁과 같은 직접적인 폭력이 없는 상태를 의미하고, 적극적 평화는 전쟁과 갈등의 원인을 파악하고, 갈등원인을 제거하기 위해 사회구조를 획기적으로 변화시키는 것을 의미한다. 평화교육은 소극적 평화를 달성하기 위해 사람들에게 군비경쟁의 성격이나 핵전쟁의 결과 등에 대해 제대로 알려줘야 한다. 그리고 적극적 평화를 달성하기 위해서 갈등의 성격을 이해하고, 폭력의 원인과 결과를 연구하며, 개인의 권리와 의무를 인식시키도록 해야 한다."

평화를 달성하는 방법은 '평화유지, 평화 만들기, 평화건설'로 나눌 수 있다. '평화유지'의 목표는 폭력이 확대되는 것을 막는 것이다. 일상생활에서 학교가

2) 네이버지식백과 평화

학생들의 안전을 위해 안전요원을 배치하는 것을 의미하고, 국제적 차원에서는 세계적인 전쟁을 막기 위해 군사력을 사용하는 것을 의미한다. '평화 만들기'의 목표는 폭력을 사용하지 않고 갈등을 해결하는 기술을 가르치는 것이다. '평화건설'의 목표는 갈등을 예방하기 위해서 폭력을 사용하지 않고, 전쟁의 공포를 피하는 방법으로 비폭력을 장려하는 평화문화를 만드는 것이다.

평화는 개인적 차원, 사회적 차원, 국제적 차원의 3가지 차원에서 이야기할 수 있다. 평화교육은 개인적 차원에서 비폭력적인 마음을 기르기 위한 수련과 인성교육을 강조할 수 있다. 사회적 차원에서는 갈등이 나타나는 현상을 깊이 관찰하고 갈등이 발생하는 원인을 찾아내며 갈등을 비폭력적으로 해결하는 방법을 찾도록 교육하는 것이 중요하다. 국제적 차원에서는 국가간의 전쟁을 초래하는 원인을 이해하고 전쟁을 예방하여 평화로운 지구를 만드는 방법을 찾는 교육이 중요하다. 교육이 인간의 인성 계발을 목표로 한다는 점에서 평화교육이 개인적 차원의 평화만을 추구하는 것으로 볼 수 있지만, 평화를 만들고 유지하기 위한 사회적, 제도적 요구에 응한다는 점에서 국제적 차원과 사회적 차원의 평화와도 밀접하게 관련될 수 있다.

2. 평화교육의 시작

평화교육은 유엔과 유네스코가 시작하였다.

"전쟁은 인간의 마음속에서 생기는 것이므로 평화의 방벽을 세워야 할 곳도 인간의 마음속이다. 서로의 풍습과 생활에 대한 무지는 인류 역사를 통해 세계 국민들 사이에 의혹과 불신을 초래한 공통적인 원인이며, 이 의혹과 불신 때문에 그들의 불일치가 너무나 자주 전쟁을 일으켰다. 인류는 문화의 광범한 보급과 정의・자유・평화를 위한 교육은 인간의 존엄에 불가결한 것이며 또한 모든 국민이 상호원조와 상호관심의 정신으로써 완수해야 할 신성한 의무이다.”

평화교육은 전쟁의 원인과 본질을 올바로 인식하고, 전쟁의 비인간성을 널리 알려서 전쟁을 방지하고 모든 생명을 존중하는 가치관을 형성하는 것이다. 평화교육의 초기에는 민족 간의 편견을 극복하고 상호이해를 증진하는 것이 평화교육의 핵심이었다. 평화교육은 평화로운 상태를 만들고 유지하는 능력을 길러주는 교육으로 평화는 노력하지 않아도 주어지는 것이 아니라 우리의 직접적인 행동을 통해서 형성되는 것이다.

평화교육은 두 가지 가정에 기초한다. 하나는 갈등과 폭력이 우리 생활에 만연하다는 것이며, 다른 하나는 갈등과 폭력을 다루고 전환시킬 방법이 있다는 것이다. 평화교육은 갈등을 회피하지 않고, 갈등에 이해와 전환을 증진시키는 방식으로 대응해야 한다고 본다.

평화교육은 3가지 차원을 모두 포함해야 할 것이다.

일반적으로 평화교육은 ‘평화에 관한 교육’이며, ‘평화를 위한 교육’이며, ‘평화로의 교육’이다. 조정기(2016)는 평화교육은 첫째, 교육목적 면에서 평화에 관한 지식을 전달하는 교육으로 ‘평화를 위한 교육’, 둘째, 교육내용 면에서 평화를 만드는 신념과 능력을 길러주는 교육으로 ‘평화에 관한 교육’, 셋째, 교육방법 면에서 ‘평화에 의한 교육’이며, 넷째, 교육이념 면에서 평화운동에 참여하여 활동하는 사람을 기르는 ‘영원한 평화인을 기르는 교육’ 등의 속성을 갖는다.

이언 M. 해리스 외(2011)는 평화교육의 열 가지 주요 목적을 이야기한다.

(1) ‘평화개념의 풍부함을 파악하기’는 기존의 문화를 지배했던 폭력적인 이미지에 대응하기 위해 학생들의 마음에 평화의 비전을 제공한다.

(2) ‘공포를 다루기’를 통해 폭력에 대한 관심을 다뤄서 학생들의 걱정을 덜어주고 갈등을 두려워하지 않도록 한다.

(3) ‘안보에 관한 정보를 제공’하여 시민들이 최선의 안보를 위한 현명한 선택을 내릴 수 있도록 한다.

(4) '전쟁행위를 이해'하도록 어떤 사람과 문화와 정치체제가 인간의 필요를 충족시키거나 혹은 좌절시키는지를 학생들에게 가르친다.

(5) '문화 간 이해를 증진'시켜서 다른 문화에 대한 존중을 장려하고 인간 공동체의 다양성을 인정하도록 돕는다. 학생들은 지구에 존재하는 인간들이 상호의존 되어있다는 사실과 인간의 생존이 상호 협력에 달려 있다는 점을 배워야 한다.

(6) '미래지향성'을 제공하여 우리 사회를 재창조하고자 한다. 학생들에게 미래에 대한 긍정적 이미지를 제공하여 희망을 품을 동기를 부여한다.

(7) '과정으로서의 평화'를 가르쳐서 평화를 달성하고자 원하는 사람은 자신의 미래비전을 구현하고자 할 때 평화가 자신의 삶을 전환시키는 과정임을 이해한다.

(8) '사회정의를 수반하는 평화개념을 정립'하여 국가안보 이슈만이 아니라 사회정의, 인권, 여성주의, 인종주의, 비폭력과 같은 이슈에도 초점을 맞춘다.

(9) 평화교육은 '모든 형태의 생명에 대한 존중'을 가르친다. 학생들은 수업을 통해 긍정적인 자아상, 자신과 타자에 대한 책임감, 타자에 대한 신뢰, 건강한 자연계에 대한 배려 등의 태도를 발전시킬 필요가 있다.

(10) 평화교육의 궁극적 목적은 '갈등을 비폭력적으로 관리'하는 것이다. 학생들은 갈등을 비폭력적인 방법으로 해결하는 법을 배우고 미시적 차원과 거시적 차원에서 평화를 위한 다양한 전략을 배운다. 인간의 잠재력을 충분히 발휘하기 위하여 폭력이 줄어들어야 한다.

평화교육의 전제와 핵심내용은 ① 평화능력의 학습 가능성, ② 적대적 타자상의 제거와 갈등조정능력 함양, ③ 평화부재의 현실 비판, ④ 실천지향과 행동 보조, ⑤ 타인과의 공존, ⑥ 폭력의 심층에 대한 이해이다. 학습자가 누구이든 학습을 통해 '평화능력'를 확보할 수 있다.

평화교육의 방법에 있어 요한 갈퉁(Johan Galtung)은 “평화는 평화적으로 가르쳐야 한다”고 강조하였다. 평화교육은 학생들이 교실운영에 참여하고, 평화교육에 기여할 수 있는 능력을 인정해주며, 전쟁과 평화에 대하여 열린 대화를 허용하는 것을 포함하여 평화적인 방법과 다양한 테크닉을 사용해야 한다.

평화교육은 평화능력을 함양하는 것으로서 교육방법도 폭력으로부터 자유로운 학습과정과 절차를 전제한다.

“첫째, 공감은 평화학습의 감정적 토대이다. 평화교육은 구타나 징벌 또는 심리적 압박 같은 교육방법의 폐지를 전제로 한다. 둘째, 평화교육에서 교육자와 피교육자의 관계는 상호평등과 존중의 원칙으로 이뤄져야 한다. 셋째, 평화교육은 개인이 자율성을 촉진하고, 집단과 벗어난 독립적인 견해를 발전시키도록 하면서 건설적인 사회적 체험을 통해 다른 정체성을 인정할 줄 알도록 돕는다. 넷째, 평화교육은 비판적인 사고와 창조적 대응력을 중심으로 분석과 비판 및 행위능력의 영역까지 포괄한다.”

위와 같은 방법으로 이뤄지는 평화교육을 위해 세 가지 역량이 중요하다.
첫째, 갈등과 폭력에 대한 연관관계 파악과 자립적인 분석과 대결 역량
둘째, 자존, 자의식, 용기와 같은 사회적 역량으로서의 평화능력
셋째, 사회적 정치적 행동을 위한 능력으로서의 평화행위

한반도에서의 평화를 위협하는 주요 원인인 전쟁위협, 막대한 국방비, 핵무기 등의 문제는 분단에서 비롯된 것이므로 평화교육은 우선 평화통일을 추구하는 내용이 핵심이 되어야 한다. 사람들의 내면에 있는 적대감을 해소하고, 분쟁보다 대화를 통해 문제를 해결하려는 의지를 가지는 것이 필요하다. 남북의 교류에서 주민들 간의 상호갈등을 줄이면서 동시에 평화교육을 통해 평화를 사랑하는 마음을 기르도록 한다. 평화교육이 전쟁위협을 억제하고 평화통일 달성에 있어서 그리고 통일 이후의 민족 통합과 갈등 해소에

힘이 될 것이다.

이기범(2018)은 "평화교육의 목표는 '현상유지'가 아니라 '현상 변혁'에 있다." 폭력을 은폐하거나 더욱 심화시키는 기존의 권력 관계를 변혁할 수 있는 역량을 개발하여 기존의 질서에 대한 도전을 허락하는 평화교육이어야 한다.

평화교육은 학습자가 학습한 내용을 넘어 스스로 평화로운 사람, 평화로운 존재임을 인식하고 형성하는 과정이다. 자신과 세상을 인식하는 관점에 변화가 생기지 않는다면 평화교육의 목표를 달성한 것이 아니다. 평화교육은 평화정치와 평화문화의 출발이자 동력이면서 서로 연결하는 핵심역할을 한다.

14
CHAPTER

빈곤과 기후변화

1. 빈곤의 개념
2. 빈곤과 아동기
3. 기후변화

1. 빈곤의 개념

빈곤은 인간사회에서 가장 심각한 사회문제 중의 하나로 일반적으로 '가난'이나 '결핍'을 가리키는 용어로 사용하지만 시대와 나라에 따라 매우 다양한 의미를 내포한다.

빈곤의 개념은 단순하게 최소한의 생활을 유지하지 못하는 상태를 가리키는 용어이기도 하지만, 보통사람 이하의 생활수준을 가리키기도 한다. 학자에 따라 빈곤의 절대적 기준과 상대적 기준을 놓고 의견이 분분하다. 하지만 어떤 학자는 빈곤의 모든 개념이 불충분하다고 지적한다.

세계은행의 빈곤에 대한 정의를 따르면, 빈곤은 명백히 복지가 박탈된 상태로, 경제적 기회, 교육, 보건과 영양 그리고 권한부여 및 안전에 있어서의 인적 박탈을 의미한다고 하며 빈곤의 사전적 정의를 살펴보면 다음과 같다.

웹스터(Webster) 사전에 따르면, 빈곤은 통상적이거나 사회적으로 인정되는 양의 현금이나 재산을 가지고 있지 않은 사람이 놓여 있는 상태를 가리킨다. 프랑스의 리뜨레(Littre) 사전에 따르면, 빈곤은 재산이 부족한 것을 가리킨다.

브리태니커(Britannica) 백과사전에 따르면, 빈곤은 통상적이거나 사회적으로 필요하다고 인식되는 양의 현금이나 재산을 가지고 있지 않은 사람이 놓여 있는 상태를 가리킨다.

이렇듯 빈곤은 모호한 개념임에도 다양하게 정의되어왔으나 가장 널리 활용되는 일반적인 빈곤의 정의는 크게 빈곤선을 절대적 기준으로 하는 '절대적 빈곤'과 빈곤선을 상대적 기준으로 파악하는 '상대적 빈곤'으로 구분 지을 수 있고 최근에는 '주관적 빈곤'으로도 설명된다.

우선, 절대적 빈곤의 개념은 19세기 말 영국 라운트리(Rowntree)의 초기빈곤 연구에서 찾아볼 수 있다. 그는 전체 소득이 단순히 신체적 효율성을 유지하는 데 필요한 최저수준을 획득하지 못한 가족을 빈곤이라고 하였다. 이것을 1차적 빈곤이라고 하였다.

또한 유엔이 주최한 세계 사회 개발 정상회담(World Summit for Social Development)에서 발표된 '코펜하겐선언(The Copenhagen Declaration)'은 절대적 빈곤을 "음식, 안전한 식수, 위생시설, 건강, 주거, 교육과 정보를 포함하는 기초적인 인간의 필요가 심각하게 박탈된 것을 특징으로 하는 조건"으로 정의했다. 이러한 빈곤개념에 의하면, 최저수준의 생계 및 영양이 박탈된 상태 즉, 기본적 욕구가 충족되지 않은 상태를 절대적 빈곤이라 할 수 있다.

이처럼 빈곤의 수준을 나누려면 그 최저수준 또는 기초적인 욕구가 충족되지 못하는 수준을 의미하는 빈곤선을 정하여 설명한다. 빈곤선이란 특정 국가에서 기본적인 욕구를 충족하며 살아가는 데 필요한 최소한의 수입수준이라고 볼 수 있다. 세계은행에서 2008년부터 사용하기 시작한 1.25달러의 빈곤선이 현재 널리 인용되고 있는 편이다.

다음으로, 상대적 빈곤은 빈곤의 개념을 상대적 관점에서 규정하는 것을 말한다. 자기 삶의 질이 다른 사람에 비하여 주관적으로나 객관적으로 소득, 교육, 권력, 기회 등이 박탈되어 있을 때 상대적 빈곤 또는 박탈이라고 한다.

타운센드(Townsend)는 인간이 사회적 존재라는 점을 강조했다. 그렇기 때문에 그는 인간 생존에 절대적으로 필요한 필수품조차 상대적인 것이라고 주장했다. 그는 『영국의 빈곤: 가구의 자원과 생활수준에 관한 조사(Povertyin the United Kingdom)』(1979)에서 상대적 빈곤 개념을 한층 더 다듬어 상대적 빈곤을 '상대적 박탈'로 이해하는 것이 타당하다고 주장했다. 즉, 빈곤이란 '개인과 가족, 집단이 적절한 식사를 하고 사회활동에 참여하며, 그들이 속한 사회에서 관습적이거나 적어도 광범하게 장려되고 승인되는 생활수준과 편의시설을 얻는 데 필요한 자원이 결여된 상태'를 의미한다고 하였다. 또한, 타운센드는 상대적 박탈은 사람들이 열망하는 속성, 예컨대 소득, 고용 조건 및 권력을 다른 사람보다 덜 갖게 된 상황을 말하고, 또 이것을 자원의 불균등한 배분의 결과라고 하였다. 그는 소득, 자본재, 특별직업급여, 공공서비스 및 사적 서비스 등 5가지 자원배분의 불평등이 빈곤이라고 하였다. 절대적 빈곤은 아사와 같은 상태를 말하지만, 상대적 빈곤은 이러한 것이 해결된 상태에서의 불평등을 의미하는 것이다.

마지막으로, 주관적 빈곤이란 객관적 기준 없이 빈곤 당사자들의 주관적 판단에 의해 정의되는 빈곤을 의미한다. 주관적 빈곤 측정방법은 사회조사에 의한 방법과 라이덴(Leyden) 방식이 있다. 사회조사에 의한 방법은 사람들에게 한 세대가 지역사회에서 살아가는 데 필요한 최소한의 비용을 설문조사를 통해 수집하고 응답한 금액의 평균을 산출하여 빈곤선으로 결정한다. 그리고 이 빈곤선 이하의 수입을 가진 사람을 빈곤층으로 정한다.

라이덴(Leyden) 방식이란 네덜란드 라이덴 대학의 학자들이 개발한 것으로 사람들에게 자신들의 사회, 경제적 상황을 고려하여 삶을 유지하는 데 필요한 최소소득(빚지지 않고 겨우 살 만한 소득수준)이 얼마인지 묻고 이를 바탕으로 응답한 최소소득과 응답자의 실제 소득을 비교하여 최소소득과 실제 소득이 일치하는 점을 빈곤선으로 결정한다. 이것은 개인의 실제 소득에 따라 개인이 주관적으로 판단하는 삶의 유지를 위한 최소소득도 높아진다는 점을 반영한 계산방식이다. 그러나 '삶을 유지하는 필요한 최소소득'이라 함은 매우 주관적이고 가변적인 기준이어서 너무 광범위하기 때문에 사회적으로 많이 사용되고 있지 않은 실정이다.

이렇듯 다양한 빈곤의 개념에 따르면, 빈곤문제는 최빈국에만 존재하는 것이 아니라 선진국에서도 존재한다. 하지만 최빈국의 빈곤문제가 선진국의 빈곤문제 보다 훨씬 심각하며, 이로 인해 많은 사람들이 생사의 갈림길에 놓이기 때문에 본 연구에서 절대빈곤(혹은 극심 빈곤)에 초점을 맞춰 살펴보도록 한다.

2. 빈곤과 아동기

빈곤은 대다수 사람들의 삶에 부정적인 영향을 미치나 특히 생애 초기 단계는 건강한 발달의 초석이 되는 중요한 시기이기에 더욱 심각한 영향을 미친다. 영유아기는 개개인의 전체적인 발달 속도가 급격하면서도 한편으로는 환경으로부터의 영향에 가장 취약한 시기이기 때문이다. 그래서 아동은 성인에 비해 빈곤으로 인한 영향을 훨씬 더 크게 받고, 상대적으로 더욱 심각한 결과가 초래된다. 영유아기 발달에 대한 기존의 선행연구들에 의해 생애 첫 5년의 경험이 아동의 사회·정서적 발달에 미치는 영향이 수없이 강조되었으며, 부정적인 초기 경험은 아동의 정신적 건강에 해를 끼칠 수 있음이 밝혀져 왔다. 그뿐만 아니라 부정적 초기 경험은 개인의 인지적, 행동적, 사회·정서적 발달에도 악영향을 미치는 것으로 나타나고 있다.

듀칸(Ducan)의 연구에 따르면 빈곤은 아동의 신체적 측면뿐만 아니라 능력과 성취, 심지어 정서적 측면에 중요한 영향을 미치는 것으로 나타났다. 아동 빈곤의 영향은 특히 결식경험과 문제행동에서 높게 나타났다. 빈곤아동의 배고픔 경험은 비빈곤 아동보다 거의 10배 정도 높았으며, 학대와 방임의 경험도 6.8배 높게 나타났다. 또한 10대 미혼모의 비율도 3배 이상 높았다. 빈곤 아동은 학업성취 측면에서 비빈곤 아동보다 2배 이상의 부정적 결과를 보였다.

또한 신체건강에서는 발육부진과 같이 정상적인 발달을 저해하는 요인들도 높게 나타났으며, 가장 극단적인 데이터라 할 수 있는 아동기 사망률(1.5배)과 영아사망률(1.7배)도 비빈곤 아동보다 높게 나타났다. 이처럼 경제적 가정환경에 따라 아동 간의 출발선의 불평등을 초래하며 이는 기회의 박탈을 초래하고 이러한 기회박탈은 성인기에 후유증으로 남아 삶의 차이를 만들어낸다. 즉, 빈곤이 세습되도록 함으로써 빈곤의 악순환을 초래한다는 것이다.

3. 기후변화

기후변화를 우리나라 국어사전에서는 '일정한 지역에서 오랜 기간에 걸쳐서 진행되는 기상의 변화'라고 정의하고, 이상기후는 '강수량이나 기온 따위가 정상적인 상태를 벗어난 상태'라고 한다. 그렇다면 기후란 무엇일까? 평균적으로 특정 지역에서 나타나는 일기의 특성을 기후라고 말하고 있다. 날씨 관련 기상캐스트들이 쓰는 용어 중에 '평년기온'이라는 용어가 자주 나오고 있는데 세계기상기구(WMO)에서 30년 통계치를 평년기온으로 말하고 있으며, 바로 기후 값이 된다. 따라서 올겨울에 한파가 올 것이라는 예보를 하였다면 기후를 바탕으로 한 것이 된다. 그러나 기후는 고정된 값이 아니라 지구가 생긴 이래로 꾸준히 변화하고 있으며, 변화의 요인 또한 다양하다. 대기, 해양, 육지, 설빙, 생물권 등의 변화와 성층권의 에어로졸 증가, 화산폭발, 태양 활동의 변화, 이산화탄소와 같은 온실가스가 증가하고, 산업 활동의 영향으로 온실가스뿐만 아니라 다량의 미세먼지가 대기로 방출되어 기후변화에 영향을 미치기도 하며, 국지적으로는 열섬(heat island) 효과 등에 의한 도시기후의 변화 등도 원인이 된다(기상청: http://www.kma.go.kr).

브뤼크너(E. Brückner)에 의하면 35년 강수량 주기는 약 2회만 우리가 일생 동안 경험할 수 있다고 말하며, 60년이나 80년 주기의 경우는 우리 일생에 한 번 경험할 정도라고 말하고 있다. 이보다 더 긴 주기의 변화는 평생을 통하여 경험이 불가능할 것이다. 그러다 보니 기후변화가 많지 않았던 과거에는 이런 문제점에 관심이 별로 없었다. 그러나 이제는 과거의 50년 변화가 10년 이내에 발생하고 있으며, 기후변화에 따른 폭이 너무 커서 사람들이 직접 체험할 수 있을 정도가 되었다.

우리나라 기후변화는 1912~1941년까지 최근 30년간의 기온은 20세기 초보다 1.4℃ 상승하였다. 여름은 19일 길어졌고 겨울은 18일 짧아졌으며, 기온상승에 따라 고온과 관련된 극한기후지수는 증가하고 저온과 관련된 극한기후지수는 감소하였다. 강수량은 20세기 초보다 124mm 증가하였으며, 강한 강수는 증가하고 약한 강수는 감소하여 강수의 양극화 현상이 나타나고 있다. 지난 100여 년간 우리나라의 계절 시작일은 봄이 13일, 여름은 10일 빨라지고, 가을은 9일, 겨울은 5일이 늦어졌으며, 명백한 건 산업화 이후로 전 지구의 온난화가 진행되어 20세기 후반에 관측된 기후변화들은 지난 수십 년간에 전례가 없는 현상(IPCC, 2013 보고서)이 나타나고 있다.

1973년 이후 우리나라에서 기록관측 이래 가장 기온이 높은 연도는 2016년도로 강원도 홍천이 41℃를 경신하였으며, 세 번째로는 2015년이 높은 연도, 2017년은 일곱 번째로 높은 연도로(45개 관측소 평균), 최근의 온난화가 뚜렷하게 나타났으며, 2018 온열질환자 4526명 중 48명이 사와 사망자 수 인간의 산업 활동에 의해 온실가스 농도가 증가하여 발생하는 기후변화에 따라, 호우, 폭염, 폭설 등의 발생빈도가 증가하고 있으며, 이는 자연재난 증가로 직결된다(한반도 100년의 기후변화, 2018).

15
CHAPTER

생명존중과 생태시민성

1. 생명존중의 개념
2. 생태적 감수성
3. 생태시민성

1. 생명존중의 개념

생명은 누구나 손쉽게 추상해낼 수 있고, 일상적 언어 사용 중에 큰 어려움 없이 통용되는 개념이다. 우리는 살아있는 존재와 그렇지 않은 존재를 쉽게 구분할 수 있는데, 이러한 구분의 과정에서 살아있는 존재를 특징짓는 내용, 즉 '살아있음'의 성격을 추상해낸 개념이 바로 '생명'인 것이다(장희익, 2001).

생명이란 생물로써 보여지는 보편적인 개념이나 본질이 깊고 넓은 것이어서 어떤 하나의 관점에서 간단히 표현할 수 없을 뿐 아니라 생명의 본질적 측면에 대한 정의도 어렵다(지미경, 2006). 생명은 관념이 아니라 사실이며 나 자신이 생명이고 우리 주변에 생명이 있고 가축과 들짐승과 풀과 꽃, 산과 강이 생명이며, 인간의 생명뿐만 아니라 다른 생명체들도 의미하는 자연의 의미로 파악할 수 있다(김성연, 2000).

오늘날 생태계 위기와 더불어 인류 생존의 위협을 받고 있는 상황에서 생명을 존중하는 것은 매우 중요하다. 존중한다는 말의 어원을 보면 대상물을 되돌아보고 배려하고 숙고하는 것을 의미한다. 결국 생명을 존중한다는 것은 모든 생명체들을 관심을 가지고 배려하고, 중요하게 여긴다는 의미가 깃들어 있다(이혜원, 2012). 존중이라는 말은 어떤 사실을 나타내기보다는 사람의 정서 감정열망을 반영하는 '가치어'이므로 따라서 생명존중이란 인간의 생명을 넘어 모든 생명에 대한 존중을 의미한다.

생명존중인식이란 생명의 존귀함을 알고 살아 있는 모든 생명을 귀하게 여기는 가치의 중요성을 인식하는 것을 뜻하며(김영주, 2018), 생명인식을 바탕으로 생명존중에 대한 교육을 유아기부터 시작함으로써 유아들의 마음속에 생명을 귀하게 여기며 더불어 조화롭게 생존해 가야 한다는 생명존중인식을 심어주어야 한다(권은주, 2000).

생명존중인식은 자신의 생명 중요성을 알고 나아가 식물과 동물 그리고 타인을 포함한 자연의 다른 모든 생명이 자신과 똑같이 소중한 생명체라는 것을 느끼고 인식하여 소중히 여기는 생명존중태도를 형성하기 위해 반드시 필요한 교육이다(정미라, 2013). 생명존중인식은 인간이 자연과의 친밀한 상호작용을 통해 자연의 일부로서 더불어 살아가야 함을 깨닫는 과정에서 형성된다.

2. 생태적 감수성

현대사회는 최첨단 과학의 발달로 인간의 삶은 풍요로워지고 윤택해졌지만 물질만능주의, 이성중심주의, 인간중심 세계관으로 인한 생태계 파괴 및 공동체해체, 그 외 감성의 상실 문제를 동시에 가지고 있다. 이러한 사회적 현상을 극복하기 위한 노력 중 하나로 '생태적 감수성'의 함양을 들 수 있다(장미연, 2017). 생태의 사전적 의미는 생물이 살아가는 모양이나 상태를 뜻한다. 감수성은 외부 세계의 자극을 받아들이고 느끼는 성질을 뜻하며, 선천적인 것보다 후천적으로 발생하는 환경요소나 교육 등으로 길러질 수 있는 정서(이성덕, 김현균, 2010)를 의미한다.

생태적 감수성이란 지식, 가치, 태도의 기초로서 자연 및 생태문제에 대한 정서적 반응의 양식들을 말한다(정다솜, 2018). 생태적이란 표현은 '생명주의, 생태주의가 바탕이 된'이라는 의미가 전제가 되거나 부여됨을 의미하며, 생태주의 가치관, 생태주의 세계관을 가지고 감성적 차원으로 대상과 세상을 바라본다는 것을 뜻한다.

생태적 감수성은 자연체험을 통한 감수성과 더불어 '자연이라는 대상'에 대한 감수성이 모두 포함되는 개념이다(장미연, 2017). 즉, 생태적 감수성이란 자연과 생명을 느끼는 감정, 즉 인간과 자연의 조화, 생명의 존재, 생명성, 생명의식과 이에 관한 사랑, 배려, 희망, 행복, 기쁨과 같은 긍정적인 정서를 말한다(김태경, 전연우, 조희숙, 2014).

자연이라는 외부자극에 대하여 인간이 가지는 관심이나 호기심, 공감적 정서, 감정이입뿐만 아니라 그 속에서 나타나는 생명에 대해 존중하는 마음, 심미적인 체험, 생태적 상상력 등으로 정의할 수 있으며(김명선, 2015), 생태적 상상력을 바탕으로 전체론적 세계관에서 생태적 자아로서 자연의 대상을 인지적이며 정서적으로 민감하게 받아들이며 공감적 태도와 더불어 자연의 아름다움을 느낄 수 있는 심미적 감각(노희정, 2013)과 자연에 대한 흥미와 관심을 가질 수 있는 기회를 통하여 자연을 사랑할 수 있는 마음, 자연의 아름다움을 느끼고 즐길 수 있는 체험활동 후의 자연에 대한 긍정적인 감정으로 정의할 수 있다(변영호, 2008).

3. 생태시민성

세계화와 환경적 책임의 개인화라는 배경 속에서 나타난 생태시민성은 비영토적인 속성을 가지는 시민성의 공간 속에서 계약이 아닌 관계성에 기반을 둔 공간적이고 역사적인 책임과 의무를 내포하고 있다(김병연, 2011). 타자중심의 새로운 유형의 시민으로 지난 십여 년 동안 유럽의 환경 정치학 분야에서 새롭게 제기, 논의되고 있는 개념이 생태시민성이다(백지혜, 2015).

생태시민성은 생태적이면서도 민주적인 시민(박순열, 2011)으로 환경문제를 야기한 사회구조적인 측면에 문제의식을 가지고, 이를 생태적으로 건전하게 조정하고 재구성할 수 있는 능력, 거시적이고 총체적인 관점으로 인간과 자연의 관계 및 사회와 자연의 관계를 바라볼 줄 아는 안목, 정의와 사회정책적인 분배에 대한 문제의식 등을 갖춘 시민(김소영 외, 2012)으로 정의될 수 있다.

생태시민성은 현재 바로 이곳에 존재하는 것은 아니지만, 환경문제를 중심에 두고 경제적, 사회적, 정치적, 그리고 문화적 영역을 어떻게 결합시켜야 생태적으로 건강하고 또 민주적인 사회가 가능할 것인지에 대한 논의를 가능하게 해주는 규범적인 토대를 제공해준다(박순열, 2010a).

돕슨(Dobson, 2003)이 제시한 생태시민성의 특징에서 생태시민성은 계약과 같은 외적인 강제가 아니라 역사적 책무감과 같은 내적인 동기에 따라 행동하며 사고의 범위가 국가의 경계를 넘어서 다층적이며, 공적영역에서뿐만 아니라 사적영역에서도 배려, 호의와 같은 덕성을 실천하며 권리의 대상이 미래세대와 비인간 생물 종에까지 확장된다(백지혜, 2015). 이는 기존의 시민성 개념에 환경에 대한 고려를 추가하는 식의 시민성의 개념적 확장이 아닌, 환경문제를 정의롭게 해결하는 시민양성을 목표로 새로운 틀을 만들고 이를 적극적으로 실현해내는 시민에 대한 정의를 나타내기도 한다.

1) 생태시민성의 배경

세계화는 국민국가를 넘어서는 정체의 출현과 강화, 이주자의 급증, 초국적 기업의 확장 등으로 나타나면서 새로운 유형의 시민성을 요구하고 있다(백지혜, 2015). 배타적 영토성에 기인한 국민국가와 그 속에서 부여된 시민성이 갖는 한계는 기후변화와 같은 초국적이면서도 세계적(Gloval)인 환경문제에 국민국가체계로 문제해결에 적절하지 못하다는 점에서도 드러난다(박순열, 2012).

우리가 환경문제에 있어서 세계적으로 행동하지 않게 된다면 전 지구적 차원에서 발생하는 환경문제들을 해결할 수 없을 것이다. 이처럼 환경문제에 있어 지구적, 지역적으로 사고할 수 있는 능력, 동시에 지구적, 지역적으로 행동할 수 있는 능력을 가진 사람은 하나의 영역에 제한되지 않고 다양한 공간적 네트워크 속에서 사고하고 행위 할 수 있는 자질을 갖춘 시민이다(백지혜, 2015). 이러한 시민적 자질은 세계적인 환경문제 해결과 관련하여 기존의 시민성 논의가 가지는 한계에 대한 대안적 시민성이라 할 수 있다(김병연, 2012).

우리의 행위는 환경에 부정적 영향을 끼치지만, 환경에 긍정적인 영향을 만들어 낼 수도 있을 것이다(배지혜, 2015). 환경문제와 관련하여 많은 녹색 이론가들은 국가의 적극적인 처방이 필요함을 역설해 왔다(김병연, 2012). 하지만 최근에는 환경문제와 관련한 해결방법이 정부에서 개개인의 행위로 초점이 점점 옮겨지고 있는 실정이다. 이 전환은 오늘날의 환경문제가 시민 개개인들의 지속가능하지 않은 삶의 방식에 있다는 사실로 설명되고 있다(김병연, 2012). 이는 환경문제가 전통적인 공과 사의 구분을 뛰어넘어 나의 일상, 내가 속한 정치공동체, 그리고 지구적인 것과 연관되기 때문이다(박순열, 2012a). 미시적 접근방식으로서 시민 개개인의 일상적 의사결정과 활동 속에서 생태적 고려를 필요로 하는 것이라고 할 수 있다(백지혜, 2015).

환경에 대한 책임이 개인으로 옮겨가고 있는 상황은 생태적으로 지속가능한 사회를 만들기 위해서는 이를 위해 개개인들의 적극적인 관여 없이는 달성될 수 없다는 인식에 뿌리내리고 있다(김병연, 2012). 이러한 상황 속에서 기존의 시민성 논의에 부분적인 변화가 아니라 생태적으로 재구성된 근본적으로 새로운 형태의 시민성에 대한 필요성으로 새롭게 재구성된 형태로 등장한 개념이 생태시민성이다(김병연, 2012; 백지혜, 2015).

시민성이 생태시민성의 개념으로 확장되면서 몇 가지 논쟁 지점이 발생한다(윤순진·장미정·조미성, 2015). 우선, '시민'이라는 개념은 영토적 한계를 전제로 하며 배타성을 가지고 있다. 이것은 기후변화와 같은 지구적 문제에 대응하지 못한다는 한계를 가지고 있어서, 최근 지구화에 따라 국민성과 동일시하는 경향을 벗어나 다차원적 또는 다규모적 시민성으로 이해되고 있다(최병두, 2011). 이와 같은 맥락으로 Curtain(2002)은 '인류공동체 그 이상의 공동체'라는 개념을 내세운다(Curtain, 2002; 김찬국, 2013).

그런데 유사한 개념으로서의 세계시민성 논의에서 보듯, 세계시민교육이 국민국가 공동체의 시민이라는 소속감과 정체성을 부인하는 것이 아니며,

오히려 국민국가의 시민이라는 정체성에 지구공동체 시민이라는 또 따른 정체성을 갖는, 소위 다중적 정체성을 추구한다는 점을 강조할 필요가 있다(정우탁, 2015). 즉, 생태시민성에서 이야기하는 비영역성 혹은 포용성이 자기 지역이나 국가공동체를 무시하는 개념이라기보다는 지구 공동체시민의 또 다른 정체성이 더해지는 것으로 이해하는 것이 바람직하다(윤순진 · 장미정 · 조미성, 2015).

또한, 기존 시민성의 개념을 그대로 인정하고 환경 영역으로만 넓히느냐, 아니면 시민성 자체를 새롭게 개념화할 것인가의 문제이다(윤순진 · 장미정 · 조미성, 2015). 전자는 자유주의적 시민성, 혹은 환경시민성(environmental citizenship)의 범주로 볼 수 있는데, 이것은 환경을 하나의 자산으로 간주하고 권리를 강조하며 어떠한 형태의 덕성도 부가되지 않으며 제한적인 인간중심적이다(윤순진 · 장미정 · 조미성, 2015). 반면, 후자인 생태시민성(ecological citizenship)은 인간과 비생물종 간의 호혜성에 입각한 세계를 상정하고, 역사적이면서도 생태적인 의무와 책임을 강조한다(박순열, 2010). 생태시민성을 주장한 Dobson은 시민성의 영역을 '생태적'이라는 새로운 틀로 보아야 한다는 것을 강조한다.

2) 생태시민성의 특성

돕슨(Dobson, 2003)은 생태시민성의 특성을 정리했을 뿐만 아니라, 교육에의 적용 가능성과 필요성을 역설하기도 했다. 그리고 그가 정리한 생태시민성의 특성 및 요소는 특정 대상이 생태시민성의 요소를 갖췄는지를 판단하는 연구의 기준으로 사용되기도 했다(김희경, 2012). 돕슨(2003)이 제시한 생태시민성의 특성은 다음과 같다.

첫째, 비영역성이다. 자유주의 및 시민공화주의 시민성은 국가라는 영토를 기반으로 시민으로서의 권리와 의무를 언급하는 데 반해, 생태시민성은 국가라는 경계를 넘는다. 따라서 시민으로서의 책임이 적용되는 범위 역시국가를 넘어 전 지구로 확대된다(백지혜, 2015). 이는 생태시민성이 환경문제와 밀접한 관련성을 가지며, 환경문제의 중요한 특성 중 하나가 전 지구적인 범위를 갖는다는 것에 기인한다(김희경, 2012). 이와 관련하여 Oxfarm(2006)은 상호의존적인 세계 속에서 학생들이 직면하고 있는 다양한 세계문제 가운데 특히 환경문제 등에 대해 합리적인 의사결정을 하고 환경적으로 책임 있는 실천적 능력을 키우기 위해서는 지역, 국가를 넘어 나와 세계와의 직간접적 관련성에 대해 생각할 수 있도록 해주는 시민성 교육이 필요하다고 주장하고 있다(백지혜, 2015). 이처럼 지구적 환경문제 해결과 관련하여 시민들의 실천행위는 비영역적인 속성 가운데 구성되어야 한다(김병연, 2012).

둘째, 의무의 비상호성(비가역성)으로 의무와 책임의 강조이다. 생태시민성은 비계약적인 의무와 책임을 강조한다(백지혜, 2015). 나의 이익을 위한 권리보다 타인 또는 공공을 위한 의무와 책임을 강조하며, 그것이 상대방과의 계약에 의해서 또는 상대방과 공평하게 주고받는 것이 아니라, 대가를 기대하지 않고 행하는 것이다(김희경, 2012). 결국 생태시민성은 관계성에 기반을 둔 비가역성을 전제로, 인간과 비인간, 현세대와 미래세대까지 확장되어 모든 존재가 지속가능한 삶을 살 수 있도록 책임 있는 행동을 할 것을 요청하는 것이다(백지혜, 2015).

셋째, 덕성이다. 덕성은 비상호성(비가역성)의 의무와 책임의 기반이 된다. 그리고 그 첫 번째 항목은 정의이다(백지혜, 2015). 생태시민성은 현재와 미래, 인간과 비인간 생물종이 자신의 몫을 공정하게 누려야 한다는 정의의 덕성을 추구한다(백지혜, 2015). 두 번째 항목은 공감, 배려, 돌봄이다. 이들은 첫 번째 덕성인 정의를 효과적으로 적용시키는 데 중요한 역할을 한다(김희경, 2012). 생태시민성의 덕성은 비상호호혜성을 가지며 내부적 동기에 의해 발생하는 것이다(백지혜, 2015).

넷째, 사적 영역의 강조이다. 환경문제를 일으키고 동시에 그 문제를 해결해야 할 책임의 중심에 '개인'이 서 있게 된 책임의 개인화 시대의 도래로 인해 공적 영역에만 국한되었던 시민의 활동장소가 사적 영역으로 침투하게 되었다(김병연, 2012). 생태시민성은 사적 영역에서의 일상적 실천이 공적 영역과 연결되는 것을 알고 사적 영역에서 발생하는 환경문제와 실천에 관심을 두며 덕성의 발현장소로서의 사적 영역을 중시한다(김병연, 2012). 내가 가지는 삶의 방식이 다른 사람들에게 부정적인 영향을 미친다면 그들이 언제, 어디에 살고 있든지 상관없이 내 삶의 방식을 책임 있고, 지속가능한 방식으로 변화시켜야 하는 것이다(백지혜, 2015).

16
CHAPTER

컴패션과 공감적 이해

1. 컴패션의 이해

컴패션(Compassion)은 타인의 안녕을 위해 발현하는 이타성에 기초한 태도와 덕목 중 하나로써, 타인의 고통을 완화시키고자 하는 욕구이며(Blum, 1980), 컴패션은 어떤 동기와는 상관없이 따뜻한 마음, 호의와 친절함을 표현하는 감정의 상태를 보여주는 것으로 정의될 수 있다(Kahn, 1993). 또한 컴패션은 타인의 고통을 알아채고, 누군가가 받는 정신적 고통에 대해 공감을 하고, 고통을 떨쳐 내거나 줄일 수 있게 돕기 위해 어떠한 방식으로든지 행동하는 것을 포함하는 관계적 과정이다(Kanov, Maitlis, Worline, Dutton, Frost, & Lilius, 2004).

일반적으로 컴패션은 타인의 고통을 자신의 고통처럼 함께 아파하고, 함께 느끼고, 함께 경험하는 감정으로 반드시 행위를 수반하게 된다(Lilius et al., 2008). 이러한 컴패션 행위는 특정 개인이 이타주의적으로 다른 사람을 돕게 하며, 긍정적인 감정을 느끼도록 동기부여가 된다는 것을 강조하고 있다(Wuthnow 1991).

또한 컴패션은 타인의 고통에 기인해서 발생하는 감정이지만, 타인의 고통에 대한 이입에 그치는 것이 아니라 그들의 고통에 실질적으로 반응하며, 어떠한 형식으로든지 형태를 갖춘 행동을 수반하여 대상자에게 직접적으로 전해진다(Cassell, 2002). 이때, 컴패션을 제공하는 수여자는 자신의 행동으로 인해 상대의 고통이 현실에서 성공적으로 해결되는지 아닌지는 크게 개의치 않고 행동하게 된다(Cassell, 2002; Kanov et al., 2004).

Clark(1997)에 의하면 컴패션이 이루어지는 과정은 타인의 고통에 주목하고, 타인의 고통을 느끼고, 타인의 고통에 반응하는 3단계로 이루어지는데, 이 중 반응하기(responding)는 고통을 겪는 타인을 돕거나 이를 경감시켜주기 위해 행동하는 것이며(Reich, 1989), 이러한 반응에는 동정이나 연민이 반드시 수반되지는 않는다(Kanov et al., 2004; Reich, 1989; Soygal Rinpoche, 1992).

이러한 컴패션에 대한 연구는 종교, 의학, 사회학적으로는 오랜 전통을 가지고 있지만, 조직행동분야에서는 그리 많지 않고 역사도 짧은데(Frost, Dutton, Maitlis, Lilius, Knov, & Worline, 2006), 최근 들어 조직상황 혹은 직장에서 컴패션의 긍정적인 효과에 관한 연구가 시작되고 있다.

컴패션에 관한 선행연구들은 개인 간의 관계회복 및 커뮤니케이션 활성화에 효과가 있는 것으로 나타났다. 조직의 리더는 조직구성원이 겪는 문제를 해결하기 위해 컴패션 능력을 발휘할 수 있는 것으로 나타났고(Dutton, J. E., Frost,P. J., Worline, M. C., Lilius, J. M., & Kanov,J., 2002), 리더의 컴패션 행동이 고통을 겪고 있는 부하직원의 문제를 해결함으로써 유대관계를 이끌어내는데 핵심적인 역할을 하고, 리더의 컴패션이 지속적으로 이어지기 위해서는 구성원들에 대한 열린 마음과 관심 및 객관적인 균형이 필요한 것으로 나타났다(Liliuset al., 2008).

한편, 컴패션에 대한 연구들은 수직적 관계 및 수평적 관계의 활성화에 기여하는 측면이 있다는 결과들도 제시하고 있다. Dutton et al(2002)의 연구에 따르면, 리더는 조직 내의 컴패션을 활성화시킬 수 있고, 종업원의 문제를 이해하고 도움으로써 조직의 가치를 상승시킬 수 있다. 이는 컴패션이 조직 내의 동료, 상사, 부하직원뿐만 아니라 회사의 공식적인 경로(channel)를 통하여 발생하며, 이러한 컴패션은 회사에 갑작스러운 위기가 닥칠 때 고통을 이겨낼 수 있는 큰 힘이 된다는 것을 의미한다. 그리고 Boyatzis, Smith, & Blaize(2006)는 컴패션을 활성화시키기 위해서는 조직 차원에서 감정이입을 통한 이해가 필요하고, 조직 내에서는 교육(coaching)을 통한 컴패션이 필요하다고 주장하였다.

컴패션이 조직 내에서 가지는 감정적 역할에 대한 연구들도 다수 진행되었는데, Dutton & Heaphy(2003)는 컴패션은 '고통에 대한 가슴으로의 반응'인 것처럼 아픔을 경감시키는 능력을 통하여 조직의 삶에서 중요한 역할을 한다고 하였고, Lilius et al(2008)는 컴패션이라는 행동을 통해 조직 내에서는 긍정적 감정을 갖게 되고, 긍정적 감정을 통해서 조직 내의 업무에 몰입할 수 있는 동기부여가 된다고 하였다.

밀러(Miller, 2007)는 직장 내에 컴패션적인 의사소통(compassionate communication)이 필요하다고 하면서, 직장 내 조직구성원들은 주목(noticing), 연결(connecting), 반응(responding)이라는 컴패션의 하위요소를 통하여 조직구성원 간의 관계를 보다 인간적으로 바꿀 수 있다고 주장하였다. 또한 직장 내 조직구성원들은 인간의 감정을 포함하는 감정적인 일에 대해 컴패션을 통한 의사소통으로 좋은 일이 생기기를 희망하거나 역경을 극복하기를 바란다고 하였다.

이처럼 컴패션은 조직에서 타인들이 돌봄(caring)을 받고 있다고 느끼게 하거나 보여지고 있다는 느낌, 그리고 혼자가 아니라는 느낌을 가질 수 있게 돕고, 이러한 방식을 통해 조직을 치유해 나가게 된다. 또한 컴패션적인 반응은 타인과의 소통을 통해 '살아있음'을 가능케 하여 인간의 존재를 확인시켜 준다. 컴패션을 주고받는 것은 사람들 사이의 만남에 대한 느낌을 바꾸게 만드는 역할을 하며, 종종 아픔에 직면했을 때, 컴패션적인 반응은 약한 유대관계를 강한 유대관계로 변화시킨다(Frost et al., 2000).

2. 컴패션의 시작

컴패션은 한국전쟁 당시 전쟁고아들을 돕기 위해 1952년 에버렛 스완슨(Everett Swanson) 목사에 의해 설립된 기독교 NGO이자 국제어린이양육기구로, "예수께서 제자들을 불러 이르시되 내가 무리를 불쌍히 여기노라(compassion, 컴패션) 그들이 나와 함께 있은 지 이미 사흘이매 먹을 것이 없도다. 길에서 기진할까 하여 굶겨 보내지 못하겠노라"라는 마태복음(15:32) 말씀에서 그 이름의 유래를 찾을 수 있다.

1952년부터 1993년까지 41년간 20만 명이 넘는 한국 어린이를 양육하여 성인으로 성장시켰으며 10년 후인 2003년 11월, '한국컴패션'이란 명칭하에 수혜국이 아닌 후원국으로 한국에서 재설립되었다. 최초로 수혜국에서 후원국이 된 한국컴패션은 전 세계 12만 명 이상의 어린이를 양육하며 도움을 받는 수혜국들에게 희망의 증거가 되고 있다.

컴패션은 지역교회와 협력하는 4가지 주요 핵심 국내 외 사업비 포함, 후원아동지원, 긴급구호, 보건・교육 등의 옹호사업 세이브더칠드런 36.02% 국내 외 어린이결연, 국내외 사업으로 보건, 보호 및 교육 등의 시설후원, 긴급구호 가치를 가지고 있다.

첫째, '정직'으로 어린이 양육을 비롯한 모든 후원금 사용에서 정직을 최우선으로 여긴다는 것. 둘째, '탁월'로 한 어린이가 스스로 가난을 이겨낼 수 있도록, 더 많은 어린이가 양육될 수 있도록 끊임없이 시도하며 노력한다는 것. 셋째, '청지기 정신'으로 어린이와 끝까지 함께하며 하나님의 청지기로서 모든 일에 투명하고 성실한 자세로 임해야 한다는 것. 마지막으로 '존귀', 어린이를 비롯한 모든 사람을 사랑받는 것이 마땅한 존귀한 대상으로 여긴다는 것이다. 이는 어린이와 후원자를 섬길 때 가져야 하는 주요한 덕목이자 가치로 활용되고 있다. 또한, 컴패션은 변하지 않는 4가지 기준(4C)을 원칙으로 일하고 있다. 첫째, '예수 그리스도 중심(Christ-Centered)'으로 컴패션은 모든 사역의 계획과 결정에서 하나님의 방법과 사랑 안에서 사역하는 것을 원칙으로 한다. 둘째, '어린이 중심(Child-Centered)'으로 컴패션의 비전은 어린이에게 있음을 선포하고 있으며 어린이를 예수님의 사랑으로 양육하여 어린이가 모든 의미의 가난에서 벗어나 가정과 지역에 받은 사랑을 돌려주는 성숙한 리더가 되도록 돕는다. 셋째, '교회 기반(Church-Centered)'으로 컴패션은 교회 안에서 예수님의 사랑으로 어린이를 양육하는 것이 하나님의 뜻임을 믿고, 후원국과 수혜국의 교회들과 협력하여 일한다. 넷째, '투명한 운영(Committed to Integrity)'으로 컴패션은 후원금을 효율적이고 투명하게 운영하는 데 최선을 다하며 전 세계 후원국은 후원금의 80% 이상을 어린이 양육에 사용하는 것을 원칙으로 한다.

앞서 언급한 바와 같이 컴패션은 80:20의 원칙에 따라 최소 80% 이상을 어린이를 위한 전인적인 양육프로그램에 온전히 사용하고 있다. 이는 매년 강도 높은 내부 감사 및 외부 감사를 시행하여 증명하고 있으며, 미국의 유력한 자선단체 재정 신용도 평가기구인 채러티 내비게이터(Charity navigator)로부터 별 4개인 가장 높은 점수를 받아 2002년부터 2016년까지 15년 연속 재정 투명성 최우수 기관으로 상위 1%에 선정됨으로써 증명하고 있다(한국컴패션, "1:1어린이양육프로그램 후원자가이드", 한국컴패션, 2016).

실제로 2015년 국제컴패션 전체 후원금의 82.4%가, 그리고 한국컴패션 후원금의 87.5%가 어린이 양육에 직접 사용되었다.

컴패션이 말하는 전인적 양육이란, 어린이를 모든 영역에서 두루 양육한다는 것으로, 컴패션 어린이센터에 속한 모든 어린이에게 지적, 사회・정서적, 신체적, 영적인 모든 부분을 채워주어 온전한 성인으로 자랄 수 있도록 양육한다는 것이다. 이렇게 자란 어린이는 컴패션으로부터 경제적 지원을 받을 뿐만 아니라 정서적으로 사랑과 격려를 경험하게 된다. 이로써 내면의 변화와 성장을 통해 자존감을 키우고 자기 자신에 대한 신뢰감을 쌓게 되어 미래에 대한 꿈과 희망을 품으며 가족과 지역을 변화시키는 리더십 있는 성인으로 성장하게 된다. 지적, 사회・정서적, 신체적, 영적인 영역에 따른 교육들이 있다. 이는 또한 "예수는 지혜(지적 영역)와 키가 자라가며(신체적 영역) 하나님과(영적 영역) 사람에게(사회・정서적 영역) 더욱 사랑스러워 가시더라"라는 누가복음 2장 52절의 말씀에서 기인하는 것이다

컴패션이 말하는 '자립 가능한 성인이 될 때까지'라 함은, '자립'의 의미를 먼저 이해해야 한다. 네이버 국어사전에 따르면 자립은 남에게 예속되거나 의지하지 아니하고 스스로 선다는 뜻이다. 이는 영어로 'Self-reliance'로 '자신(self)'과 '신뢰, 의지(reliance)'의 합성어이다. 여기서 자신이란 단순히 개인을 말하는 것이 아니라 정체성과 인격까지도 포함하는 것이며, 신뢰와 의지

는 곧 자신감을 가진다는 의미이다. 즉, 자기 스스로에 대한 신뢰와 자신감을 가진다는 뜻으로 이해할 수 있다. 따라서 컴패션이 말하는 '자립 가능한 성인'은 바로 자신에 대한 신뢰나 자신감이 존재하는 성인을 말하는 것이다. 이는 경제적 그리고 정신적으로도 자립한 상태를 의미한다.

컴패션 홈페이지(http://www.compassion.or.kr/)에 게재된 컴패션의 차별점을 살펴보면, 첫 번째 예수님이 컴패션 사역의 핵심이며 그의 삶과 가르침이 컴패션 프로그램을 형성하고 있다는 것이다. 이것이 직원들이 어린이를 사랑으로 다루고 지역사회를 존중하며 국가와 협력하는 방법의 지침이 된다. 그렇기에 예수님이 핵심이기 때문에 한 어린이를 위해 하는 모든 일에 마음을 다하고 성의를 다한다는 것이다. 또 컴패션이 제공하는 육체적인 보살핌, 안전한 환경에서의 놀이 활동 및 적절한 상호작용, 정기적인 멘토링과 튜터링 등 이 모든 것이 하나님을 사랑하고 이웃을 자기 자신처럼 사랑하라는 예수님의 가르침에서 기인한 필수적인 가치인 것이다.

두 번째는 컴패션의 어린이양육프로그램은 개별적인 한 명 한 명의 아동을 향한 것으로, 한 사람의 어린이에게 초점을 맞춘다는 것이다. 각 어린이에게는 인생에서 하나님이 창조하신 잠재적인 능력을 깨닫기에 충분한 전인적 양육을 제공하며, 이를 통해서 신체적, 사회·정서적, 지적 및 영적 보살핌을 적절히 혼합하여 삶의 모든 면에서 성숙하게 하고 빈곤의 대물림을 초월할 수 있게 한다는 목표를 지향한다는 것이다. 이를 위해 어린이 양육프로그램의 모든 어린이는 하나님을 사랑하는 것에 대해 배우고 성경의 가르침이 포함되지만, 컴패션 프로그램에 참여하거나 혜택을 받기 위해 어린이에게 그리스도를 따르는 사람이 되도록 요구하지 않으며 카스트, 신조, 계급 또는 종교와 상관없이 도움을 제공하고 있다.

세 번째는 컴패션은 효과적인 어린이 발달을 위해 지역교회와 협력한다는 것이다. 지역의 사정을 잘 아는 지역교회를 통해 프로젝트를 진행함으로써 그 지역사회의 어린이들의 필요를 가장 적합하게 충족시킨다고 판단하기 때문이다. 또한, 지역교회만이 빈곤층 어린이들에게 예수님의 가르침과 평생의 보살핌을 효과적으로 전달할 수 있다고 믿기 때문이다.

3. 공감의 이해

공감(共感)에 대해 한자의 의미를 그대로 풀이하면 '함께(共) 느낀다(感)'이며, 공감의 사전적 정의는 "남의 감정, 의견, 주장 따위에 대하여 자기도 그렇다고 느낌, 또는 그렇게 느끼는 기분"이다(국립국어원, 표준국어대사전). 즉, 공감은 누군가와 같은 입장이 되거나 그 사람이 느끼고 생각하는 바를 나도 유사하게 혹은 같게 느끼는 상태를 의미한다(하인진, 2014). 공감의 개념은 심미학에서 출발하여 심리학, 상담학, 철학, 윤리학, 교육학 등 각 분야에서 활발하게 논의되고 연구되고 있으며, 각 학자마다 학문적 특성에 따라 정의가 다양하다.

공감의 어원은 독일어 'Einfülung'이며, 'ein(안에)'과 'fühlen(느낀다)'라는 단어의 결합으로 '들어가서 느낀다'라는 의미를 가지고 있다. 이 용어는 19세기 말 미학 분야에서 독일의 철학자 비쉐(Vischer)가 처음으로 사용하였다(박성희, 2004). 이는 예술작품을 감상함에 있어 그 대상에 들어가 인간의 감정을 투사(감정이입)한다는 뜻을 지니고 있다(한일조, 2012).

이후 이 용어를 독일의 심리학자 립스(Lipps)와 프랜들(Prandtl)이 심리학에 적용하여 사용하였고, 미국의 심리학자 티치너(Titchner)가 립스(Lipps)의 'Einfühlung'의 개념을 가져와 이를 그리스어 'empatheia'로 번역하였다.

공감은 '안에 들어가서 고통을 느낀다'라는 의미를 함축하고 있다(박성희, 2004). 이는 다른 사람이 경험하는 고통의 정서적 상태로 그 안에 들어가 그 사람의 정서에 대해 인식하는 것을 의미한다(김윤희, 2017).

공감이라는 개념이 처음 소개된 이후, 이에 대한 개념을 정리하려는 여러 학자들의 노력이 있었다. 학자들은 공감 개념의 불명확성에 대한 문제를 제기하면서 공감을 어떻게 정의 내리고 연구할 것인지에 대해 개념적 논의를 해왔다(김윤희, 2017). 지금까지의 공감에 대한 연구에서는 상대방의 관점을 수용하는 인지적 측면을 강조하거나, 상대방의 정서를 대신하여 느끼는 정서적 측면을 강조하거나, 또는 이해한 내용을 상대방에게 전달해주는 의사소통적 측면을 강조하는 등 다양하게 정의되어 왔다(권헌숙, 2016). 최근의 공감에 대한 정의는 공감을 단일 차원의 요소로 이해하기보다는 복합적인 차원의 개념이라는 것에 많은 학자들이 동의하고 있다(박성희, 2004).

공감의 인지적인 측면을 강조한 대표적인 학자는 미드(Mead), 피아제와 인헬더(Piaget & Inhelder), 호건(Hogan), 보크(Borke), 챈들러(Chandler), 이아노티(Iannotti), 켈러와 호페(Keller & Hoppe) 등이다. 이들을 종합하면, 인지적 공감이란 다른 사람의 상황, 입장, 관점, 감정을 지각하고 이해하는 것으로, 인지적 공감을 통해 공감적 정서나 공감적 표현 및 행동을 할 수 있게 하는 기제로서의 역할을 한다고 본다(박성희, 2004).

공감의 정서적인 측면을 강조한 대표적인 학자로는 립스(Lipps), 브라이언트(Bryant), 글래드스타인(Gladstein), 코헛(Kohut), 바넷(Barnett), 뱃슨(Batson), 채프먼(Chapman), 아이젠버그와 밀러(Eisenberg & Miller), 라이트와 콘(Light & Corn) 등이 있다. 이들의 논의를 종합해 보면, 정서적 공감이란 다른 사람의 상황이나 조건에 대한 공감적 이해의 결과로 생겨나는 정서적 반응으로, 이러한 정서적 반응은 공감 대상자의 감정과 동일하거나 유사한 방식으로 나타날 수 있다(이선영, 2020).

공감의 의사소통적인 측면을 강조한 대표적인 학자는 트루악스와 카후프(Truax & Carkhuff), 로저스(Rogers), 아스피(Aspy) 등이다. 이들의 입장에 따르면, 의사소통적 공감이란 다른 사람의 생각이나 감정에 대해 의사소통을 통해 표현하는 것으로, 공감적 이해를 통해 느낀 것을 민감하고 정확하게 전달하는 것이 중요하다는 입장이다(박성희, 2004).

공감의 복합적인 측면을 강조한 대표적인 학자는 키프(Keefe), 페시바흐(Feshbach), 데이비스(Davis), 호프만(Hoffman) 등이다. 이들의 논의를 종합해보면, 공감의 정서적 요소와 인지적 요소는 이론적으로 따로 논의될 수 있지만, 이는 이론상의 구분일 뿐 현실에서는 각각의 요소들이 분리되는 것이 아닌 복합적으로 함께 작용하는 것이라고 본다(이선영, 2020).

최근에는 공감을 좀 더 확장된 개념으로 정의하는 학자들이 있다. 뱃슨(Batson, 2009)은 인지적 요소와 정의적 요소에 '모방' 요소를 넣어 정의하였다.

첫째, 인지적 요소는 다른 사람의 생각과 느낌을 포함한 내적인 상태를 아는 것, 다른 사람이 처한 상황에 자기 자신을 투사하거나 직관하는 것, 다른 사람이 어떻게 느끼고 생각하는지 상상하는 것, 다른 사람의 입장을 취해봄으로써 그 사람의 느낌과 생각을 상상하는 것이라고 하였다.

둘째, 정의적 요소는 다른 사람이 느낀 것을 함께 느끼는 것, 다른 사람의 고통을 보고 고통을 느끼는 것, 고통을 느끼고 있는 다른 사람에게 동정하는 마음이 생기는 것이다. 마지막으로 모방 요소는 다른 사람의 행동이나 정서 표현을 보고 자신도 모르게 따라 하는 것이라고 하였다(김윤희, 2017).

코플란(Coplan, 2011)은 공감을 정서, 인지, 자기-타인 변별의 3가지 구성요소로 정의하고 있다.

첫째, 정서 요소는 다른 사람과 동일한 정서적 상황을 상상하여 그 사람의 정서와 일치시키는 것이다.

둘째, 인지요소는 자신의 입장이 아닌 다른 사람의 입장이 되어 그 사람의 관점을 취하는 것이다.

셋째, 자기-타인 변별 요소는 자신과 다른 사람 사이에서 분명한 의식적 경계를 유지하는 것이라고 하였다(김윤희, 2017). 공감을 확장된 개념에서 접근한 경우에도, 공감의 개념에는 인지적 요소와 정서적 요소를 공통적인 요소로 포함하고 있음을 알 수 있다.

또한 학문 분야에 따라 확장된 개념이 조금씩 다르다. 상담 및 심리치료

분야에서는 내담자에게 표현하는 것에 비중을 두고 '표현적' 요소를 포함하여 정의한다(김윤희, 2017).

공감은 상담자가 내담자의 내면적인 세계를 정확하게 이해하는 것뿐만 아니라 이를 표현할 때 완성된다고 보는 입장으로 정서적 요소, 인지적 요소와 함께 표현적 요소를 강조한다. 사회복지 분야에서는 공감의 사회복지 모델을 통해 공감의 구성요소에 '행동적' 요소를 포함하여 정의하였다(박은경, 2017).

첫째 요소는 정서적인 반응으로써 타인의 감정과 행동에 대한 비자발적인 생리적 반응이다. 둘째 요소는 인지적인 처리과정으로써 자신의 정서적 반응에 대해 해석해보거나 타인의 관점을 취하는 사고과정을 의미한다.

마지막 요소는 행동적 요소로서 의식적인 의사결정을 통해 타인에 대한 정서적 반응과 인지적 반응을 고려한 후에 공감적 행동을 하는 것이라고 하였다.

이처럼 공감의 개념은 무엇인지, 공감의 구성요소는 어떤 요소들을 포함해야 하는지에 대해서는 학자마다 다양하고 연구 분야에 따라 다르다.

따라서 공감 프로그램을 개발을 하기 위해서는 교육에서의 공감에 대한 개념이 무엇인지에 대한 정의가 필요하다. 이에 교육에서의 공감의 개념을 '다른 사람의 관점이나 감정을 지각하고 이해하며, 그들의 정서에 대해 공유된 감정을 느끼고, 이를 친사회적으로 표현하고 행동으로 실천할 수 있는 능력'으로 조작적 정의를 하고자 한다. 또한 이 정의에 적합한 교육에서의 공감의 구성요소에 대해 새롭게 제시할 필요가 있다.

교육에서의 공감의 구성요소 공감은 개인의 삶을 풍요롭게 해줄 뿐 아니라 사회를 변화시킬 수 있는 힘을 가지고 있다.

박성희(2004)는 공감은 친사회적인 행동(협동성, 사회성, 대인 관계 능력, 이타 행동)과 높은 수준의 정적인 상관관계를 가지며, 공격적인 행동과는 부적인 상관관계를 가지고 있다고 하며 공감은 교육을 통해서 향상될 수 있다는 점을 강조하였다. 학교 교육을 통해 학생의 공감 능력을 발달시키기 위해서는 교과 교육과 연계된 교육이 필요하다. 실천 교과의 특성을 가진 가정과교육은 실생활 속에서 당면한 문제들을 실천적 추론 과정을 거쳐 판단하고 느낀 것을 '행동'으로 옮겨 행하는 것이 중요한 교과이다.

2015 개정 실과(기술·가정) 교육과정에 제시된 가정과교육의 성격에서는 '관계형성능력'을 함양하기 위해 존중, 공감, 배려, 돌봄을 통한 공동체 감수성 함양을 강조하는 부분이 제시되어 있는데(교육부, 2015), 이는 가정과 교육에서 공감 교육이 가능하고 필요함을 보여준다. 학교 교육을 통해 학생의 공감 능력을 발달시키기 위해서는 인지적 요소와 정서적 요소와 함께 이를 표현하고 행동할 수 있도록 교육하는 것이 중요하다. 공감은 타인을 이해하고(인지적), 감정을 함께 느끼는 것(정서적)도 중요하지만, 이를 제대로 표현하거나 행동으로 옮기지 않는다면 진정한 의미의 공감이 될 수 없다(박은경, 2017).

공감의 개념과 구성요소에 대해서는 다양한 논의가 진행되고 있지만 대부분의 학자들은 공감에는 인지와 정서의 두 측면이 함께 포함된 것으로 보고 있다(김윤희, 2017).

이에 공감의 구성요소로 인지적 측면을 '인지적 공감'으로, 정서적 측면을 '정서적 공감'으로, 의사소통적(표현적) 측면과 행동적 측면을 합쳐 '실천적 공감'으로 용어를 정리하여 제시하고자 한다.

1) 인지적 공감

우리는 공감할 때 타인의 입장과 상황 그리고 감정을 함께 생각하기 때문에 그 감정을 알아차리고 판단할 수 있는 인지적 능력이 필요하다.

인지적 공감은 타인의 느낌을 인지하고 행동을 예측하며 상상할 수 있는 지적인 기제이다(박은경, 2017). 인지적 공감의 하위요소는 학자마다 차이가 있다. 감정의 재인, 조망수용, 관점 취하기, 역할 취하기, 역할 채택, 역할 수용, 상상하기 등의 다양한 용어로 명명되고 있다.

페시바흐(Feshbach, 1975)는 '공감을 타인에게서 발견되는 감정을 인지해 내는 능력'으로 정의하면서, 상대방의 감정을 파악하는 능력인 '감정 재인'을 공감의 필수적인 선행 인지 조건의 하나로 제시하였다. 미드(Mead, 1934)는 공감을 '타인의 역할을 취해보면서 대안적인 관점에서 생각해볼 수 있는 능력'으로 정의하였다. 이러한 '역할 수행(role-taking)'을 통한 사회적 공감의 획득은 다른 사람의 행동을 예측하도록 하고 적절한 반응을 할 수 있도록 유도해 줌으로써 대인관계에서의 상호작용을 촉진시키는 중요한 요소라고 하였다(박성희, 2004).

피아제와 인헬더(Piaget & Inhelder, 1969)는 공감능력이 자기중심적인 아동의 사고가 탈중심적으로 바뀌면서 발달한다고 보았으며, 이후 피아제의 후계자들은 탈중심화 개념에서 더 나아가 '역할 취하기 기능(role-taking skill)'을 중요시하였다. 이는 상대방의 지각적 경험이나 활동을 추론하고 그 사람의 입장과 관점에 서서 역할을 해본다는 의미로 미드(1394)가 제시한 공감의 개념과 유사하다(박성희, 2004).

데이비스(Davis, 1980)는 공감의 인지적 특성을 '조망 취하기'와 '상상하기'로 정의하였다. '조망 취하기'는 인지적 역할 취하기와 정서적 역할 취하기를 포함하는 개념이고 '상상하기'는 자유롭게 상상하며 추론하는 과정으로 조망 취하기보다 더 심층적인 이해가 가능하다. '조망 취하기'가 일상생활 속에서 자발적으로 다른 사람들의 심리적인 관점을 이해하려는 경향을 의미한다면, '상상하기'는 허구적인 상황을 가정했을 때 그 속에서의 자신의 느낌을 상상해보는 경향성이라고 할 수 있다(권헌숙, 2016).

인지적 공감의 하위요소는 '감정 재인', '역할 취하기', '상상하기'의 3가지로 구성하고자 한다. '감정 재인'은 상대방의 감정을 알아차리는 것이며, '역할 취하기'는 다른 사람의 입장과 관점을 이해하고 그 사람의 역할을 취해보는 것이고, '상상하기'는 허구적인 상황 속에서 상상적 추론을 통해 자신의 감정과 느낌을 생각하는 것이라고 할 수 있다.

2) 정서적 공감

정서적 공감이란 어떤 상황에서 타인이 느낀 감정을 공유하고 심정적으로 반응함을 의미한다(이진이, 2014). 즉 머리로만 이해하는 것('아팠겠다'라고 생각하는 것)이 아니라 타인의 고통을 보고 자신이 고통을 겪은 것처럼(마음이 찡하다, 친구의 고통을 보고 얼굴을 찡그림 등) 느끼는 것이다(박은경, 2017). 정서적 공감의 하위요소도 학자마다 다양한 명칭으로 명명되고 있다. 정서 감염, 공유된 정서, 정서의 공유, 정서적 공명, 정서적 반향, 공감적 반향, 대리적 감정, 개인적 고통, 공감적 관심 등의 용어로 사용되고 있다.

페어벤(Fairbairn, 1952), 설리번(Sullivan, 1953), 프로이트(Frued, 1961), 위니코트(Winnicott, 1965), 마흘러(Mahler, 1975) 등의 심리학자들은 '정서 감염'의 개념을 사용하였다. 그들은 정서 감염을 공감의 핵심으로 보고 그것이 인지적・반성적 사고가 발달하지 않은 상태에서도 가능한 것이라고 한다(박성희, 2004).

정서 감염이란 타인이 느낀 정서가 마치 감염이 된 것처럼 다른 사람에게도 전달이 되어 느낄 수 있는 것을 의미한다. 정서 감염 현상의 증거는 동작 모방이다. 동작 모방은 자신도 모르게 거의 반사적으로 타인의 몸짓, 얼굴 표정, 행동을 유사하게 모방하는 것을 말한다(박은경, 2017). 립스(Lipps, 1903)가 공감의 최종 결과를 '공유된 느낌(shared feeling)'으로 정의한 이후, 이를 계승한 많은 학자들에 의해 공감을 공유된 정서로 보는 경향은 지속되었다.

호프만(Hoffman, 1982)은 공감을 '자기 자신의 상황보다는 다른 사람이 처해있는 상황에 보다 일치하는 정서적 반응'이라 하였고, 뱃슨(Batson, 1987)은 '다른 사람의 고통을 목격한 결과 경험하는 타자지향적인 배려, 자비, 상냥함의 느낌'이라고 하였다.

아이젠버그와 밀러(Eisenberg & Miller, 1987)는 '공감은 다른 사람의 정서적 상태나 조건의 이해로부터 발생되며 그에 부합하는 정서적 상태'라고 하였다(권헌숙, 2016). 또한 데이비스(Davis, 1980)는 공감의 정서적 특성을 '공감적 관심'과 '개인적 고통'으로 정의하였다. '공감적 관심'은 불행한 다른 사람에게 관심을 가지거나, 동정을 느끼는 경향을 말한다. '개인적 고통'은 다른 사람의 고통이나 불행을 보면 마음이 불편해지거나 고통스러워지는 경향을 의미한다(이선영, 2020).

정서적 공감의 하위요소는 '정서 감염', '공유된 정서', '공감적 관심'의 3가지로 구성하고자 한다. '정서 감염'은 한 사람의 감정이 자동적·무의식적으로 다른 사람에게 전염되어 동일한 감정을 느끼는 것이며, '공유된 정서'는 다른 사람이 처한 상황에 대해 이해하고 상대방이 느끼는 감정과 동일하진 않더라도 그와 유사한 정서를 경험하는 것이다. '공감적 관심'은 어려움을 겪고 있는 타인의 감정에 관심을 갖는 것으로 다른 사람들을 돌보고자 하는 동기가 될 수 있다.

3) 실천적 공감

실천적 공감은 인지적인 과정을 통해 이해하고 정서적으로 함께 느낀 후에 발현되는 반응으로 의사소통적(표현적) 요소와 행동적 요소가 포함된 개념이다.

로저스(Rogers, 1957)는 공감의 정의에 의사소통적 요소를 포함시킨 최초의 학자로서 '내담자의 사적인 세계를 마치 ~라는 사실을 망각함이 없이 마치 그 자신의 것처럼 느끼고, 이러한 경험을 전달해주려고 시도하는 것'으로 정의하였다.

이처럼 공감의 의사소통적 요소를 중심으로 보면 공감은 타자의 내면세계를 이해할 뿐 아니라 이를 정확하고 민감하게 '전달'할 때 완성된다(박성희, 2004). 공감의 의사소통적 요소는 공감적으로 이해한 바를 상대방에게 정확하게 전달하는 것으로 언어적 및 비언어적 표현을 포함하는 공감의 최종적인 과정 중에 하나라고 볼 수 있다(김해연, 2009).

박은경(2017)은 공감한 내용을 표현하는 것은 사고 및 행동 변화에 큰 영향을 미칠 수 있는 중요한 부분임을 강조하면서 행동적 요소를 제시하였다. 행동적 요소로는 친사회적 행동과 자기반성적 행동을 포함시킬 수 있다. 친사회적 행동은 이타행동, 조력행동, 봉사활동 등 다른 사람을 도와주는 행동이고, 자기반성적 행동은 타인을 보거나 어떠한 상황을 경험한 뒤에 느낀 공감 내용을 토대로 자신의 태도와 행동을 수정하는 것이다

4) 공감인식의 이해

공감의 인식이란 자기인식과 타인인식 및 정서인식을 모두 포함한다(Karla, 2013).

인지적 공감의 요소로서 자기인식과 타인인식이 이루어진다고 볼 수 있으며, 정서적 공감의 요소로서 정서인식을 살펴볼 수 있다(권경은, 2017).

공감의 인식과정이 지니는 특성을 살펴보면 다음과 같다.

첫째, 자기인식이다.

이는 자신의 사고나 감정에 주의를 기울이는 것으로, 타인에게 영향을 주는 사회적 대상으로서 자기를 인식하는 것이다(Legrain, et al. 2011). 대상자를 자연스럽고 정확하게 이해하고 공감하는 데 올바른 자기인식은 중요한 요소이다(김해진 외, 2015). 자기인식 없이 다른 사람의 관점에서 이해하거나 폭넓은 경험을 가질 수 없다(권경은, 2017). 자녀양육을 위한 효과적 도움을 위해서는, 먼저 부모 자신의 생각과 감정을 정확하게 인식해야 한다. 높은 자기인식 수준은 타인을 이해하고 수용하는 것을 촉진하고 공감능력, 의사소통 및 대인관계 능력도 높아지지만, 낮은 자기인식 수준은 자신과 타인에 대하여 지나치게 과민하거나 자기중심적으로 대인관계를 형성한다(권경은, 2017). 또한 자기이해도가 높은 사람이 자기 이해도가 낮은 사람보다 공감능력과 의사소통 능력 및 대인관계의 만족도가 높게 나타났다(권경은, 2017).

둘째, 타인인식이란 다른 사람의 태도나 모습에 주의를 기울이고, 표정이나 행동이 무엇을 의미하는가를 생각하며, 타인의 내적인 사고나 감정을 파악하는 것을 의미한다(은혁기·부재율, 2004). 또한 타인인식은 자기 정체감, 이타적 행동, 대인관계불안 등을 이해하는 데 필요하며, 자신과 다른 타인을 인식하는 능력이다(오은정, 2013). 우리는 자신에 대한 인식만큼이나 타인에 대한 명확한 인식이 중요하다(강명옥, 2015). 이는 대인관계의 중요한 예측요인이 되며(지경자·유진영, 2013), 이처럼 타인의 견해를 아는 것은 공감에 중요한 요소이기 때문이다(Ahweiler et al, 2014).

타인인식이 높은 사람은 자신의 입장을 타인의 입장으로 바꾸어 타인의 감정을 공감적으로 인식한다. 의사소통에서도 상대방에게 주의를 집중하여 타인에 대한 정보를 정확하게 인식할 수 있다. 그리고 그런 사람은 다른 사람의 내면에 관심과 주의를 기울이고, 상황판단을 민감하게 인식하며, 상대방을 잘 이해하여 대인관계 만족도가 높다. 그러나 타인인식이 낮을 경우에는 타인의 감정이나 행동에 지나치게 과민하거나 대인불안 등이 형성된다. 또한 타인인식 능력은 상대방에 대한 존중과 배려를 토대로 경청과 접촉 및 신체 움직임과 같은 비언어적 의사소통 교육 등이 함께 적용될 때 높아지는 것으로 나타났다(Jack & Smith, 2007).

셋째, 정서인식은 자신의 정서에 주의를 기울이고, 자신이 경험하는 감정을 명확하게 인식하는 능력과 타인의 정서에 주의를 기울이고 타인의 감정을 경험하고 인식하는 능력이다. 그래서 정서인식은 스스로 복합적인 감정을 인식하고 평가하는 것이다(Salovey et al., 2004).

자신의 정서에 주의를 기울일수록 문제 해결 능력이 높아진다. 정서인식이 높을수록 심리적으로 건강하고 긍정적인 관심을 가지며, 대인관계와 적응능력 및 삶의 만족도가 높아진다(심은정·홍주현, 2013). 또한 정서인식은 우울이나 불안 증상을 감소시키는 완충역할을 한다. 정서인식이 낮은 경우에는 신경증과 고통 등의 병리적인 증상을 보이고, 심리적 부적응이 높았다(심은정・홍주현, 2013). 대학생을 대상으로 한 연구에서도 역시 정서인식이 명확한 경우에 자아존중감과 공감 수준이 높고, 자신의 욕구를 명확하게 인식하며, 대인관계 문제가 적다고 하였다(장정주, 2012).

5) 공감인식의 구성요소

대부분의 공감현상은 여러 가지 요소가 통합적으로 작용하여 나타난다고 볼 수 있다.

공감은 감정적인 동시에 어떠한 사고의 결과일 수도 있고, 정서적인 동시에 인식의 결과일 수도 있다. 즉, 정서적인 동시에 인지적인 반응으로서 다른 사람이 느끼는 것을 느끼고, 또 왜 그들이 그렇게 느끼는지를 함께 이해하는 것이다(Hoffman, 2001).

공감은 인지와 정서 간의 상호작용으로부터 나타나는 현상으로 볼 수 있다. 공감인식의 구체적인 요소는 공감적 지각, 공감적 관심, 역할채택, 의사소통으로 설명할 수 있으며(백현기, 2017), 이러한 요소들은 개인의 내적요인과 환경적 요인들의 영향을 받으며 발달된다(조민정, 2016).

첫째, 공감지각이란, 다른 사람이 처한 상황이나 조건으로 인해 공감하는 사람에 게 촉발되는 공감적 각성상태를 말한다. 그래서 우리는 자신과 가깝거나 관련이 있는 사람에게 공감적 지각이 쉽게 이루어진다(박경은, 2014). 공감지각이 일어나기 위해서는 공감상황을 파악하는 민감성과 타인의 감정이 어떠한지 파악할 수 있는 능력이 우선 조건으로 제시되어야 한다.

이러한 정서적 과정은 뇌 과학의 발달로 신경 생리학적 이해와 신경과학적 관심이 부각되면서 주목받게 되었다(김태훈, 2015). 최근 공감능력의 기제는 거울 신경계를 포함한 공감회로로서 설명된다. 특히 거울뉴런은 인간이 선천적으로 타인의 행위를 모방하거나 타인의 감정을 공유할 수 있는 능력을 타고났음을 과학적으로 증명한다(조민정, 2016).

둘째, 공감적 관심은 타자 지향적인 동정을 느끼고, 불행한 타인에 대한 관심을 갖는 경향을 의미한다. Davis는 공감적 관심과 타인의 관점을 취하기 그리고 공감자에게 직접 느껴지는 불편감(개인적 고통) 등의 요소로 구성되는 공감의 다차원적인 개념에 대해서 제시하였다(Hoffman, 1980). 그는 개인적 고통(personal distress)은 타인의 부정적인 경험에 대해 불편감과 불안감 같은 감정을 느끼는 것이지만, 공감적 관심(empathic concern)은 타인에 대한 온정, 연민과 같은 감정이라고 설명하였다.

즉, 정서적 공감의 두 하위 유형인 공감적 관심과 개인적 고통은 모두 타인의 정서를 이해하고 그에 정서적 반응을 보인다는 점에서는 공통점을 갖지만, 공감적 관심은 타자에 대해 동정을 느끼고 불행한 타인에 대해 관심을 갖는 경향을 의미하기 때문에 보다 타인지향적인(other-oriented) 성숙한 정서이다. 그래서 공감적 관심은 공감지각에서 한 단계 더 나아간 인지발달의 작용이 영향을 미친 공감의 구성요소라고 볼 수 있다(조민정, 2016). 타인의 부정적 정서를 관찰하면서 대상과 동일한 정서를 경험하게 되는 무의식적인 정서 반응은 타인의 역할이나 관점을 수용하는 인지적 과정을 통하여 타인에 대한 관심으로서의 감정으로 변화하는 발달과정을 거친다(Hoffman, 1982).

초기 애착관계 형성과 부모의 양육환경 그리고 공감적인 분위기가 공감적 관심을 형성하는 데 중요한 영향을 미친다는 점에서 공감적 관심은 정서발달과 함께 나타난다. 아동들은 타고난 신경계의 작용에 따라 모방이나 조건화, 직접적 연상 등의 공감 발생 매커니즘에 의해 타인의 고통을 받아들일 수 있고, 더 나아가 타인의 입장에서 생각하고 행동하기 위해서는 인지적 발달과 함께 공감이 형성되어야 한다고 보았다(조민정, 2016).

셋째, 공감요소는 역할채택이다. 이 역할채택은 다른 사람의 입장에 서보고 다른 사람이 어떤 감정을 가지고 있는지를 상상해보는 것으로, 타자의 행위를 예측하여 적절한 반응으로 대처할 수 있다는 점에서 공감능력의 핵심적인 부분이라고 할 수 있다.

이 역할채택은 두 가지 유형으로 나누어진다. "먼저 고통을 당하는 누군가를 관찰할 때 동일한 상황에서 자신은 어떤 감정을 가지게 될지를 상상하는 자기에 초점을 두는 역할채택이다. 다른 사람의 불행에 관해 알게 되자마자 그 피해자에게 직접적으로 초점을 두고 그가 어떻게 느낄지를 상상하는 타자에 초점을 두는 역할채택"이 있다(백현기, 2017).

자기에 초점을 두는 역할채택은 타자에 초점을 두는 역할채택보다 더욱 강한 공감적 정서를 만들어 내지만 한계가 있다. 그래서 이를 이기적 표류(egoistic drift)라고 부른다(Hoffman, 1987). 성숙한 역할채택은 타인의 입장에서 있는 자기 자신 상상하기와 그 결과로 생겨난 공감적 정서이다. 그래서 공감적정서는 타자에 관한 자신의 개인적 정보와 그 타자의 상황에서 사람들이 어떻게 느낄 것인가에 관한 자신의 일반적 지식과 통합시키기는 과정으로 정의될 수 있다(Hoffman, 2001).

그리고 Hoffman에 의하면 12~14세 정도 아이들의 공감발달 단계는 탈중심화가 가능해지면서 감정이입과 역할채택이 이루어져 나간다고 보았다(조민정, 2016). 신경과학의 발달로 거울뉴런이 알려지면서 공감 관련 신경작용의 메커니즘으로 주목받는 것이 '운동성'이다. 더 구체적으로 말하면 운동성을 기반한 모방이다(백현기, 2017). 이 모방으로 인해 타인 행동의 의도와 감정 등을 이해할 수 있는 것이다. 즉 뇌에서 관찰된 것을 보고 이해하는 것이 아니라 관찰한 것을 운동적 측면, 즉 동작을 모방하는 과정을 하나 더 거침으로써 이해한다(한일조, 2008).

그리고 모방적 행동이나 흉내를 잘 내는 사람이 공감을 더 잘한다고 주장(Chartrand & Bargh, 1999)처럼 타인의 표정을 보고 자신의 뇌 속에서 모방하고 그 모방에 대한 감정을 느낀다. 이처럼 우리는 타인에 대한 직접적인 모방이나 흉내를 통해 타인이 느끼는 것을 느낄 수 있고, 이를 통해 적절한 감정적 반응을 할 수 있는 것이다(백현기, 2017).

마지막, 의사소통적 공감은 공감 행동의 최종 목적이다. 공감은 타자의 내면세계를 이해할 뿐만 아니라 이를 정확하고 민감하게 '전달'할 때 완성되는데, 여기서 중요한 것은 감정의 전달이다(조민정, 2016). 공감은 혼자서 타인의 마음을 이해하고 느끼는 것에서 그치는 것이 아니라 자신이 느낀 공감을 표현할 수 있어야 한다(박성희, 2004). 따라서 타인이 생각하거나 느끼는 것을 파악하고 그들의 사고와 기분에 적절한 감정으로 대응하는 능력으로 공감을 정의할 수 있다. "공감할 수 있다는 것은 다른 사람의 입장을 정확하게 이해할 수 있으며, 그들의 입장과 자신을 동일시할 수 있다는 것"을 의미한다(백현기, 2017).

공감의 표현적 요소는 내적으로 이루어진 공감이 외적으로 표현되는 것을 의미한다. 이러한 표현은 언어적 형태와 비언어적 형태로 나눌 수 있다. 공감의 비언어적 표현은 주로 조력행동, 이타행동 등의 친사회적 행동으로 볼 수 있다.

공감이 이러한 친사회적 행동으로 연결될 수 있다는 것은 이기적 동기와 이타적 동기에 의해서 이루어질 수 있다는 것이다. 이기적 동기의 입장에서 뱃슨(Batson)은 고통 중에 있는 타인을 관찰하게 되면 관찰자는 공감반응에 의해 대리적으로 그 고통을 경험하게 되고 따라서 관찰자가 자신의 고통에서 벗어나기 위해 타인의 고통을 감소시켜 줄 수 있는 조력행동을 하게 된다고 하였다. 이에 반해 타인에 대한 관심과 배려에 의한 이타적 동기에 의한 공감반응도 나올 수 있다(백현기, 2017).

공감은 의사소통과 대인관계에 영향을 미치는 중요한 요인이다. 그리고 의사소통은 공감을 잘 할수록 상호작용이 원활하고, 긍정적인 관계를 형성한다(정명실, 2014). 그래서 관계적 차원으로서의 공감은 함께 하는 존재의 방식으로서 사람들을 깊이 만나는 방법이다. 따라서 공감은 두 사람 모두 상대를 이해하기 위해 활용하는 중요한 수단이 된다. 기본적으로 사람은 관계에 둘러싸인 사회적 존재이며 공감은 다른 사람들과 더불어 의미를 공유하고 새롭게 창출하며 함께 살아가는 상호관계적인 중요한 역할을 담당한다(고경희, 2017).

이와 같은 전통적 공감에 대한 이해는 관계 속에서 자기와 타자 간의 인지적 공감과 정서적 공감에 대한 관점이 가장 많이 논의되어 왔다. 이렇게 자기와 타자와의 관계 속에서 표현과 태도, 경험, 과정으로서의 공감을 이해하는 것이 이제까지 많이 논의된 공감에 대한 의견이다. 그러나 이러한 공감의 조작적 정의에 대한 관점은 공감의 경험적 본질이나 특성에 대한 이해에 제한적일 수밖에 없다. 그리고 이러한 공감에 대한 획일화된 이해로 공감적 경험이라는 좀 더 본질적 문제의식의 접근에는 한계점을 가진다(김원숙, 2017).

17

CHAPTER

제노포비아의 이해

1. 제노포비아의 개념
2. 제노포비아 이론
3. 제노포비아 유발요인

1. 제노포비아의 개념

Xenophobia는 고대 그리스 문화권에서 이방인이나 이질적인 것에 대한 공포나 적대감 등을 표현하는 말이다(George, 2002). 제노포비아는 또한 '이방인'을 의미하는 'Xeno'와 '싫어하다, 두려워하다'의 의미를 지닌 'Phobia'의 합성어로서 문자적으로는 '외국인에 대한 혐오'를 의미한다.

임상래(2006)는 제노포비아를 사회구성원들 중 대다수가 아닌 일부 계층이 지니고 있는 외국인들에 대한 차별과 배제, 천시, 거부와 같은 배타적 인식이나 행위지향을 의미한다고 정의했다. 김용신(2012) 역시 제노포비아를 외국에서 유입된 이주민들에 대한 행동성향으로서 이주가 보편화된 지구촌 사회에서 민주적 질서와 가치, 구성원들이 마땅히 향유해야만 하는 적정한 수준의 삶의 질을 농단하는 구조적 모순으로 정의했다.

제노포비아는 이방인에 대한 두려움과 혐오이지만 심리적 차원에서는 이질적인 것에 대한 두려움과 이로 인해 유발될 수 있는 원치 않는 변화에 대한 우려와 저항으로 정의할 수 있다. 선행연구자들의 견해에 의하면 제노포비아는 혐오의 대상과지향성에 따라 다양한 차원으로 분류될 수 있다.

솔다토바(Soldatova, 2007)는 제노포비아의 대상에 따라 민족적 혐오증(Ethnophobia), 종교적 혐오증(Religious Phobia), 사회적 혐오증(Social Phobia)으로 분류하기도 했다.

민족적 또는 인종적 혐오증은 다른 민족과 인종집단에 대한 편견과 차별을 의미하는 것으로서 중국혐오증(Sinophobia)과 흑인차별, 반유대정서(Anti-Semitism) 등이 대표적 사례라 할 수 있다. 종교적 혐오증은 특정 종교를 신봉하거나 종교적 신념을 지닌 사람들에 대한 두려움과 혐오를 의미한다. 무슬림을 테러세력과 동일시하고 배척하는 이슬람 혐오증(Islamphobia)이 대표적이라 할 수 있다. 사회적 혐오증은 주류 사회구성원들과는 다른 문화적 배경, 신체상태, 연령, 사상 등을 지닌 사람들에 대한 편견과 배타성을 의미하며 이주자 혐오증(Migrantophobia)이 대표적이다.

제노포비아(Xenophobia)는 인종차별(Racism)과 혼용되기도 하는데, 인종차별이 피부색, 머리 형태 등과 같이 좀 더 외모적인 차이에서 나타나지만, 제노포비아는 지역, 국가, 문화 등의 이질적인 부분에서 기인하는 이념 또는 정서적인 차이에 대한 반감적인 태도라는 점에서 구별된다.

그런데 외모의 차이가 있는 사람들이 다른 지역 또는 국가에서 유입될 때 그들이 가지는 사고, 종교, 이념 등이 다른 경우가 많기 때문에 기존시민들이 새로운 이주민들에 대하여 가지는 반감을 보이는 경우가 동시에 나타나기 때문에 차별과 제노포비아가 중복적으로 나타나기도 한다(허경미, 2014).

2. 제노포비아 이론

1) 집단갈등 이론

집단갈등 이론(Group Conflict Theory)은 제노포비아의 원인을 원주민과 이주민 간의 자원 다툼에서 찾고 있다. 이 이론은 노동과 자본의 이동이 자유로운 세계화시대의 불가피한 결과로 보고 있다. 노동시장에로의 이주민의 대거 유입은 노동시장의 유연성을 강화하고, 임금 저하를 촉진시킨다(윤인진, 2010). 뿐만 아니라 원주민들의 일자리를 침탈하여 구조적 실업자가 양산될 수 있다. 이 과정에서 원주민들은 두려움을 느끼게 되고 자신들의 생존을 유지하기 위해 이주민들에 대해 배타적인 태도를 유지하게 되고 때로는 공격적인 성향을 보이기도 한다.

김영숙(2015)의 연구에 의하면 2015년 기준으로 한국에는 제노포비아를 표방하는 인터넷 카페가 10개 이상 존재하며 그들의 주장을 요약하면 이주노동자들은 한국인들의 일자리를 빼앗아 경제적 곤궁에 처하게 하며 결혼이주

여성들은 한국의 복지자원을 낭비케 하는 집단갈등 이론은 2차 세계대전 후 서유럽 국가의 경제성장과 쇠퇴에서도 살펴볼 수 있다. 종전 후 서유럽 국가들은 유례없는 경제성장을 증가했다. 경제성장 과정에서 많은 이주 노동자들이 유입되었다. 경제 성장기 때 그들은 자국의 부족한 노동력을 충당하고 지역과 국가의 부를 창출하는 귀중한 손님이었지만, 경제가 침체되자 내국인들의 일자리를 빼앗는 빈곤의 유발자로 지탄받았다(김세균 외, 2006; Schenk, 2010). 이 같은 불만과 갈등은 단순한 배척으로 귀결되지 않고 증오와 공포를 확대, 재생산한다. 아미시 등(Amisi et al., 2011)의 연구에 의하면 제노포비아가 만연된 사회에서 외국인들에 대한 인식은 매우 부정적이다. 원주민들의 시각에서 보면 이주민들은 범죄와 질병의 온상이고 고용과 사회보장의 안전성을 위협하고 제도와 문화를 훼손하는 현대의 반달족이다.

2) 불행이론

불행이론(Misery Theory)은 제노포비아의 사회구조적인 원인을 개인과 집단의 심리에서 찾는다. 불행이론에 의하면 제노포비아는 원주민들의 소외감과 상대적 피해의식, 박탈감 등이 원인이 된다. 원주민들의 이러한 정서는 경기침체와 연관이 있다. 경기불황과 일자리 감소가 지속적으로 이어지면 원주민들은 불만을 표출할 대상을 찾는다(양계민, 2010; Sinwell, 2011; Adam & Moodley, 2015). 이러한 와중에서 이주민들 중 경제적 성취, 사회적 명성을 획득한 개인이 나타나면 심리적 박탈감은 증대된다. 이러한 예는 인도네시아에서 발생한 화교에 대한 원주민들의 테러와 우리 사회에서 발생한 외국 출신 여성 국회의원에 대한 조직적 비난에서 찾을 수 있다

한국 역시 필리핀 출신의 이주여성이 여당 비례대표 국회의원이 되자 많은 반대와 비난이 있었는데 연구자들의 분석에 의하면 반대담론을 주도한 계층은 대부분 우리 사회의 소외 계층이다(김용신, 2014). 이 같은 상대적 박탈감을

핵심으로 하는 불행이론은 국내・외 연구에서도 확인할 수 있다. 황정미 외(2007)의 연구에 의하면 우리 사회에서의 이주민에 대한 혐오는 사회・경제적 지위가 높은 계층보다 학력과 소득이 낮은 계층에서 더 많이 발생하며 이는 주로 상대적 박탈감과 사회에 대한 불만에서 야기된다. EUMC(2005) 보고서에 의하면 유럽에서의 제노포비아는 육체노동자, 실직자, 저학력자, 저소득자 계층에서 생성되며 원인 역시 사회에 대한 불만과 소외감, 박탈감 등이다.

3) 두려움 이론

두려움 이론(Fear Theory)은 제노포비아의 원인을 이방인에 대한 공포에서 찾고 있다. 이질성은 신기로움인 동시에 두려움의 대상이다. 개인들은 자신들의 민족, 국가 정체성, 문화, 가치, 종교 등이 다른 대상과 접촉하게 되면 본능적인 두려움에 봉착하게 된다. 개인들은 이질적인 것들을 자신들의 진부함과 폐쇄성을 변화시키고 활력을 불어넣을 수 있다는 외부의 긍정적인 도전으로 받아들이기보다는 자기를 위협하는 요소로 받아들인다. 결국 두려움 이론에서는 제노포비아의 원인을 낯섦에 대한 공포와 변화에 대한 두려움에서 찾는다(김용신, 2014: Van-Niman, 2016).

이주민에 대한 두려움은 현존하는 두려움인 동시에 미래에 발생할 수 있는 잠재적 두려움이기도 하다. 현재 우리 사회에서 이주노동자나 단기 체류 외국인들은 뚜렷한 범죄나 일탈행동을 보이지 않는다. 언론에 간혹 보도되는 이주민들의 범죄는 인구수에 비해 매우 적다. 하지만 내국인들은 언제든지 자기들의 일자리가 감소될 수 있고, 이주민들의 범죄 표적이 될 수 있다는 불안심리에서 제노포비아적 심리상태를 지니고 있다(양계민, 2010; 김영숙, 2015; 심승우, 2016). 선행연구에 의하면 이주민에 대한 두려움을 개인적 차원에서 대중적으로 확산하는 데에는 대중매체의 영향이 절대적이다(Deutsche, 2013). 우리의 경우 대중매체, 특히 영화에서는 중국동포들에 대한 편견과 공포를 지속적으로 확산시키고 있다.

4) 접촉 이론

접촉 이론(Contact Theory)은 이주민들에 대한 제노포비아의 원인을 두려움 이론과 마찬가지로 공포로 보고 있지만 두려움 자체보다는 그 형성과정에 주목하고 있다. 접촉 이론에서는 개인이나 집단이 자신들과는 다른 배경을 가진 개인, 집단과 접촉이 부족할 때 이해의 간극이 생기고 상호 적대적 감정이 생성되어 제노포비아 현상이 발생한다고 설명하고 있다(Alexseev, 2010; Herrera, 2011; Tsolidis, 2011).

접촉 이론에 의하면 이주민들과의 잦은 접촉은 이질감을 해소하고 두려움을 희석하여 제노포비아 수준을 낮출 수 있다. 하지만 접촉에 있어서 중요한 것은 접촉의 빈도가 아니라 접촉의 질이라 할 수 있다. 선행연구에 의하면 인터넷을 통한 사이버 세계에서의 접촉보다는 면대면 접촉이 일어나는 일상생활 공간에서의 상호 이해적 접촉이 이주민들과의 통합을 조장하고 낯섦과 두려움, 배타성의 수준을 낮추는 것으로 나타났다(노지현, 2014; 김서영, 2017; Kim & Sundstrom, 2014).

3. 제노포비아 유발요인

제노포비아 유발요인은 학자들에 따라 다양하게 제시하고 있다. 본 연구에서는 제노포비아 유발요인을 인종주의를 비롯하여 사회심리적 요인, 경제적 요인, 정치적 요인, 법・제도적 요인 등 다섯 가지로 고찰하고자 한다.

1) 인종주의

인종주의(Racism)란 제노포비아의 원인을 인종주의적 관점에서 바라보며, 제노포비아 현상을 인종주의 또는 극단적 민족주의라고 강조한다.

유색인종에 대한 백인종의 우월주의는 백인종들을 다시 서로 다른 인종으로 구분하는 것, 일본이 자기들은 동양인들과는 종(種)이 다르며 탁월하다고 간주하는 것 등 더욱더 세분화된 인종주의가 타 인종과 민족에 대한 편견과 차별을 가중시켜 갈등과 분쟁을 초래하고 있다(황은영, 2014).

제노포비아의 발생원인을 인종주의적 관점에서만 찾을 경우 국제적 노동력 이동에 의해 결과된 제노포비아의 문제와 그로 인한 정치적인 위기에 대처하는 대응전략의 방향을 오도할 우려가 있다. 즉, 세계화 추세 속의 노동력 이동 및 제노포비아 문제에 대한 안정적 대처 방안 구축을 위한 다양한 가능성을 축소시키는 오류를 범할 수 있다(이윤구, 2010).

한편 인종 갈등 현상이 두드러진 영국의 제노포비아는 최근까지도 인종폭동이 발생하여 영국 등 세계적인 사회문제가 되고 있다. 또한 인종폭동은 영국을 비롯하여 호주, 미국, 프랑스 등 여러 국가에서도 발생하고 있다(송태수, 2006).

2) 사회심리적 요인

사회심리적 요인은 타자에 대한 혐오감이 단순히 개인의 심리상태에 의한 것이 아니라 본인이 속해 있는 사회구성원들의 합의에 의해 만들어진 사회적인 현상으로 보는 견해이다. 일반적으로 우리(동질성)와 그들(이질성)을 구분할 때 선함은 자신이 속한 공동체에만 관련되지만, 모든 부정적인 것은 밖으로 상대방에게 투사되는 과정을 통해 우리와 다른 그들에 대한 혐오감이나 거부감이 표출된다는 것이다(안지혜, 2019).

집단적인 우리와 그들의 구분은 민족주의로 발현되는데, 1930~1940년대 독일민족주의자들에 의해 자행된 유대인들을 대상으로 한 반유대주의와

1930년대 네오나치들의 이주자 공격이 대표적인 사례이다. 또한 2006년 3월 영국, 독일, 프랑스, 스페인, 이탈리아, 폴란드 등 6개국의 내무장관이 유럽의 문화나 이념 등 정체성에 부합되지 않는 이민희망자를 제도적으로 걸러내기 위해 이민희망자에게 서구적 가치나 관습을 존중할 것을 서약하도록 하는 통합을 위한 계약을 도입하기로 합의한 바 있다(이슬기, 2008).

사회심리적 요인에 따르면 제노포비아 현상의 출발은 다름에 대한 인식에서부터 시작된다. 종교, 언어, 피부색이 다르고, 경제적·문화적 수준 등 여러 분야에서 우리와 다르다는 생각은 우리보다 우월한 대상에 대해서는 동경으로 나타나지만, 반면에 우리보다 열등한 대상에 대해서는 차별과 멸시 그리고 혐오 등으로 나타나게 된다(황은영, 2014).

3) 경제적 요인

경제적 요인은 제노포비아의 원인을 국가경제의 불경기로 보고, 국가경제가 어려운 시기에는 개인의 경제적 상황이 불안감, 불안정, 동요, 망상 등으로 나타날 수 있고, 이것이 제노포비아적 행동으로 발전하게 된다는 것이다. 경제적 불황일 때 외국인은 값싼 노동력을 제공하는 사람으로서, 내국인의 입장에서 외국인 이주민이 일자리를 빼앗아 간다는 인식을 주어 이는 곧 제노포비아의 원인으로 작용되는 것이다(안지혜, 2019).

특히, 저개발국가로부터 유입된 이주자들을 자신들의 복지를 위협하는 존재로 파악한다고 본다(김세균 외, 2006). 시장경제의 원리에 의해 산업국가와 개발도상국가 사이에는 삶의 상태·수준이나 개인적·사회적 발전기회에서 커다란 격차가 있는데, 이로 인해 이주자는 현재의 삶과 이주를 함으로써 예상되는 삶을 비교하여 이주 시 자신의 경제상황을 개선할 수 있다고 본능적으로 인지하고 이주를 선택하게 된다(이슬기, 2008).

한편 이들 이주자들에게 선진이민국의 국민과 경제는 특권적인 것으로 인식되며 이주를 통해 자신이 달성하고자 하는 부와 복지에 참여할 수 있을 것으로 기대되어 이주를 선택하게 되고, 이에 대해 이민국 국민들은 이주자들에게 자신의 부와 복지가 위협받고 있다고 생각한다는 것이다(이윤구, 2010).

우리나라에서 제노포비아 발생원인도 외국인 노동자로 인한 저임금 문제를 비롯하여 내국인의 경제적 문제와 관련되어 있는데, 청년층 장기실업의 급증과 함께 세계적으로 위기에 직면한 금융위기의 영향으로 인해 내수 경기침체의 원인을 외국인 체류자나 이방인의 탓으로 돌리기 때문에 발생하기도 한다(황은영, 2014).

제노포비아가 발생하는 경제적 원인은 저임금의 외국인 출신 노동자의 유입으로 인하여 노동시장을 독점하던 원주민의 실업률이 상승함으로 인해 외국출신 저임금 노동자들에 대한 부정적인 인식을 확산시켜 제노포비아를 발생시키게 되었다. 그리고 노동시장에서도 저임금의 외국인 출신 노동자를 채용으로 외국출신 노동자에 대한 무시와 차별 등이 빈번하게 발생하여 제노포비아가 발생하는 계기가 되었다(김상운, 2016).

4) 정치적 요인

정치적 요인은 정치가들에 의해 제노포비아가 조장된다는 것을 의미하며, 선거에서 승리하기 위하여 투표권이 부여되지 않은 외국인 출신자를 공격하거나 반면에, 외국인 출신자를 보호한다는 명분하에 역으로 원주민이 차별받고 있다는 생각을 갖게 하여 정치적 박탈감을 유발시켜 이를 정치적으로 제노포비아를 유발시킨다는 것이다(김상운, 2016).

이는 정치 엘리트 선동에 따라 제노포비아도 커진다는 엘리트 선동이론으로 설명할 수 있다(Wendt & Rubin, 2009; 고상두 · 김예슬, 2012). 이 이론에 따르면 정치엘리트 혹은 사회적으로 영향력 있는 리더가 외국인에 대한 위협과 차별적 발언을 할 때 제노포비아가 증폭 및 확산될 수 있다는 것이다(김성근, 2013).

5) 법 · 제도적 요인

법과 제도적 원인은 외국인 이주민의 유입을 허용하는 국가는 이들이 사회적으로 통합되도록 하는 과제를 갖게 되는데, 여기서 발생되는 문제들로 인하여 제노포비아가 형성된다는 것이다(이진우, 2012).

이것은 외국인의 유입이 증가할수록 제노포비아도 커지게 된다는 집단갈등(접촉)이론과 그 맥을 같이 한다(Wendt & Rubin, 2009; 고상두 · 김예슬, 2012).

일반적으로 국가의 외국인 유입을 비롯하여 정주, 통합 그리고 시민권부여 등 이민 정책과 외국인 정책이 제노포비아 형성에 영향을 미치고 있다(신동선, 2016). 다양한 문화에 대해 자인하는 것은 사회적 분열과 민족의 정체성 약화를 조장하여 제노포비아를 유발하는 문제를 내포하고 있다. 법 · 제도적 요인의 가장 큰 원인은 이주민의 증가를 들 수 있는데, 급증하는 이주민에 대응하기 위한 법 · 제도적인 기반이 미비함으로써 제노포비아가 발생한다는 것이다(김상운, 2016).

한편 외국인 이주민들에 대한 이민국의 국적부여 원칙과 사회적 통합에 따라 차별배제, 동화, 다문화 모형의 세 가지 유형으로 구분한다(안지혜, 2019).

첫째, 차별배제 모형은 이민국 사회가 외국인 이주민을 복지혜택, 선거권부여와 같은 사회정치적 영역에는 수용하지 않고 이른바 3D업종의 노동시장과 같은 특정 경제 영역에만 수용하는 것으로 독일과 한국이 대표적인 경우이다.

둘째, 동화모형은 외국인 이주민이 출신국의 언어, 문화, 사회적 특성을 완전히 포기하도록 하고, 주류사회의 구성원과 차별 없이 동등하게 되는 것을 목표로 삼는 것으로 영국과 프랑스가 대표적인 국가이다.

셋째, 다문화 모형은 외국인 이주민이 그들만의 문화를 지켜가는 것을 인정하고 장려하는 것으로 정책의 목표를 소수민족이 주류사회로의 동화가 아닌 공존에 두는 것으로 미국이 대표적인 국가이다.

참고문헌

강정인(1997). 민주주의의 이해. 서울: 문학과지성사.

경상남도교육청(2019). 교육과정으로 실천하는 인권교육: 초등편. 창원: 경상남도교육청.

구영록 외(1995). 정치학개론. 서울: 박영사.

구정화 외(2009). 교사를 위한 학교인권교육의 이해. 서울: 국가인권위원회.

국가인권위원회 인권교육센터(2020). http://edu.humanrights.go.kr.

국가인권위원회(2015). 인권의 첫걸음: 국가인권위원회 인권강사양성과정 자료집. 서울: 국가인권위원회.

권영성(2004). 헌법학원론. 서울: 법문사.

김동일(2019). 평생교육 활성화를 위한 전담공무원 제도 제안. 인문사회과학기술융합학회. 예술인문사회융합멀티미디어논문지, 9(2), 27-36.

김만권(2010). 자유주의에 관한 짧은 에세이들. 파주: 동명사.

김비환(2013). 이것이 민주주의다. 서울: 개마고원.

김석근(2012). 제3 · 4공화국 하에서의 자유주의와 민주주의: 현대 한국사회의 이념갈등 문제와 관련해서. 한국제도경제학회. 제도와 경제, 6(3), 79-103.

김영모 역(2010). 빈곤이론 빈곤정책. 고헌출판사.

김영인 외(2013). 시민교육론. 서울: KNOU Press.

김왕근(1993). 시민교육을 위한 덕목주의의 새 지평. 시민교육연구, 17, 26.

김왕근(1995). 시민성의 내용과 형식으로서의 덕목과 합리성의 관계에 관한 연구. 서울대학교 대학원 박사학위논문.

김윤태 역(2013) 빈곤 어떻게 싸울 것인가, 도서출판 한울. Peter Townsend, Poverty in the United Kingdom, Penguin, 1979.

김윤태 외(2013). 빈곤 어떻게 싸울 것인가. 도서출판 한울.

김은미 · 양소은(2013). 디지털 네이티브의 시민성. 한국언론학보, 57(1).

김재훈(2020). 세계시민주의에 근거한 도덕과 세계 시민성 구조화 연구. 한국교원대학교 대학원 석사학위논문.

김진희(2017). 글로벌시대의 세계시민교육: 이론과 실제. 서울: 박영사story.

김창엽(2016). 지역사회와 시민교육. 서울: 청목출판사.

김창엽(2016). 지역사회와 시민교육. 서울: 청목출판사.

김창엽(2019). 바보야, 중요한 것 학습이 아니야. 고양: 공동체.

김창엽(2020). 평생교육을 논(論)하다. 고양: 공동체.

김철수(2010). 헌법학신론. 서울: 박영사.

김학성(2011). 헌법학신론. 서울: 박영사.

김혜진(1996). 그람시와 하버마스의 시민사회론 비교 연구. 고려대학교 대학원 석사학위논문.

김효선(2012). 고등학교 <정치> 교과서 분석: 민주시민의 자질 함양을 중심으로. 경희대학교 교육대학원 석사학위논문.

노병일(2013). 빈곤론. 양서원. 18-19.

노영란(2002). 시민성과 시민윤리. 대한철학회. 철학연구. 88, 187-209.

노영란(2002). 시민성과 시민윤리. 철학연구 제83집.

다음백과사전(2021). 레미제라블. https://100.daum.net.

다음백과사전(2021). 인간 불평등에 관한 루소의 논문. https://100.daum.net.

민진 외(2009). 인권교육의 원칙과 방법론. 2009년 정신보건시설 인권교육 참고교재 Ⅱ(강사양성 교육용). 서울: 한국정신사회재활협회.

박상준(2003). 시민사회와 시민교육. 시민사회의 2가지 유형. 서울: 교육과학사.

박윤정(2017). 인권교육의 글로벌 동향에 따른 2009 개정 초등 사회과 내용분석. 서울교육대학교 석사학위논문.

박정란 외(2010). 아동복지론. 양서원.

박효종(2002). 민주사회와 시민적 덕목. 서울대학교 사대논총, 제65집, 61-62.

배상수(2011). 민주시민교육에 관한 고등학교 사회교과서 분석: 일반사회영역의 민주시민자질 내용을 중심으로. 경희대학교 교육대학원 석사학위논문.

서경희(2001). 한국의 시민운동의 성격 및 방향에 관한 연구. 한국교원대학교 대학원 석사학위논문.

손봉호(2003). 시민성과 시민윤리. 시민사회와 시민교육: 손봉호 교수 정년기념. 서울: 교육과학사.

송현정(2003). 시민사회와 시민교육의 역사적 전개과정 분석과 현대 시민교육의 방향 모색. 시민사회와 시민교육: 손봉호 교수 정년기념. 서울: 교육과학사.

심성보(2011). 인간과 사회의 진보를 위한 민주시민교육. 서울: 살림터.

아름다운학교운동본부(2016). 선생님을 위한 인권+ : 인권감수성 향상을 위한 중·고등학교 교사용 인권교육 매뉴얼. 서울: 국가인권위원회.

양건(2011). 헌법강의. 파주: 법문사.

오관석(2009). 민주주의의 가치실현을 위한 시민성 교육에 관한 연구: 합리성과 도덕성을 중심으로. 부경대학교 인문사회과학연구, 1(22), 69-107.

오근창(2014). 중학생의 학교스포츠클럽 활동과 인성의 관계. 경성대학교 교육대학원 석사학위논문.

위키백과사전(2021). 라파엘로 산치오의 “아테네 학당”. https://ko.wikipedia.org.

위키백과사전(2021). 숙의 민주주의. https://ko.wikipedia.org.

위키백과사전(2021). 시민. https://ko.wikipedia.org

위키백과사전(2021). 토가. https://ko.wikipedia.org

유명철(2019). 민주정치교육론. 파주: 교육과학사.

윤종인(2018). 내 삶을 바꾸는 자치분권, 자치분권 로드맵. 행정포커스 1-2월호(통권 제131호). 서울: 한국행정연구원.

이관춘(2011). 호모 키비우스. 서울: 학지사.

이동수(2013). 시민은 누구인가. 서울: 인간사랑.

이민경(2013). 다문화사회에서의 시민성교육: 세계시민성과 환대의 개념을 중심으로. 교육문제연구, 26(2), 115-136.

이상수(2006). Basic 고교생을 위한 사회 용어사전. 서울: 신원문화사.

이승종(1997). 지방화·세계화 시대의 시민의식. 시민교육연구, 24, 49-63.

이신행 외(1999). 시민사회운동. 서울: 법문사.

이영희(1995). 국민학교의 민주시민의식 연구. 한국교원대학교 대학원 석사학위논문.

이주석(2015). 덕 개념과 윤리학: 윤리학에서 덕을 다루는 두 가지 방식. 철학논총, 제80집, 새한철학회, p.406.

이준일 외(2016). 인권길라잡이. 서울: 국가인권위원회.

인권정책연구소(2019). 인권의 이해: 인권을 교육을 위한 핸드북. 서울: 국가인권위원회.

임유선(2012). 마키아벨리(Niccolo Machiavelli)의 『로마사 논고』에 나타난 공화주의적 시민성 연구. 성신여자대학교 대학원 석사학위논문.

장금익(2003). 제7차 교육과정에 나타난 민주시민 교육의 특성과 개선 방안: 고등학교 사회 교과서 내용분석을 중심으로. 영남대학교 교육대학원 석사학위논문.

장동진(2008). 정치학 이해의 길잡이: 정치사상. 파주: 법문사.

전영주 외(2014). 학교폭력예방길라잡이: 학생인권교육교재. 서울: 국가인권위원회.

전진영 외(2020). OECD 국가의 민주주의 지수 비교 및 시사점. 국제통계 동향과 분석. 12(9). 서울: 국회입법조사처.

정경실(2011). 아테네 민회가 민주시민교육에 주는 함의. 한국교원대학교 교육대학원 석사학위논문.

정익중 외(2013). 빈곤영유아의 발달과 적응. 아산재단 연구총서 제352집. 집문당.

정정화 외(2015). 주민참여제도 현황 및 활성화 방안 연구. 서울: 한국정책학회.

제2회 전국시도지사간담회(2017. 10. 26.). 여수 세계박람회장.

채종헌 외(2018). 숙의 민주적 갈등해결 모델 적용 활성화 방안. 서울: 한국행정연구원.

채종헌 외(2019). 숙의 기반 주민참여제도 도입: 자치단체 공론화 운영모델 구상. 서울: 한국행정연구원.

최은수(2019). 주요 외국의 평생교육정책. 서울: 학지사.

최장집(1993). 한국 민주주의의 이론. 서울: 한길사.

한국평생교육학회(2017). 2017 한국평생교육학회 연차학술대회: 평생교육과 사회정의(Lifelong Education and Social Justice).

한수웅(2011). 헌법학. 파주: 법문사.

한태연(1985). 헌법학. 서울: 법문사.

행정안전부(2018). 18년 주민자치형 공공서비스 구축 추진계획. 세종: 행정안전부.

행정안전부(2018). 숙의 기반의 주민참여 운영모델. 세종: 행정안전부.

행정안전부(2020). 숙의 기반의 주민참여 운영모델. 세종: 행정안전부.

허영(2001). 헌법이론과 헌법. 서울: 박영사.

허혜경 외(2017). 글로벌 시민교육. 서울: 창지사.

홍경희(2004). 민주시민사회에서 시민교육의 내용분석 연구: 고등학교 사회교과서 내용분석. 명지대학교 교육대학원 석사학위논문.

황미자(2002). 시민사회가 민주주의 발전에 끼친 영향 연구: 2000년 4 · 13 총선거, 낙천 · 낙선운동을 중심으로. 계명대학교 대학원 석사학위논문.

황성규(2003). 한국 NGO의 발전 방안에 관한 연구: 시민참여 활성화 방안을 중심으로. 계명대학교 교육대학원 석사학위논문.

Aristoteles(2013). 정치학. 천병희 역. 고양: 숲.

Beetham, D. and Boyle, K.(1995). *Introducing Democracy: 80 Questions and Answers.* Cambridge: Polity Press.

Bobbio, N.(1992). *Liberalism and Democracy.* 자유주의와 민주주의. 황주홍 역. 서울: 문학과 지성사.

Bordes, Jacqueline.(2000). *Dans la Pensee Jusqu'a Aristote.* 나정원 역. 폴리테이아: 고대 그리스 시민권론과 정치체제론. 서울: 아르케.

Brabeck, M. M., & Rogers, L.(2000). Human rights as a moral issue: Lessons for moral educators from human right work. *Journal Moral Education,* 29(2), 167-183.

Burckhardt, Jacob.(2011). *Die Kultur der Renaissance in ltalien.* 지봉도 역. 이탈리아 르네상스 이야기. 서울: 동서문화사.

Dahl, R. A.(2015). *On Democracy.* New Haven: Yale University Press.

Escobar, O., & Elstub, S.(2017). Forms of mini-publics. Research and Development Note. Newcastle University.

Floridia, A.(2013). Participatory democracy versus deliberative democracy: Elements for a possible theoretical genealogy. 7th ECPR General Conference, Sciences Po, Bordeaux.

Heater, Derek.(2009). *A History of Education for Citizenship.* 김해성 역. 시민교육의 역사. 파주: 한울아카데미.

Heywood, A.(2006). *Politics.* 정치학: 현대정치의 이론과 실천. 조현수 역. 서울: 성균관대출판부.

Heywood, A.(2007). *Political Theory: An Introduction.* 현대정치이론. 이종은 · 조현수 역. 서울: 까치.

Holden, B.(1993). *Understanding Liberal Democracy.* New York: Harvester Wheatsheaf.

Ian Lister(1984). Teaching and Learning about Human Rights. Strasbourg: Council for Culture Cooperation.

KOICA ODA교육원(2016), 국제개발협력(심화편): 더불어 사는 세상을 위한 소중한 첫걸음. 성남: 시공미디어.

KOICA(2015). 국제개발협력이슈, 일반교육-고급과정. KOICA ODA 교육원.

Kymlicka, Will.(2018). *Contemporary political philosophy.* 장동진 외 역. 현대 정치 철학의 이해. 파주: 동명사.

MacPherson, C. B.(1977). *Life and times of liberal democracy.* New York: Oxford University Press.

Pateman, C.(1970). *Participation and democratic theory.* Cambridge: Cambridge University Press.

R. Dagger(1997). *Civic Virtues: Rights, Citizenship, and Republican Liberalism,* Oxford: Oxford University Press, p.14.

S. Burtt,(1990). The Good Citizen's Psyche: On the Psychology of Civic Virtue. *Polity, 23*(1), The University of Chicago Press on behalf of the Northeastern Political Science Association, p24.

Sandel, Michael J.(2013). *Justice: what's the right thing to do?.* 정의란 무엇인가. 이창신 역. 파주: 김영사.

Stiglitz, J.(2002). Participation and development: Perspectives from the Comprehensive Development Paradigm. *Review of Development Economics, 6*(2), 163-182.

Sustainable Development Solutions Network (SDSN).(2015). Indicators and a monitoring framework for the sustainable development goals.

Swift, A.(2011). *Political Philosophy.* 정치의 생각. 김비환 역. 서울: 개마고원.

Tibbitts, F.(2008). Human rights education. M., Bajai, Encyclopedia of peace education, IAP.

UN.(1995). Report of the World Summit for Social Development

Vedrana Spajić-Vrkaš. et al.(2004). Poučavanje pravaisloboda. Priručnik za učitelje osnovne škole s vježbama za razrednu nastavu. Zagreb: FFpress, 212.

W. Kymlicka(1997). Education for Citizenship, IHS Political Science Series 40, Institute for Advanced Studies(IHS). 3-7.

うめね さとる(1990). *世界教育史.* 김정환 외 역. 세계교육사. 서울: 풀빛.

저자약력

■ 이미나

현 광신대학교 복지상담융합학부 교수이며, 동 대학원 휴먼서비스교육학과(다문화사회교육전공, 중독상담전공)주임교수이며, 아동가족학박사, 상담심리학박사, 다문화이민정책 등을 전공했다. 주된 저서 및 관심분야는 다문화가족복지 및 상담/공동체, 생애주기별 부모교육/교육과학사, 영유아발달/학지사, 문화예술교육론/동문사, 청소년 심리 및 상담/지식공동체, 중독상담과 재활/정민사 등이 있다.

■ 김동일

현 광신대학교 복지상담융합학부 초빙교수이며 교육학박사로 평생교육을 전공했다. 주된 저서 및 관심분야로는 평생교육론/교육과학사, 청소년교육론/교육과학사, 평생교육경영론/동문사, 문화예술교육론/동문사 등이 있다.

■ 윤은경

현 광신대학교 휴먼서비스교육학과 외래교수이며 교육학박사와 상담학박사를 전공했다. 주된 저서 및 논문분야로는 노인세대의 정신건강을 위한 통합예술치료프로그램 개발 및 효과성 연구/연구논문, 영유아발달/학지사, 보육실습/동문사, 문화예술교육론/동문사 등이 있다.

■ 신상록

이민정책전공 행정학박사, 현재 상명대학교 대학원 한국학과 이민통합전공 겸임교수이며, 사)함께하는 다문화네트워크 이사장, 법무부 사회통합정책 자문위원, 국무총리 소속 외국인정책위원회 위원, 법무부 외국인 권인협의회 조정위원 등을 역임하고 있다.

세계시민교육론

초판 1쇄 인쇄 / 2022년 2월 25일
초판 1쇄 발행 / 2022년 3월 1일

•

공저자 / 이미나 · 김동일 · 윤은경 · 신상록
발행인 / 이 중 수
발행처 / **동 문 사**

•

서울특별시 서대문구 홍제원 1길 12
(홍제동 137-8)
Tel : 02)736-3718(대), 736-3710, 3720
Fax : 02)736-3719
등록번호 : 1974.04.27. 제9-17호
가격 : 22,000원

•

ISBN : 979-11-6328-342-3(93370)
E-mail : dong736@naver.com
www.dongmunsa.com